POLITICS
AND LAW REVIEW

政治与法律评论　第十辑

# 国际法秩序：亚洲视野

主　编　魏磊杰

当代世界出版社
THE CONTEMPORARY WORLD PRESS

# 国际法秩序：亚洲视野

《政治与法律评论》第十辑

主办单位：北京大学国家法治战略研究院

主　　编：魏磊杰

编辑委员会：（按姓氏笔画排序）

于　明　华东政法大学法律学院
孔　元　中国社会科学院欧洲研究所
田　雷　华东师范大学法学院
刘　晗　清华大学法学院
陈　颀　中山大学法学院
邵六益　中央民族大学法学院
欧树军　中国人民大学政治学系
章永乐　北京大学法学院
赵晓力　清华大学法学院
强世功　北京大学法学院
魏磊杰　厦门大学法学院

# 前　言

魏磊杰

冷战结束之后，持续发展的经济繁荣、日益加剧的民族主义、愈发膨胀的战略期望值，还有彼此交织与相互作用的权力欲望，使国际局势更加复杂多变。在此等动荡不安的国际大背景下，东亚的地缘政治格局将会出现真正的结构性变化，取代欧美成为新的世界经济中心，而中国，无论其未来前景如何，都是一个不可忽视的日益崛起的潜在主导性大国。西方主流战略学家普遍估计，中国将在今后二三十年中成为一个地区性主导国家和全球性大国。正如 19 世纪和 20 世纪的非西方诸国必须先了解西方才可了解世界一样，现在所有国家也必须了解中国；无论是批评中国还是要求中国，但绝不可能绕开中国。中国正在由人口大国、疆域大国迈向经济大国、政治大国，由历史久远的东方文明古国迈向不断崛起的现代强国。

然而，中国的崛起在震撼世界赢得不少赞叹的同时，也引起了相当普遍的惧怕、猜疑和打压。用一句生动的表达，中华人民共和国的建立，终结了上百年"挨打"的历史；改革开放的深入推进，终结了持续千年"挨饿"的历史。但是，时至今日我们似乎仍未彻底摆脱"挨骂"的窘境。中国挨骂有很多原因，其中不可否认的一个重要原因是，中国在世界上仍然缺乏与其硬实力相匹配的国际话语权，仍然是一个国际规则的被动卷入者或接受者（rule-taker），而非主动参与者或制定者（rule-maker）。这既有历史际遇因素使然，更有自身能力阙如的原因。典型的体现是，当我们抱怨现有的国际秩序与国际机制对中国不公平、不合理以及偏狭的西方中心主义动辄对中国冠以"不民主""独裁专制""侵犯人权""不负责任"等负面话语评价时，我们却缺乏将自身的核心利益诉求上升为国际法、转化为新的国际游戏规则的基本能力。话语权的缺失自然直接掣肘国际法治中国话语的生成与转化，此为我国国际法能力不足最集中的体现。

我国国际法能力不足、学者缺乏理论自信以及理论原创性阙如，实与研究方法、学术思维层面的画地为牢存在密切关联。与域外情形类似，虽然在国际人权等领域，自然法理论有所复兴，但不可否认"法律实证主义"在整个20世纪仍旧把持着国际法研究之牛耳。学者们似乎只聚焦于"实证"国际法的规则阐释，对于诸如具体国家政策正当性抑或国际社会既有立法正当性之类的议题，兴趣索然。只要具体规则属于《国际法院规约》第38条规定的类型，尤其是可被定性为现行条约之明示条款抑或主要西方国家国际法学者明确任许之国际法规则，他们往往就径直称其为"实证法"。与国内法传统意义上的法教义学类似，这种纯粹强调对国际法的"实然"进行形式上的分析，强调国际法这一规则体系的"自洽"，进而轻视甚至漠视对其"应然"价值进行的审视，极易造就国际法与国际政治、经济、文化、社会和道德之间联系的割裂，进而脱离国际关系的现实。

在这种单向度的方法论思维支配下，我国当前开设国际法研究生教育的诸多法学院校中，几乎没有"国际政治"或"国际关系"的课程设置，即便是纯粹的院内选修，也是凤毛麟角；而在国际法学界作为一个重要的研究议题的国际法史研究，在我国国际法学界却长期处于边缘状态：对于不少学者而言，这个议题应当由法律史学家或历史学家来研究。不可否认，国际法与国内法相比，其法律性远远不如后者。为防止外部因素如国际经济、国际政治等对其法律性过度稀释而影响国际法的自主性，客观上也须保有国际法律思维底色。然而，任何事情走向了极端就容易走向其存在价值的反面。虽然这一学术导向展示了国际法法律实证分析的独特魅力，但对于国际法基本理论的研究，此等纯粹的法律分析不仅无法真正呈现国际关系现实的复杂性与多变性，更无法对外域舶来的理论资源产生的具体时空语境进行深刻的理解与领悟。国际法理论大体皆兼具普世性与地域性辩证统一的特质，这就意味着，我们在引介、研究、借鉴、吸纳这些理论时，更应当立基于批判性的反思与承续之上，而非照单全收式地盲目依从与再次背书；更应当客观地评价与运用这些理论，而非为这些理论所评价与运用。

　　国际法学研究不仅要为中国积极参与国际行动提供应用性的理论依据，更需要建构适应中国未来发展的具有前瞻性的理论体系。这就是说，我们在考虑"怎么办"之前，不仅要明晰"是什么"，更需要了解"为何如此""何以如此"。换言之，"知其所以然"才能更好地"知其然"，进而"知其所应然"。鉴此，在国际法原理的研究中，一方面，我们需要让国际法的基本理论研究走出分析实证主义的蜗居，倡导国际关系理论与国际法学科际整合的路径，更为灵活且广泛地接引国际关系理论以阐释国际法原理，以期生产出更多的国际法专门知识和分析框架。另一方面，我们需要加大对国际法史特别是国际法全球扩散史研究的力度，以期作为一种"调剂"来平衡主流国际法学思维在我国所产生的负面影响。历史分析的方法，不仅可以启迪我们对主流国际法学进行深度祛魅，进而有助于更为客观与公允地对其进行审视，更有助于揭露当代国际法基础的不合法性和内容结构的不平等性，为构建一个合理与公平的国际政治、经济新秩序提供坚实的智识基础与明确的参照标准。

为此，经过精心策划，名曰"国际法秩序：亚洲视野"的本辑，重点关注国际法史特别是国际法在东亚的传播与演进史，而其中的多数文章高度聚焦"二战"结束前日本对于国际法近百年的继受与发展历程。之所以如此，大体考量有二：其一，囿于语言能力所限，即便是在国内法律史学界，这一领域的研究也相当匮乏，而且从明治维新开始，日本从西方引入国际法继受与发展的历史链条始终没有中断。立足于长时段的视角，审视这样一个国家如何将西方国际法理论因子妥适融入甚至内化于东方文明的体质之中，对于在很大程度上仍是一个国际规则的被动卷入者或接受者的中国而言，借鉴意义重大。其二，在很大程度上，走向国际法的强国是世界近代史上大国崛起的共同表现和基本经验。自15世纪末以来近五百年里，世界基本上一直是由西方所主导。日本曾是唯一崛起为全球强国的非西方国家，尽管它成为全球强国不是通过挑战西方，而是通过加入西方来实现的，但在此历史进程中，国际法在其外交思想与国际战略中扮演的角色以及如何扮演这种角色，很值得不断崛起中的中国深思。

有必要提到的是，本辑内多数文章或多或少论述到的"大东亚国际法"，只是"二战"期间日本国际法学者试图为彼时的日本政府找到的一种既能最大限度地获得国家利益又能避免日本对东亚露骨的侵略、顾及现代社会文明规范的一种理论依据。或许正因如此，即使在日本国内，许多国际法学者对此议题也讳莫如深。而之所以现在从有意或无意地被人选择性遗忘的历史角落中将其重新"打捞"，主要意在从知识考古学的视角就日本学者对彼时国际法的这一彻底"反叛"进行相对客观的梳理与审视。此举绝非是为了基于"古为今用"的某些考量而为缺乏政治格局和头脑的所谓宏观谋划张目,而只是为了试图佐证无论之于以往的日本还是当下的中国在国际战略建构层面的"脱钩"与"另起炉灶"皆不是现实的选项。

对于正在崛起的中国,我们需要反思两个问题:其一,当代的国际秩序是不是一个绝对不利于中国因而在中国崛起之后必须彻底颠覆的体系?其二,即便要彻底颠覆,破旧立新,那么现今是否存在可堪取代当今国际秩序的一套更好的体系?一方面,现今国际秩序是"二战"之后建构起来的,包括基于雅尔塔体系而建立的以联合国为中心的国际政治秩序和依托于布雷顿森林体系以自由贸易和自由市场基本理念为内核的国际经济秩序。此等国际秩序及体制是由美国主导建成,但在亚洲,中国或许是最大的受益者。在国际经济领域,中国通过推行对外开放积极融入国际经济体系,积极利用国际规则和自身比较优势,实现了经济的迅猛发展。中国在2001年入世时,其经济总量只占到全球经济的5%;如今,中国在全球经济中的占比已猛增至约15%。国际政治秩序又如何?改革开放后,中国与邻国唯一发生的军事冲突是对越自卫反击战。鉴于此后,中国并未与其他任何国家再次发生成规模的军事冲突,海外学者将其称为"中国最后的战争"。单纯从这一点我们不难推断,若缺乏国际政治秩序提供的安全与和平,中国改革开放之后的经济快速发展也无从谈起。

另一方面,也绝不是说现今国际秩序完美无缺。比如,中国在国际货币基金组织、世界银行、亚洲发展银行、世界贸易组织等国际金融和贸易机构拥有的投票权或影响力,与其自身的综合实力不相匹配。典型的体现是,中国虽然现在是世界第二大经济体,然而它在国际货币基金组织中的表决权份额却仅相当于荷兰和比利时两国的总和。面对这样的局面，中国转而通过推进"一带一路"建设、成立亚投行、金砖银行，凭依自身的综合实力，借助对外经济合作手段来谋取自身在国际舞台上的地位提升，这并没有什么可以指责的。

  这就是说，既存国际秩序之于中国的"二重性"决定了中国无意也没有必要挑战现有的国际体系，而更倾向于通过购买并增持"股份"的方式意在改进这个体系，以便这个体系运作得更好。同样，国际法治的中国话语也不应被狭隘地理解为一个挑战甚至旨在颠覆既有体系的全新范畴，它本质上践行的仍是一种"包容式改进"路径，而非"另起炉灶式的零和式改进"。中国不是苏联，它无意改变世界。中美之间的竞争不可避免，但冲突并非不可避免，不一定非要成为零和游戏。未来最为理想的情形是，两国应在现有国际规范和国际法的框架内，展开建设性的竞争与博弈。这或许应当成为理解我国当下国际法能力建设、国际法治话语输出甚至法律外交战略规划所必须始终立足的基点。

# 目 录

**前 言**
　　/魏磊杰 / I

**【主题研讨：国际法的亚洲视野】**

中国崛起与比较国际法的未来
　　/蔡从燕 / 3

中国在近代国际法话语中的形象及其变迁
　　/ [美] 络德睦著，汤霞译，魏磊杰校 / 20

从"大空间秩序"到"大东亚国际法"
　　/魏磊杰 / 67

国际法在近代日本的继受与运用：1853-1945年
　　/ [德] 乌尔斯·马提亚斯·扎克曼著，张锐译，魏磊杰校 /103

迈向"大东亚国际法"之路
　　/ [日] 田畑茂二郎著，胡笛飞译 / 136

纳粹国际法学的转变及其问题的意义
　　/ [日] 田畑茂二郎著，胡笛飞译 / 148

国际关系与国际法的批判史
　　/ [美] 詹妮弗·皮茨著，黄影译 / 160

【书评】

国际秩序与社会思想的交错
　　——《近代日本的国际秩序论》评介
　　　　／汪　力／185

政治意识与历史叙事
　　——重读《帝国主义与中国政治》
　　　　／王　锐／203

当前地缘政治状况
　　——短评一则
　　　　／［德］明克勒著，温亚伟译／221

主题研讨：
国际法的亚洲视野

# 中国崛起与比较国际法的未来

蔡从燕*

## 导 言

进入 21 世纪第二个十年,西方国际法界出现了一个值得注意的研究新现象,那就是比较国际法(comparative international law)的兴起。诚然,一些学者——并不当然是严格意义上的国际法学者,尤其是威廉·巴特勒(W. E. Butler)教授早在 20 世纪 80 年代就使用与"比较国际法"相类似的表述,即"国际法的比较视角"(comparative approach to international law),对于比较国际法的一些原理性问题——而不仅是具体的制度性问题——已经做出了创造性研究。[1]然而,很大程度上说,作为一种学术现象的比较国际法研究的出现可能要归功于批判国际法学派的代表人物马蒂·科斯肯涅米

---

\* 蔡从燕,复旦大学法学院教授,博士生导师。
[1] W. E. Butler, "Comparative Approach to International Law", *Recueil des cours*, 190 (1985), pp. 9–85. *See also* W. E. Butler eds., *International Law in Comparative Perspective*, Leyden: Sijthoff & Noordhoff, 1980.

（Martti Koskenniemi）。2009年，为纪念《芬兰国际法年刊》创刊20周年，科斯肯涅米撰写了一篇题为《比较国际法的状况》的短论。[2]在该文中，科斯肯涅米认为，可以"略微夸大地说"，比较国际法研究将给国际法带来观念上的批判，将促进国际法研究的发展。[3]当然，笔者之所以认为比较国际法研究现象的出现很大程度是由科斯肯涅米催生而来的，其原因不仅仅是他写的这篇短论，同样重要——可能更为重要——的是，科斯肯涅米是联合国国际法委员会于2006年通过的一份受到国际法学界乃至国际社会广泛关注的报告——《国际法的碎片化：由于国际法多样化与扩大引发的困难》——作为该报告之认识论基础的多元主义也是比较国际法的基础——的主要作者。[4]事实上，文献检索表明，明确使用"比较国际法"表述的文献基本都是在该文发表之后出现的，并且该文也被一些重要的比较国际法文献所提及。[5]不过，对于比较国际法的原理性问题，笔者将另行撰文予以全面讨论。本文仅限于讨论中国崛起背景下的比较国际法发展问题，尤其是与中国有关的比较国际法研究问题。

除导言与结论外，本文分为三个部分，第一部分简要评论比较国际法研究的发展过程，第二部分讨论外国国际法学者针对中国的比较国际法研究的发展过程，第三部分讨论中国学者如何有效地参与比较国际法研究。

---

[2] Martti Koskenniemi, "The Case of Comparative International Law", *Finnish Yearbook of International Law*, 20 (2009), p. 1.

[3] Id., p. 4, 8.

[4] Report of the Study Group of the International Law Commission (finalized by Martti Koskenniemi), *Fragmentation of International Law: Difficulties Arising from the Diversification and Expansion of International Law*, A/CN. 4/L. 682, 13 April 2006.

[5] *See for example* Anthea Roberts, Paul B. Stephan, Pierre-Hugues Verdier, and Mila Versteeg, "Comparative International Law: Framing the Field", *American Journal of International Law*, 110 (2015), p. 466, 469.

## 一、比较国际法的发展过程

虽然近年来越来越多的国际法学者开始使用"比较国际法"的表述，但似乎只有安西娅·罗伯茨（Anthea Roberts）、保罗·斯蒂芬（Paul B. Stephan）、皮埃尔-乌格斯·迪耶（Pierre-Hugues Verdier）以及米拉·维斯特格（Mila Versteeg）对这一概念做出明确的界定。这四位学者针对比较国际法提出"初步的定义"，比较国际法是指"发现、分析并且解释不同法律体系中的行为体是如何理解、解释、运用以及对待国际法的"。[6]

从实质的意义上说，比较国际法并不是一个新的研究现象。比如，在撰写他的成名作《国际法的私法渊源与类比》时，劳斯派特（H. Lauterpacht）就大量地运用了比较方法，即广泛考察国内私法对于条约、领土、国家继承、国家责任等国际法制度的影响。[7] 但是，在讨论国内法院判决在国际法中的作用时，劳斯派特又认为，国际法是"唯一的由各国法院实施的包含着相同规则（identical rules）的法律分支"。[8] 换言之，劳斯派特强调的是国际法的普遍性。事实上，这是20世纪20年代以前国际法学者的普遍主张或者期待。比如，虽然奥本海（L. Oppenheim）并不否认在普遍国际法（universal international law）之外存在着适用于两国或少数几个国家之间的所谓特殊国际法（particular international law）以及适用于较多国家之间的一般国际法（general inter-

---

[6] Anthea Roberts, Paul B. Stephan, Pierre-Hugues Verdier and Mila Versteeg, "Comparative International Law: Framing the Field", *American Journal of International Law*, 109 (2015), p. 467, 469.

[7] Hersch Lauterpacht, *Private Law Sources and Analogies of International Law*, New York: Longmans, Green and Co. Ltd, 1927.

[8] Hersch Lauterpacht, "Decisions of Municipal Courts as a Source of International Law", *The British Yearbook of International Law*, 10 (1929), p. 65, 95.

national law），[9]但他至少从规范标准的意义上说倾向于认为国际法是普遍的则是没有疑问的，原因是，与所有其他国际法学者一样，奥本海也认为国际法是欧洲基督教文明的产物。[10]如所周知，国际法在很长的时间里通常被认为就是"欧洲国际法"。在2009年的短论中，科斯肯涅米注意到，在20世纪以前，国际法学者在讨论国际法时基本上都避免表现出某种国别或地区倾向。[11]值得注意的是，即便到了20世纪60年代，中国国际法学者周鲠生仍然明确地主张，奥本海所谓的"特殊国际法"并不是真正的国际法，国际法"只能是世界绝大多数国家一般承认遵行的共同国际法"。[12]

正是由于无论在理论方面还是实践方面国际法在很长的时间内被认为具有或者应当具有普遍性，并且这种普遍性是基于基督教文明的，因此国际法学者不可能，也没有必要从平等的角度来比较不同国家的国际法实践，换言之，比较国际法无论在形式上还是在实质上都不可能，也没有必要成为一个独立的研究议题。

根据科斯肯涅米的考察，1904年创刊的《美国国际法杂志》（American Journal of International Law）开启了突出国际法研究国别倾向的进程，因为该杂志明确采用了"美国"作为限定词。[13]不过，《美国国际法杂志》的创办并未开启比较国际法研究的进程。其重要原因是，美国很大程度上承续了欧洲国家的基督教文明与国际法观念，这表明理论在很大程度上是受实践制约的。

苏联的诞生本可以催生比较国际法研究的浪潮，因为作为社

---

[9] L. Oppenheim, *International Law: A Treatise*, Vol. 1, New York: Longmans, Green, and Co., 1905, p. 3.
[10] Id., p. 4.
[11] Martti Koskenniemi, p. 1.
[12] 周鲠生：《国际法》，商务印书馆2018年版，第7-8页。
[13] Martti Koskenniemi, p. 1.

会主义国家的苏联在国际法观念、政策与实践方面都与西方国家存在重大差别。事实上，从20世纪20年代到30年代中期、30年代中期到40年代以及50年代，作为苏联的代表性国际法学者叶甫根尼·克罗金（Evgeny A. Korovin）、大卫·列文（David Levin）以及童金（G. I. Tukin）都发表了许多涉及社会主义国际法与资本主义国际法的著述。克罗金还被认为是比较国际法的一位代表性人物。[14]然而，显然由于苏联等社会主义国家在很大程度上认为社会主义国家与资本主义国家在国际法的观念、政策与实践上存在着原则性分歧，甚至是不可调和——"二战"以前尤其如此，并且长达半世纪的"冷战"限制了社会主义国家与西方国家的交流，所以苏联的国际法学者，尤其"二战"前的国际法学者主要是阐述苏联的国际法主张，批判资本主义国家的国际法主张，具有强烈的意识形态导向，因而无法真正从规范的角度开展比较国际法研究，在这方面即便20世纪50年代以后被公认为苏联国际法的领军人物，认为社会主义国家与资本主义国家在国际法方面拥有众多共同利益的童金也不例外。但无论如何，社会主义国家的诞生与壮大确实为比较国际法研究提供了历史性机遇，只是社会主义国家的国际法学者没有抓住这个机遇而已，而抓住这个机遇的是前述美国国际法学者、社会主义法律专家巴特勒。巴特勒主编并于1980年出版的《比较视野中的国际法》（*International Law in Comparative Perspective*）是英语世界中的第一本比较国际法出版物。[15]然而，无论是1980年出版的《比较视野中的国际法》还是1985年被收入海牙国际法讲演集的《国际法的比较视角》（*Comparative Approach to International Law*）都没有直接使用"比较国际法"的表述。更重要的，虽然这两本著作被

---

[14] Boris N. Mamlyuk, Ugo Mattei, "Comparative International Law", *Brooklyn Journal of International Law*, 36 (2011), p. 385, pp. 394-405.

[15] Id., p. 411. 对于巴特勒比较国际法研究的评论，参见 id., pp. 409-416.

认为是其比较国际法研究中的标志性成果，但它们都没有催生作为一种学术现象的比较国际法研究，这可能说明"冷战"对于比较国际法研究的抑制作用。

相较针对社会主义国家与资本主义国家的比较国际法研究而言，以阿南德（R. P. Anand）、埃利亚斯（T. O. Elias）、纳根德拉·辛格（Nagendra Singh）、辛哈（S. P. Sinha）以及斯亚托（J. J. G. Syatauw）为代表的来自发展中国家的国际法学者在20世纪六七十年代提出的"国际法的第三世界视角"（Third World Approach to International Law，TWAIL）是比较国际法研究的一大进展。这些国际法学者立足于发展中国家被西方国家殖民的历史以及由此造成的国家发展落后的现实，针对发展中国家与发达国家之间的国际法律安排以及其他国际法制度进行全面的批判性研究。[16]然而，由于20世纪六七十年代时全球化水平还比较低，许多发展中国家尚未深度地参与全球化进程，因此国际法的第三世界视角并未发展成为一种拥有广泛影响的学术现象，而过于批判性的研究思路也阻碍了这些学者开展全面、客观的比较国际法研究，甚至妨碍了与西方国际法学者的交流。比如，1998年《美国国际法杂志》编委会组织被公认对于国际法研究方法具有标志性意义的一次研讨会并在该刊发表系列论文之时并未纳入国际法的第三世界视角，而只是在2004年结集出版时纳入被认为是第二代国际法的第三世界视角学者的代表性人物安东尼·安吉（Antony Anghie）和布平德尔·契米（B. S. Chimni）的论文。[17]事实上，由于20世纪80年代以来许多发展中国家逐步接受西方国家

---

[16] B. S. Chimni, "The Past, Present and Future of International Law: A Critical Third World Approach", *Melbourne Journal of International Law*, 8 (2007), p. 499.

[17] Antony Anghie, B. S. Chimni, "Third World Approaches to International Law and Individual Responsibility in Internal Conflict", in Steven R. Ratner and Anne-Marie Slaughter ed., *The Methods of International Law*, American Society of International Law, 2004, pp. 185-210.

及诸如国际货币基金组织倡导的新自由主义,国际法的第三世界视角也丧失了在 20 世纪六七十年代的影响力。诚然,虽然安东尼·安吉、布平德尔·契米等人一定程度上恢复了国际法的第三世界视角的学术影响力,但他们往往是从一国内部,甚至发达国家内部的角度进行国际法的第三世界视角研究,甚至把国际法的第三世界视角整合成为 "国际法的一体化马克思主义视角"(Integrated Marxist Approach to International Law)的一个组成部分。[18]

总体来看,21 世纪以前的比较国际法研究主要是从国家间关系角度进行的。进入 21 世纪,比较国际法研究呈现出两个新的特点:其一,比较国际法的研究对象大幅拓展。[19] 不同制度、机制与组织之间的纵向与横向关系、诸如法院之类的次国家行为体与非政府组织之类的非国家行为体成为比较国际法研究的新对象。比如,多边贸易制度与区域/双边贸易协定的比较、国际投资协定与国际贸易协定的比较、不同国际争端解决机制之间的比较、国内法院适用国际法的比较。显然,比较国际法的研究对象大幅拓展是国际法律秩序不断丰富、扩大、深化以及更多的国家更加深入地参与国际法律秩序的结果。然而,它在大幅提高比较方法在国际法研究中的作用以及扩大比较国际法研究的学术影响的同时,某种意义上却弱化、损害了比较国际法在 20 世纪建立起来的分析框架、学术特色乃至学术独立性。有学者因此警告道,比较国际法学者要回答 "比较国际法不是什么" 的问题。[20] 其二,越来越多的国际法学者开始致力于比较国际法研究,并且开始讨论比较国际法的一些原理性问题,比如,比较国际法的功

---

[18] B. S. Chimni, *International Law and World Order: A Critique of Contemporary Approaches*, second edition, Cambridge: Cambridge University Press, 2017, pp. 15-17.

[19] M. A. Damirli, "Comparative International Law in the Quest for Academic Identity", *Journal of Comparative Law*, 11 (2016), p. 59, pp. 71-72.

[20] Id., pp. 61-63.

能、方法。可以认为，虽然比较国际法能否成为一个独立的研究领域很大程度上取决于比较国际法学者能否有效回答诸如比较国际法的功能、方法之类的原理性问题，但它已经成为一个新兴的学术现象是毫无疑问的。2010年以来明确使用"比较国际法"的文献明显增多可以证明这一点。在这方面，标志性的学术活动是安西娅·罗伯茨、保罗·斯蒂芬、皮埃尔-乌格斯·迪耶以及米拉·维斯特格组织实施的比较国际法研究项目。2014年，这四位学者组织了以比较国际法为主题的研讨会，《美国国际法杂志》设立"探索比较国际法"专栏刊发了部分会议论文，[21] 其中这四位学者共同撰写了一篇题为《比较国际法：建立该领域的框架》（*Comparative International Law: Framing the Field*）的纲领性文章，讨论比较国际法的含义、研究方法及其影响。[22] 在此基础上，四位学者于2018年共同主编出版了一本论文集。[23] 这是第一本明确采用"比较国际法"表述的著作。在该书中，四位学者在前述纲领性论文的基础上对于如何开展比较国际法研究做了进一步讨论。[24] 同时，罗伯茨于2017年出版了《国际法是国际的吗》一书。[25] 该书以联合国安理会常任理事国，即中国、法国、俄罗斯、英国和美国为个案，从国际法学者与国际法教科书的角度考察国际法在这些国家是如何被理解、传播以及运用的，包括国际

---

[21] Symposium of Comparative International Law, *American Journal of International Law*, 109 (2015), p. 467; *American Journal of International Law*, 110 (2010), p. 249.

[22] Anthea Roberts, Paul B. Stephan, Pierre-Hugues Verdier and Mila Versteeg, "Comparative International Law: Framing the Field", *American Journal of International Law*, 109 (2015), p. 467.

[23] Anthea Roberts, Paul B. Stephan, Pierre-Hugues Verdier and Mila Versteeg eds., *Comparative International Law*, Oxford: Oxford University Press, 2018.

[24] Anthea Roberts, Paul B. Stephan, Pierre-Hugues Verdier and Mila Versteeg, "Conceptualizing Comparative Law", in Anthea Roberts, Paul B. Stephan, Pierre-Hugues Verdier and Mila Versteeg eds., pp. 3-34.

[25] Anthea Roberts, *Is International Law International Law*, Oxford: Oxford University Press, 2017.

法学者参与本国国际法实践、国际法学者的教育背景与参与国际学术对话、国际法学生培养、国际法教科书的编写特点等。该书受到国际法学界的广泛关注，连续入选牛津大学出版社 2017、2018 年度法学类畅销书，分别获得美国国际法学会颁发的"创造性学术与全球话语图书奖"（Creative Scholarship and the Global Discourses Book Award）（2017）、国际研究协会（International Studies Association）图书奖"荣誉提名"（Honourable Mention）（2018），并分别入选澳大利亚人文、艺术与社会科学学会主办的澳大利亚图书奖入围名单（2018）与社会与法律研究协会（SLSA）主办的 Hart-SLSA 图书奖（2019）。可以认为，《国际法是国际的吗》是比较国际法研究方面的标志性成果。

## 二、外国国际法学者针对中国的比较国际法研究

1949 年，随着中华人民共和国的成立并且加入社会主义阵营，外国国际法学者把针对社会主义国际法的研究扩大到中国的国际法观念、政策与实践中。不过，由于 20 世纪 70 年代以前中国与西方国家间交流的水平无论从规模还是从内容方面都相当低，并且基本上不参与西方国家主导的国际法律体系，甚至不包括联合国，因此国际法学者针对中国的比较国际法研究只是零散的。比如，早在 20 世纪 60 年代，哈佛大学法学院就开设了"国际法的苏联、中国与西方视角"（Soviet, Chinese and Western Approaches to International Law）课程，其中讲授国际法的中国视角部分的是孔杰荣（Jerome Alan Cohen）和丘宏达。[26] 20 世纪 70 年代以来，随着中华人民共和国政府取代"中华民国政府"取得在联合国代表中国的合法席位，针对中国的比较国际法研究逐步

---

[26] Boris N. Mamlyuk, Ugo Mattei, p. 410.

增多。尤其是20世纪90年代以来，随着中国实施改革开放以及持续扩大参与、融入国际法律体系，针对中国的比较国际法研究迅速增多。进入21世纪以来，中国日益崛起为一个新兴大国成为国际社会广泛承认的一个事实。人们逐步意识到，中国不仅是国际法的接受者与遵守者，也日益成为国际法的塑造者。中国已经确立了"增强……在国际法律事务中的话语权和影响力"的政策。[27] 中国塑造国际法的方式既包括实施国际法，也包括国际造法。由此，中国的国际法观念、政策与实践日益受到关注。在此情况下，针对中国的比较国际法研究进入一个崭新的阶段。

从大国素来是比较国际法的主要研究对象的学术规律看，可以把外国国际法学者针对中国的比较国际法研究大致分为两个阶段，即21世纪以前与进入21世纪以来。第一阶段的代表性成果是孔杰荣和丘宏达合著的《人民中国与国际法：文献研究》。[28] 第二阶段的代表性成果是前述安西娅·罗伯茨撰写的《国际法是国际的吗》中针对中国的研究。

孔杰荣与丘宏达为《人民中国与国际法：文献研究》撰写的序言表明，该书的写作背景是在中华人民共和国取得联合国席位后，国际社会逐步认识到，与统治着全球约四分之一人口的中国政府开展合作，对于应对国际社会面临的各种挑战是不可或缺的；然而，国际社会对于中国对国际法的态度知之甚少，由此经常指责中国违反国际法，而从中国发出的信息也是多样的，并且经常被扭曲。在此情况下，两位作者认为，应当如实地呈现中国对国际法的理解、政策与实践。[29] 两位作者的做法是，摘录或翻

---

[27]《中共中央关于全面推进依法治国若干重大问题的决定（2014年10月23日中国共产党第十八届中央委员会第四次全体会议通过）》，第七部分之（七）。

[28] Jerome Alan Cohen and Hungdah Chiu, *People's China and International Law: A Documentary Study*, Princeton: Princeton University Press, 1974.

[29] Id., Preface.

译中国政府签订的相关条约、发表的相关文件、中国领导人的讲话以及国际法学者的著述，并结合这些文献涉及的相关事件做简要的评论。因此，虽然这本书只是介绍性的，但它有助于理解中国对国际法的态度。这本超过 1700 页的著作几乎涵盖了中国国际法实践的所有领域，比如，国际法原则、领土、管辖权、海洋、空间、承认、条约、国际组织法、外交特权与豁免、武装冲突以及争端解决。这本书的目的是试图"原汁原味地"呈现中国政府对于国际法的态度，基本上没有针对其他国家的国际法政策与实践进行比较。考虑到外国学者鲜能阅读中文文献，尤其 20 世纪 70 年代中国很大程度上仍然与国际社会相隔绝，因此这本书对于外国国际法学者研究中国的国际法观念、政策与实践的价值无疑是巨大的。而该书之所以能够诞生的根本原因是，孔杰荣是一位研究中国法和中国国际法的专家。如前所述，早在 20 世纪 60 年代中期，孔杰荣就与哈罗德·伯尔曼（Harold Berman）、威廉·巴特勒（W. E. Bulter）、理查德·巴克斯特（Richard R. Baxter）等人在哈佛大学法学院共同开设"国际法的苏联、中国与西方视角"课程，而在哈佛大学法学院获得博士学位后获聘担任研究助手的中国台湾地区学者丘宏达与孔杰荣共同承担了该门课程中中国部分的讲授工作。考虑到孔杰荣在 1960 年后才开始学习中文，可能还不能充分精确地理解相关中文文献，因此可以认为丘宏达的作用是至关重要的。

　　与孔杰荣和丘宏达在合作撰写《人民中国与国际法：文献研究》时的 20 世纪 70 年代相比，罗伯茨在撰写《国际法是国际的吗》时则处于一个完全不同的时空环境，比如，国际法本身从 20 世纪 70 年代以来已经发生了重大变化；国际权力结构发生了重大变迁，西方发达国家的实力相对下降，而中国已经被公认为一个新兴大国；中国已经全面地参与国际法律秩序，并且日渐呈现出塑造国际法律秩序的能力与潜力。作为21世纪比较国际法研究的代表性学者，罗伯茨在《国际法是国际的吗》一书中鲜明地运用了比较法的研究方法。与孔杰荣和丘宏达侧重于考察中国政府的官方文献（条约、声明、领导人讲话等）不同，罗伯茨则侧重考察中国国际法学者的教育背景、国际法教科书编写特点、国际法学者参与国际学术对话以及参与中国政府的国际法实践，并与美国、英国、法国、俄罗斯等国进行比较。尤其是，她针对俄罗斯学者捍卫俄罗斯在克里米亚问题上的立场与中国学者捍卫中国在中菲南海争端问题上的立场进行了详细对比。她发现，虽然两国的国际法学者至少在公开的场合基本上都是全力捍卫本国政府的主张，但中国学者较之俄罗斯学者更加积极地通过国际途径——比如发表英文论文或接受采访——解释并支持本国政府的立场。[30] 她认为，即便中国学者的努力并不一定会使西方国家与学者接受中国政府的主张，甚至这并不是中国学者所追求的目标，但这些努力也有利于西方国家与学者了解中国政府的立场与关切，由此有可能促使后者"重新思考在西方圈子中经常被认为理所当然的某些假设、主张与叙事"。[31]

与孔杰荣不同，罗伯茨没有学习过中文。不过，根据笔者的了解，中国的许多国际法学者乃至法律官员都认为罗伯茨对有关中国国际法的资料的掌握与理解是相当准确的。笔者认为，全球化——更确切地说，国际法教育与研究的国际化——使得罗伯茨较为全面地掌握与较为准确地理解有关中国国际法的资料成为可能。从《国际法是国际的吗》的致谢词中可以看出，罗伯茨对于涉及中国国际法的资料的搜集与理解很大程度上依赖于她与许多中国国际法学者以及在美国法学院留学的中国学生的密切交流。

---

[30] Anthea Roberts, *Is International Law International Law*, Oxford: Oxford University Press, 2017, pp. 230-253.

[31] Id., p. 254.

以笔者为例，2014年底罗伯茨邀请笔者前往哥伦比亚大学法学院做短期访学，主要目的之一就是与笔者交流她写作这本书的设想，笔者也应邀通读了该书初稿中涉及中国的部分，补充了相关资料，并为其纠正了其中的一些不准确的信息。这表明，频繁的国际学术交流可在一定程度上克服外国国际法学者开展涉及中国的比较国际法研究面临的语言障碍。

尽管如此，语言可能仍然是外国国际法学者面临的一个问题。原因是，在美国留学的中国青年学子是否能够准确地向外国学者传递涉及中国国际法的信息在很大程度上取决于这些青年学子的国际法专业水平。不难发现，许多外国国际法学者在研究中国国际法问题上仍然非常依赖一些西方智库的报告，甚至媒体的报道，而这些报告或报道由于诸如自身导向之类的因素往往充满了误解或偏见。在此情况下，外国国际法学者使用的可能是错误的信息。不仅如此，鉴于国际法的有效性越来越依赖于在国内层面的适用，国际法的国内适用被公认是比较国际法研究的主要内容之一，换言之，比较国际法研究已经不能再像以往那样侧重甚至集中于考察"书本上的法律"，比如中国签署的条约、中国政府发表的声明以及领导人的讲话本身，而必须进一步考察"行动中的法律"，即这些文本的实际执行情况。这就要求外国国际法学者对中国的国家治理制度、机制以及文化都具有较好的理解。

为了更好地研究中国国际法，外国国际法学者采取的一个重要应对措施是，加强与中国国际法学者的合作。不难发现，近年来越来越多的中国学者获邀参与外国国际法学者的研究项目，或者合作撰写论文或著作。

三、中国学者的比较国际法研究

就中国的法学研究而言，比较法学者与国际法学者可能是最早具有国际化视野的两类法学学者，其原因不难理解。19世纪中期以来，中国被动地参与以主权国家——其含义是由西方国家界定的——为基础的国际体系。在这个过程中，中国面临的最大挑战是，绵延两千年的治理制度被西方国家认为不足以使中国具备主权国家的必备条件。为此，比较法学者与国际法学者分别在国内与国际层面上致力于中国的国家身份建构，其基本策略就是引进西方的法律观念与制度，实现中国传统法律观念与制度的现代化。进入20世纪以来，虽然中国作为主权国家获得了国际社会的承认，但法治化的进程则要缓慢得多；尤其是改革开放的前三十年，因为意识形态的原因，中国在法治化进程中经历了挫折。1979年以来，随着中国更广泛地参与国际体系，中国重新启动了很大程度上汲取西方法律观念与制度的进程，比较法与国际法研究由此进入新的历史时期。

然而，中国的比较法研究与比较国际法研究在目标与功能上存在重要的差别；更重要的是，随着中国崛起为新兴大国，比较法研究与比较国际法研究在重要性方面的差别可能会越来越明显。直言之，进入21世纪以前，比较法学者与国际法学者都具有促进中国法治化进程的目标与功能，前者侧重于传播西方先进的法律观念与制度，而后者则侧重于传播国际法律观念与制度，共同推动中国的法治化进程。然而，二者存在两个重要的差别，一方面，与比较法学者着力服务于国内法律改革相比，国际法学者还负有向国际社会解释中国法律政策的使命；另一方面，由于20世纪90年代以前国际法介入国内治理的范围与程度还比较有限，尤其是中国还没有接受或只是部分接受诸如GATT/WTO之类的重要国际制度，中国的法治化建设主要是国内法意识上的，因而比较法研究的意义可以说高于比较国际法研究的意义。

然而，在中国崛起的时代背景下，比较法研究与比较国际法研究在目标与功能上的差别将趋于扩大,这可能使得二者在重要性方面的关系发生逆转,即比较国际法的重要性将越来越大,而比较法研究的重要性将趋于降低,甚至前者的重要性将超过后者。详言之,随着中国法律观念与制度日益完备,外国法律观念与制度对中国的借鉴甚至启蒙价值必然降低,这无疑削弱了比较法研究的重要性,但中国社会主义法律观念与制度是否以及多大程度上具有对于其他国家的借鉴价值从而维持甚至提高中国的比较法研究价值尚待进一步考察。然而,至少就目前而言,中国的比较法学者似乎尚未表现出从以往的"内向型"研究模式,即通过比较法研究促进中国的法律改革,转向"外向型"研究模式的趋势,即通过比较法研究传播中国的法治化经验。当然,中国的比较法研究面临的挑战实际上是全球范围内比较法研究面临的共同挑战。事实上,为了"拯救"比较法研究,一些西方学者主张应该把国际法制度的比较纳入比较法研究的范围。[32]与比较法研究不同的是,由于中国崛起为新兴大国,尤其中国确立了提高在国际法律事务中的影响力与话语权的战略,比较国际法研究在继续发挥解释中国法律政策使用的同时,还承担了在国际法律事务中"输入"中国方案的使命。

诚如罗伯茨针对中国国际法学者在解释与捍卫中国政府在中菲南海争端问题上的考察所表明的,在中国日益强大的时代背景下,中国的比较国际法研究日益活跃,具有成为比较国际法研究中心之一的潜力。然而,中国的比较国际法研究仍然存在一些不足,面临一些障碍。

第一,中国国际法学者虽然已经积极地参与比较国际法的研究,但尚未发挥重要的作用,距离发挥主导性作用还有一个漫长

---

[32] Mathias Reimann, "Beyond National Systems: A Comparative Law for the International Age", *Tulane Law Review*, 75 (2001), p. 1103; Anne Orford, Florian Hoffmann and Martin Clark eds., *The Theory of International Law*, Oxford: Oxford University Press, 2016, p. 141.

的过程。目前，越来越多的中国国际法学者在国际性刊物上发表论文，在外国出版社出版著作，参加外国学者或学术机构的研究项目或学术活动，可以认为国际法学者是最具国际化意识与能力的中国法律学者。然而，迄今为止，由中国国际法学者提议、组织或主持的比较国际法研究项目或活动还相当少。

第二，基于中国的特殊国情，与比较法研究不同，国际法研究往往涉及评估一国的外交政策，这使得中国国际法学者的表达客观上受到更多的制约，在讨论诸如人权之类的"敏感性"议题时尤其如此。从学术上说，这损害了学术多元主义，可能会影响到外国学者对中国学者学术可靠性的评价，即中国学者可能被认为只是阐述中国政府的主张，或者为中国政府的主张辩护，[33]进而可能影响到国际学术合作。更重要的是，中国学者的学术主张可能被潜在地认为体现了中国政府的主张，从而可能误导外国政府对于中国国际法政策的理解。

第三，现行的中国学术评价体系与标准不利于中国学者的比较国际法研究。中国当前的学术评价体系与标准立足于用中文表述的研究成果，中国法学会评定的法学核心期刊几乎成为衡量中国法学院研究水平的唯一标准，许多地方的人文社会科学优秀成果评奖甚至直接把在境外出版的英文著述排除在外。虽然这种缺乏国际化视野与眼光的做法不会妨碍一些国际法学者坚定地继续走国际化的研究道路，但客观上对提高中国学者在比较国际法研究中的作用是不利的。

## 结　论

比较国际法并不是一个新生事物，但进入21世纪第二个十年

---

[33] Anthea Roberts, *Is International Law International Law*, Oxford: Oxford University Press, 2017, p. 254.

日益兴起的比较国际法研究所处的国际权力格局和国际法律环境与之前有着很大的不同。其结果是，一方面，国际法学者不仅继续比较不同国家的国际法律政策与实践，而且正在通过借鉴比较法理论讨论比较国际法研究的原理性问题。当然，这也许还会促进比较法研究的更新，推动比较法学者与国际法学者的合作。另一方面，新兴大国的身份使得中国有可能成为比较国际法新的中心之一，这为中国国际法学者提高在比较国际法研究，乃至一般意义上的国际法研究方面的学术影响力提供了历史性机遇。

# 中国在近代国际法话语中的形象及其变迁[*]

[美] 络德睦 著　汤霞 译　魏磊杰 校[**]

## 导　论

> 人性的可爱似乎不逊于整个民族间的关系。
> 
> ——伊曼努尔·康德

法律充满了拟制。在国际法中，迄今最重要的法律拟制是对国家的拟制。在根本上说，个人只能以国家的名义从事一些行为，但国家自身就可被视为"国际法人"——作为具有独立动机的单个行为体。虽然这些拟制极易被认为是纯粹的修辞，但在本文第一部分笔者会认真审视被用来描述法律与政治上国家间关系的那些拟人化的隐喻。这是一种老生常谈式的论

---

[*] 本文原载《加州大学洛杉矶分校法律评论》2010年第57期。囿于篇幅所限，译成中文时删除了所有注释。

[**] 络德睦（Teemu Ruskola），美国埃默里大学法学院乔纳斯·罗博彻（Jonas Robitscher）讲座教授。汤霞，华南师范大学法学院特聘副研究员，法学博士。魏磊杰，法学博士，厦门大学法学院副教授。

断：国家间的入侵往往是以性侵犯的术语来措辞的。从历史上看，殖民入侵被老套地描述为强暴。但怎样才能使得国家像人那样，并将其行为界定为强暴？国家如何强暴？它强暴了谁，在何种情形下强暴？

这是一个令人瞩目但又出乎意料地未被注意的事实：在修辞上国家的性别是男性，而国家对国家的侵犯在本质上被持续地描述为性侵。在本文中，笔者运用怪异理论（queer theory）的一些深刻见解来考察这种性侵的修辞。更具体地说，笔者将殖民主义的侵害作为一种西方国家对非西方国家（可能具有的）主权的同性侵犯来分析。与所有法律一样，国际法试图使其调整的主体规范化，并进而在国际法的背景下使其成为像历史上的国家一样的存在。国家主权反过来又以包含规范的男子气概观念在内的若干特性为前提。正如本文指出的那样，非西方国家以不同形式呈现的异常的男子气概，加之它们的种族和文明特性，使得它们是可被强暴的。为此，笔者着眼于中国在19世纪不断变化的法律地位来进行个案研究。

这是一项关于殖民国际法修辞的研究，而不仅仅是对殖民国际法或法律修辞的研究。本文的主题对于国际法本身的研究而言，初看上去显得次要，但此等研究审视了西方宗主国之外的区域的法律地位，它的主要关注点是历史而非当代；这一分析实际上阐释了国际法排除与包含主体的一般过程。例如，正如结语所言，对国际法怪异修辞的分析对于理解伊斯兰恐惧症和同性恋恐惧症在当下的合流至关重要，西方国家因为这种恐惧而试图将恐怖主义者排斥在整个法律规范之外。

更广泛地说，在最一般的层面上，怪异分析表明，对非西方国家的同性侵犯是一个可能使（西方）主权得以充分实现的条件。即便如此，承认暴力构成主权之基础并非原创性见解，即便这一见解是非常重要和常被遗忘的。国际法的修辞分析阐释了性别、性和种族的概念是主权侵犯的构成部分，即使它们基本上依旧是不可见的、被隐藏在此等基础之下的。在此，笔者尤为强调主权的怪异侵犯是因为对于国际法修辞的怪异分析相对缺乏，而并非意欲表明怪异理论提供了超越其他理论的特殊方法。由此，笔者并不试图取代聚焦殖民地种族构成的分析，而是寻求以批判的方式对它们加以补充。最后，绝不能简单地将关于性别、性和种族的分散话语彼此隔离。它们彼此强化，又以不同方式彼此偏离，但从历史上看，它们彼此关联。

笔者对怪异理论的调用意在提供一种分析模式，而并非是对一个或一套既定主体的研究。例如，目前存在对国际人权法大量的分析，聚焦如何看待男同性恋者和女同性恋者的问题。这些分析可能具有极大的法律、社会和政治价值，但仅就它们只是单纯地假定同性恋主体先于法律承认而存在这一点来看，这并非是对怪异理论的运用。在本文中，笔者将"怪异"（queer）这一术语指称一系列非规范性主体的定位，这些定位同时呈现出性的、社会的和政治的属性。依照此等方式界定，"怪异"定位只在某一点上被所有主体（不管它们是否愿意承认）所占据，而不能一直不被主体所占据（即使它们如此渴望）。完全的反规范性可能是疯癫的，而彻底的规范性也可能同样是癫狂的。"怪异"理论提供了分析怪异主体的定位和规范性的主体定位是如何在彼此关系中得以建构的，它们如何得以保持的以及它们如何保持必要的不稳定性和暂时性的。简言之，这是对这样的话语相互作用机制（discursive dynamics）——借此机制，主体可被制造或不被制造，主体保持稳定或不稳定——进行分析的一种方法。

因此，笔者把中国作为怪异主体来分析，并非简单地将其类比为男同性恋者或女同性恋者。任何试图确定一个国家"真实"

的性别身份——或同样地，一个具体国家是"真正的"男性或女性——的尝试都将毫无意义。正如完美的异性恋对个人来说甚至是不可能实现的（或至少在认识论上是无法证实的），在国家间同性社交的世界也未发现完全规范的政体。取而代之的是，笔者使用怪异理论来分析中国在法律和政治修辞上业已取得的一系列定位：这些定位是如何随着时间而变化的，以及在与其他国家的定位发生联系时它们是如何被决定的。这些明显带有性别分类和性属性的定位并未使中国要么成为男人或者要么成为女人，并由此产生的是同性恋抑或异性恋。这些定位所达致的目的是使中国成为在不同的时代或多或少易受殖民暴力侵犯的某种类型的国家，某种形式的国际法主体。

与此同时，需要注意的是，在某种意义上探寻国际法历史的整个做法有些不合时宜。笔者在本文中分析的怪异修辞的诸多实例明显地与它们在 19 世纪的意义不同："怪异"术语本身可能就是最显著的例证——它恰恰容许自发地表达怪异的主张。我们需要注意的是，近代的性观念在 19 世纪（也是本文重点关注的时期）在法律上和医学上都是合法的。尽管笔者不在此论证，但本文将殖民国际法的怪异修辞作为较大的同性关系现代话语构成的一部分是不言自明的，怪异理论也构成了分析此等修辞的贴切方法。更重要的是，历史解释的问题对于怪异理论的运用并非独特。一个人如何想象自己的分析对象必然会限制他所能找到的东西。笔者并未主张怪异性是殖民国际法隐含的但却终极的真理，只是认为对于理解殖民国际法来说，怪异分析能够提供新奇且有益的视角。

在方法论层面，最后需要强调的是，虽然笔者专注于殖民国际法的修辞，但这并非意味着法律本身与法律修辞之间存在质的差别。尽管法律从来不仅仅只是修辞（否则它就不是法律），但它一直都是修辞。正是此等话语性属性（discursive nature）使得法律区别于单纯的宰制与纯粹的暴力。法律从来不仅只是权力的展示，也是权利的主张。考虑到缺乏一个全球政府来实施其规则，较之其他法律秩序，这更适合说明国际法的情况。诚然，国际法日渐呈现出诸多制度化的形态，但直到今天它的修辞性质仍旧构成了其权力的主要来源——当然，也是其局限性的主要来源。事实上，鉴于国际法作为更大政治想象的一部分而存在，笔者对国际法修辞的记录不仅包括法学家，还包括外交官、政治家和其他观察家的论述：他们的论述呈现了非欧洲世界不同地区所处的法律和政治状况。同时，需要重申的是，虽然修辞具有社会和政治意义，但本文的主要目标意在分析中国在国际法修辞中的定位，而非更为宏大的国际法社会或政治历史在中国的演变。这一历史是一个更大项目的主题，而本文只是其中的一部分。

　　本文后续部分的结构如下：第一部分从时间和空间两个维度对国际法研究进行重构，以便涵括殖民法律关系。第二部分简要梳理国家作为国际法人的历史。第三部分转向分析殖民法律修辞。首先，简要概述了影响作为欧洲"国际大家庭"组成部分的国家间法律关系的荣誉法则。其次，回顾了位于世界不同地区的政治共同体缺乏欧洲男子气概典范和同族荣誉（homosocial honor）的一些表现形式，转而造就关涉性侵犯的不同修辞。例如，"不文明"的非洲处在光谱的一个极端被视为太具有男子气概，以此证成对其实施包括强暴在内的惩罚性侵犯的正当性。相反，处在另一极端的"过度文明的"东方则被视为软弱和欠缺足够男子气概。这产生了名义上发生在双方同意的交往标准下的一种临时的帝国"渗透"话语。

　　第四部分具体关注中国作为国际法的一个主体。在某些方面，中国甚至较之殖民侵犯的典范型受害者更为怪异：虽然它事实上未被完全殖民地化，但也并非没有被殖民地化。作为一个为历史所认可的、具有健全组织形式的"较高"文明国家，不能单纯地通过暴力（如对待新大陆或非洲的"野蛮人"那般）对其加以占领。贯穿整个19世纪，它一直处于这样一种不稳定的状态：处于殖民地和完全主权国家、野蛮国家和文明国家以及非洲和欧洲的中间。国际法为将中国涉嫌的经济上和政治上的孤立转变为国家间的侵犯行为提供了词汇，而这转而证成了建立一种非领土型帝国主义——治外法权——的正当性。经济上，中国对其与西方贸易的管制被解释为违反了交往权。政治上，如叩头那般傲慢的外交礼仪——在皇帝面前下跪的仪式——逐渐被视为是对西方主权平等的侵犯。叩头尤其成为一种完全屈服的标志，笔者暗示最终与鸡奸——被推定为中国一个较普遍的恶习——混在一起。然而，到19世纪末，中国的主权渐趋很少与典范型的东方恶习相联系，"中国佬"开始日益和一般的殖民地土著混在一起。这一转变彰显出西方由单纯实施治外法权朝向领土占领的转变，而日益发展出来的怪异的法律技术——从"国际公法租赁"这一新奇概念到各种形式的"铁路主权"——使得此等转变成为可能。

第五部分更进一步地考察了国际法的怪异修辞在政治上和认识论上的重要意义。通过将19世纪的国际法作为一套全球文化脚本（包括我所称的强暴脚本）加以分析或者将作为侵害对象的某些特定实体进行叙事性的解释，来完成这一目标。这些文化脚本并非简单地反映了殖民关系的物质性侵犯；它们在赋予西方能够如此方面也发挥关键作用。最后，结语部分简要考察了性、性别和种族的隐喻继续对当今不平衡的全球法律关系进行建构的诸多方式。

哎，人类的"怪异"敌人并非历史。

## 一、在时间和空间中定位国际法

国际法的传统历史通常在时间和空间上严格地建构着它们探究的客体。从时间来看，它们具有近代的偏见；从空间上看，它们以欧洲为中心。也就是说，它们往往将国际法的诞生追溯到标志着后宗教改革宗教内战结束的1648年《威斯特伐利亚和约》；它们主要的地理关注点是欧洲内部的国家间关系的世俗标准的发展。

在历史分析中，时期划分不可避免，但从来不是没有缘由的。显然，并不存在构成国际法客观起源的单一日期。但是，对1648年和《威斯特伐利亚和约》的选择——和其他日期一样——却具有重要的政治上和思想上的意义。从1648年的历史观点出发，国际法的官方故事成为世俗民族国家之间主权平等自由规范兴起的历史。这个故事不一定是不真实的，但就仅涉及欧洲而言，它具有误导性。如果我们转而依循卡尔·施米特（Carl Schmitt）的观点，将近代国际法出现的时间追溯到1492年欧洲"发现"新大陆之时，那么这个故事就将发生重大改变。从这个角度来看，叙事不仅呈现为欧洲内部日渐形成的包容和平等，而且还呈现为欧洲以外的其他国家由于宗教、文明和种族差异而被暴力所排斥。

许多标准分析不仅对国际法的殖民历史进行了根本性的删节，而且它们采用使其发展既具有独特性又具有普遍性的术语来定义它们的主题。自相矛盾的是，历史上特定的欧洲国家法律在成立之初就被视为具有原始的普遍性。这种普遍适用性的主要条件是假定主权国家间的形式平等。这意味着基于其他假定的国家间秩序的其他历史结构不会作为国际法的替代体系而出现，因为它们本身具有潜在的竞争性的普遍主义。

  本文的大部分内容探讨了将中国排除在所谓的"国际大家庭"或由北大西洋"文明"国家组成的国际社会的成员资格之外的修辞策略。因此，在篇幅上并不允许充分阐述东亚国际法传统，即所谓的"东亚儒家联合体"（Confucian commonwealth of East Asia）的古典法律传统———一种儒家的万民法，具有共享的政治词汇和语法，以及用以确定国家共同体内部成员应需依循之宪制规范的一套共同的文明标准。尽管儒家东亚国家之间的关系并非以正式的主权平等抽象概念为模型，但它们并非在不受管制的自然状态下发生。相反，在理想情况下，它们受理想状态的"中外一家"（"中心国家与外围国家共同组成一个家庭"）规范所支配。例如，中国皇帝经常以亲朋好友般的态度称呼周围的小国统治者为"吾弟"。实际上，儒家亲属法为国家间的关系提供了正统的模式。

  从这个角度看，中国在国际法中的历史地位尤其具有讽刺意味。由于它从亲属关系上将政治共同体概念化，因此最终被排除在国际大家庭之外。显然，中国被排斥的真正原因不是它犯了简单的范畴错误——混淆了政治和亲属的逻辑——而是它属于错误的政治家族这一简单的事实。

  总之，尽管本文其余大部分内容着眼于19世纪西方国际法对中国的修辞建构，但重要的我们要牢记，东亚国家间的关系也具有自身的传统。接下来是一个有限的历史分析，主要从西方国际法的角度看待中国。不可避免地，中国将成为西方施加的相对被动的对象。这是一种选择视角的局限，并非中国的现实。

## 二、国家作为国际法人

前天的比喻是昨天的类比和今天的观念。

——哈罗德·伯尔曼

如果我们的学科认真对待全球化的潜在影响,那么法律人格的形式概念、重要的法律行为者的社会学概念以及更为一般意义上的能动者的社会学概念都需要重新进行评估。

——威廉·特文宁

注意到国家作为国际法人的拟制不应掩盖这一事实,即从最根本的角度来看,所有的法律范畴都是拟制的,因为它们从不简单地描述前法律或前政治的现实。法律不能超越自身去看自然,因为非自然人比"自然"人更多。尽管法律理论家希望继续主张"只有人类才是自然人",但汉斯·凯尔森(Hans Kelsen)的观点仍然不容置疑:法律中的"自然人"不可避免地是法律所定义的范畴。(实际上,即使是自然法思想家约翰·洛克也早就意识到了这一点,他同样坚称"人"是"法庭术语"。)

举例来说,罗斯科·庞德(Roscoe Pound)将国家的人格化追溯至遥远的古希腊:"对柏拉图来说,城邦是一个个体人,个体人灵魂的特征在城邦的外貌上得以凸现。"虽然这确实是某种人格化,但柏拉图对人类灵魂的看法提供了一种等级政治认识论,这与现代共和政体的政治认识论截然不同。此外,至少在霍布斯之后,现代国家已经主要被比喻为一个政治体,而非政治灵魂。

诚然,即使是现代国家也有一段精神史,但它植根于基督教。简言之,在中世纪的观念中,上帝是最高的权威来源,国王从教皇和主教那里获得皇冠(至少这是教会的理论,即使冠冕者试图对其进行挑战)。然而，随着宗教改革后教会最终从世俗政府中退出，国王们宣称他们的权威直接来自上帝，而无需教皇的中介。国王的神圣权利证成了绝对主义国家出现的正当性，使得君主有效地在自己的国家中取代了上帝。实际上，在当时，国家作为国际法人的概念不仅仅是一个空洞的隐喻抑或牵强附会的类比。君主实际上是一个人（尽管具有非凡的形而上学特征，例如，不是拥有一个而是两个身体）。最后，随着人民革命推翻了绝对主义国家，主权者开始占据主权君主的位置，同时也暗含着占据了君主所代表的上帝的位置。法国大革命和公民权利的概念，用汉娜·阿伦特恰当的表达来说，有效地构成了"人民的神化"（deification of the people）。

简言之，今天主权已经完全民主化了。完成了从上帝（或教会）到君主再到公民的转变。随着上帝的死亡和自由主义的诞生，个人成为政治和法律主体性的特权范式：所有的权利和义务都必须由一个"人"来承担。正是这种法律—政治公理造就了今天法律上的拟制人。在国内法中，最显而易见的是我们将公司拟制为人。采用类似的方式，我们将主权国家视为国际法人，无论今天的国家是否以太阳王的方式由专制君主来人格化。

与所有好的拟制一样，法律拟制也对其统治的世界产生了实质性的影响。因此，国家被视为人很重要，国家被视为什么样的人也很重要。但吊诡的是，人的概念在其起源点上却是空洞的。从词源学上讲，拉丁语中的"perona"是指在舞台上扮演角色的演员佩戴的一种仪式面具。也就是说，它指的是覆盖人的某种东西，而非人是什么或人的实质为何。直到后来，"perona才成为一种隐喻，并从戏剧语言演变成法律术语"。私人和罗马公民的不同之处在于，后者具有"perona"，即当代意义上的"法律人格"。总之，人最初是戏剧中的艺术术语，后来成为罗马权利享有者的法律隐喻,直到后来罗马法被重新发现、重新概念化并与基督教的内在意识相糅合,"人"才获得其现代形而上学上的意义:不仅是一个法律行为者,而且是一个人本身。

一旦成立,人的概念也开始为国家之间的法律提供基础。这种所谓的私法类比证成了将主要的罗马法范畴投射到国际层面的合理性。例如,主权成为罗马土地所有权概念的延伸,而君主实际上指代某种形式的所有罗马人。就像20世纪早期的一位观察者所指出的那样,毫不夸张地说:"对于现代国际法中被视为基本要素的几乎所有事物,皆从这种类比中受惠。"

然而,将一个国家称为一个人只是分析国际法的出发点,而不是终点。一个人对国际社会的看法显然取决于他对组成这一社会的人的本质的看法。因此,像雨果·格劳秀斯和托马斯·霍布斯这样不同的思想家虽都依赖于私法类比,但他们从中得出的关于国家的社会生活的看法却大相径庭。对霍布斯来说,在它们彼此的关系中,国家只不过是自然状态中的野蛮人。(考虑到他"拟制人"模型是利维坦——严格地说,它甚至不是一个人,而是圣经中的海怪——这一点不应让我们感到惊讶。)相比之下,格劳秀斯认为,人和国家都具有一种自然的社会性,而这为国际法提供了实质性内容。

不管好坏,私法类比在19世纪变得愈发普遍:国家被视为"有良知、有荣誉感、有单一利益、有单一生命的个人"。

## 三、殖民法律修辞

的确,类比虽不决定什么,但它们能使人有宾至如归的感觉。
——西格蒙德·弗洛伊德

那么,在国际法学家看来,什么样的"人"才是典型的国家呢？下面，笔者将从一般意义上考虑殖民国际法中"人"的各个面向。首先，笔者把欧洲国家描述为有其自身荣誉法则的文明的、高贵的共同体（第一部分）。其次，笔者简略回顾了欧洲之外的国家与此对比鲜明的性别、性和种族特征，这些特征使得它们成为怪异的和可被强暴的（第二部分）。

（一）欧洲骑士法

在绝对主义的形成时期，主权直接体现在统治者身上。因此，典范型的国际法人就是君主。罗马私法范畴的挪用为国家的世袭观念奠定了基础：君主的领地被视为其私人财产。例如，它可以被继承，可以被处分，也可以通过婚姻获得。从法律上讲，国与国之间的关系与王朝家族之间的关系密不可分。实际上，由于由此产生的复杂的性政治，欧洲的大多数战争都是王位继承战争，并一直延续到18世纪。

此外，君主们为战争辩护的理由与1648年《威斯特伐利亚和约》之前为困扰欧洲的宗教内战辩护的理由不同。最值得注意的是，卡尔·施米特将他所谓的"对战争的限制"（bracketing of war）称之为欧洲公法的最大成就。君主之间的战争被理解为类似于绅士之间的决斗，不像中世纪的基督教共和体（respublica Christiana）那样，战争可以被贴上正义或非正义的标签，非正义的敌人可以相应地被处置。相反，决斗的目的不是确定哪一方是正义的，而是要在贵族血统的人中维持荣誉。同样，在战争之前进行正式的宣战，并基于既定规则依照军号作战不是犯罪，不是非正义的侵略，而只是君主之间的合法关系。总之，虽然罗马法赋予了国际法人格的概念，但诞生的国际法人显然是罗马土地所有者和封建骑士的混合体：他要遵守的规则，一部分是罗马财产法，一部分是骑士法典。如此看来，欧洲国家构成了一个拥有自己荣誉法则的文明的、高贵的共同体。由于这一事实，主权在本质上——实际上在结构上——仅限于欧洲。

正如笔者在上文中指出的，排除国际法权利和义务的主要隐喻是亲属关系：不符合难以捉摸的文明标准的国家被禁止加入欧洲的国家大家庭。尽管19世纪的公法学者们试图以自由主义政治思想来为国际法规则辩护，但他们的自由主义大厦最终仍旧建立在典范型的非自由的血统和亲缘关系基础之上。实际上，与东亚儒家不同，除了罗马私法外，亲属法也为欧洲的国家间关系提供了另一种类比。事实上，正如笔者所指出的那样，在绝对主义时代，国际法在许多方面不仅是象征性的，而且是字面意义上的亲属法，因为王冠是通过婚姻和继承获得的。具有讽刺意味的是，尽管王朝的原则在组织欧洲内部关系方面失去了作用，但正是在日益自由化的19世纪，国家大家庭的修辞却在调节与欧洲以外国家的关系方面被运用到了极限。

毋庸置疑，欧洲公法高度理想化的标准不应以其表面价值来作为对国家间实践的完整的和准确的描述。它们可能，或已经被违反——尽管总是要付出一些政治代价。然而，即使在违反它们的情况下进行观察，它们也为"文明的"欧洲身份提供了话语基础。从国际大家庭的角度来看，不言而喻的法律和政治事实是，只有一些国家才有资格被视为真正的国际法人而受到荣誉和尊严的对待。其他共同体只是较弱程度上的人，甚至是非人。

国际法的殖民修辞常被简化为文明与野蛮的二元对立，但实际上，当欧洲国家与世界其他地区的共同体建立政治关系时，面对如此巨大的多样性，这种简单的二分法是完全不充分的。不出所料，在法律意义上，存在着不同种类的非西方的非人或不完整人，在欧洲以外的国际法以不同的方式对它们进行种族化和贬损化，从而使得在某些时间和地点发生某些种类的暴力成为可能，并为之辩护。

### (二) 欧洲之外的怪异国际法

在对国际法的女权主义分析中，希拉里·查尔斯沃思（Hilary Charlesworth）和克里斯蒂娜·钦金（Christine Chinkin）将主权国家的标准概念描述为"一个有界的、自洽的、封闭的、独立的实体，有权抵御任何有害的接触或干涉"。因此，她们观察到，国家拥有一个没有"自然"进入点的"异性恋的男性身体"，其有界性（boundedness）使强行进入成为最明显可能违反国际法的行为。事实上，许多19世纪的法学家在确定（严格意义上欧洲的）国家的性别时毫不犹豫。正如布伦奇利（Bluntschli）明确指出的那样："国家是男性。"

从她们对国家性别身体的有价值的见解研判，查尔斯沃思和钦金继其他许多人之后，得出了一个合乎逻辑的结论，即被殖民和被征服的国家是女性性别。然而，最后的观察不需要依循。性别既不是固定属性也不是逻辑结论，而是一种相关的身份。因此，它总是只能暂时性地取得。经过更仔细的分析，即使是典型的欧洲国家的性别也无法确定。它可能或多或少是男性，这取决于它看待自身时所对照的殖民地。同样，殖民地国家也占据了雌雄统一体（male-female continuum）的一系列位置，这反映在规制殖民暴力的怪异法律修辞中。

以中国为例。在殖民主义的全球架构中，欧洲自诩的文明使命至少在合理的情况下运作良好：只要欧洲人在对待其他民族时以他们自己的满意度来定性未开化人或野蛮人（如新大陆的居民）或政治存在完全被否认的人（如澳大利亚土著居民的土地仅被视为无主土地）。然而，诸如中国和日本那样的古代亚洲文明却更难以被忽视。尽管它们的文明与欧洲显然存在很大不同，但无可否认，即使依循欧洲人自己的标准，它们仍然具有彰显"高度"文明的标志。在1902年的经典分析中，约翰·阿特金森·

霍布森指出亚洲是"对西方帝国主义的巨大考验",因为在他看来,亚洲文明"和我们自己的文明一样复杂,但更古老、更牢固地植根于持久的习俗",这与被看作"野蛮人或儿童"而易被殖民的"非洲的种族"不同。对这一用词不当的常见反应不是否认它,而是夸大它并歪曲它的意义。因此,中国的问题可以说不是未开化,而是过度文明——它的黄金时代已经过去,正在退化为老年。因此,作为一个国际法人,它可以被视为懒惰的和处于毫无希望的衰败状态——不是日耳曼骑士的化身,而是过度文明化的帝制时代中国官僚的化身。

值得注意的是,中国事实上从未被完全殖民过。然而,正如埃里克·海耶特(Eric Hayot)所指出的,把"没有被殖民的事实"作为"殖民主义历史上的事件"加以分析是很重要的。那么,中国是如何不被殖民的呢？正如套路化的表述所描述的那样,它并没有遭受全面的领土占领,而是一再被不同的欧洲国家、美国以及日本所建立的几乎不受限制的各种租界和势力范围所"渗透"。正如查尔斯沃思和钦金所指出的那样,这种形象化的、无休止地重复出现的渗透隐喻是有启发性的,即使其含义并不明确。有些出乎意料的是,沃尔特·罗斯托(Walt Rostow)的发展理论却提出了对这个隐喻的另一种解释。作为一位卓越的现代化理论家,罗斯托赞同一种分阶段发展的理论。罗斯托认为,有少数非欧洲国家是"天生自由的"——基本上没有"传统"——因而能够走上通往现代化的捷径(即美国、加拿大、澳大利亚和新西兰等讲英语的殖民地)。然而,非欧洲世界的其他国家必须摆脱传统的束缚,才能进一步发展。罗斯托指出,在刺激这一进程的过程中,殖民主义的暴力事实上是对被殖民者的一种伪装的祝福:它点燃了以前没有国家认同感的共同体的民族主义意识。在罗斯托看来,国家认同是成功实现现代化的先决条件。

　　罗斯托的理论所揭示的是潜在的性心理动力，它推动了殖民地发展的进程，并最终为欧洲以外的主权提供了基础。玛丽亚·何塞菲娜·萨尔达尼亚-波蒂略（Maria Josefina Saldaña-Portillo）详细阐释了激发罗斯托理论模型的内在潜藏的动力：被殖民的国家实际上存在于受虐的男子气质状态之下，等待着它们最终被解放，以成为具有完全主权的男子。帝国主义带来的不可忍受的屈辱最终在殖民地激起了被殖民者抵抗侵略和在国家共同体中成为具有男子气概的、能自我决定之主体的愿望。因此，在这种微妙的解读中，殖民主义不仅是西方（男性）国家对非西方（女性）国家的隐喻性强暴。而且，它也构成了对非西方国家受伤的男性气概的同性侵犯，这反过来又导致被征服的国家想要自己成为性侵犯者。从这个角度看，西方对中国的随意而反复的渗透，构成了进入欧洲国家兄弟会所必需的一种入会仪式。

　　对比中日两国的经历。日本在1853年被马修·佩里（Matthew Perry）准将强行"开放"（使用惯常的委婉语）后，从西方最初的入侵中恢复得相对较快，并迅速发展出足够的军事实力，在1895年击败中国，在1905年击败俄国。因此，正是它在军事上的成功和对西方帝国主义在亚洲的成功模仿，使日本至少在国际大家庭中获得暂时的地位。例如，针对19世纪末的反亚洲移民运动，美国明目张胆地违反与中国的条约，立即禁止中国移民，而日本则被指示自愿限制其移民。从某种意义上讲，这种伪共识的美日条约安排通常被称为"君子协议"，这表明日本确实是一个值得信赖的人。然而，与此同时，尽管日本现代化者自觉地提出"脱亚入欧"（Datsu-A, Nyo-O），但即使是日本也最终无法将自己定义为社会上和文化上的白人。

　　与中国和日本相反，非洲在修辞上更易于作为欧洲实现其文明开化使命（mission civilisatrice）的实例。一个简单但深刻的原因在于，在大多数欧洲观察家眼中，非洲文明是看不见的文明。对他们来说，黑暗的大陆代表着纯粹的自然。在约瑟夫·康拉德（Joseph Conrad）的《黑暗之心》中，马洛确实坚持认为，进入非洲内陆就像回到了"大树为王"的时代。由于缺乏政治文明，非洲的主权被简化为植物王国的主权，而居住在那里的众所周知的野蛮人只不过是动物，由它们无法控制的欲望来定义。就性别而言，虽然中国过于文明，因此不完全是男性化的，但非洲的问题并不是男性化的缺失，而是过度——它是高度男性化的。除了香港和澳门两处殖民地外，西方国家一般尊重中国的领土完整，即使在19世纪末所谓的争夺租界的浪潮中，中华帝国也没有被西方国家瓜分。显然，在中国，西方随意的帝国主义渗透主要是唤起人们采取一种更加男性化姿势的愿望。当毛主席自豪地宣称"我们的民族再也不是一个被人侮辱的民族了，我们已经站起来了"的时刻，这个预言似乎已经实现。相比之下，欧洲在修辞上对非洲大陆的全面的强暴则表明，他们希望通过野蛮、蓄意的大规模侵犯来惩罚，而不是唤起非洲过度的、性化的、无法控制的男子气概。（法属刚果的两名白人实际上在巴士底狱日那天在一名黑人囚犯的直肠中引爆了一枚炸弹——只是为了庆祝法国在非洲享有的主权。可谓是对这一隐喻的一个非常形象的展示。）

在欧洲的想象中，像非洲一样，美洲也有自己的野蛮人。其中一些野蛮人可能比其他野蛮人更为文明，但仍然是野蛮人。例如，阿兹特克人，他们并非是不文明的，但却仍实行着活人祭祀。与非洲的情况一样，美洲野蛮人的典型问题与其说是他们缺乏阳刚之气本身——根据定义，野蛮人几乎不会是衰弱的——毋宁说是彰显它们在宗教和文化实践中的阳刚之气的反常性以及种族的低劣性。事实上，从他们一开始被发现，西方殖民者就对普遍存在的印第安人的鸡奸习俗感到困扰。西班牙征服者的这种指控出奇地毫无道理，宣称爆发鸡奸的报告竟没有提到印第安人真实的性实践。鸡奸——不像活人祭祀那样——事实上并没有被西班牙人亲眼看见。正如乔纳森·戈德伯格（Jonathan Goldberg）描述的那样，对存在鸡奸行为的印第安人的系统性迫害，西班牙人只是由"一个无需证据的确定性，一个无需逻辑支撑的论据"所促发。在印第安人男性气质基本上偏离常规的情况下，鸡奸是反映印第安人本性的道德公理，而不是一个需要观察的经验事实。

显然，这是欧洲人对亚洲、非洲和美洲等怪异国际法人的种族、性别和性属性的一些普遍看法的高度程式化表达。它甚至并没有开始讨论这些属性在亚洲、非洲和美洲内部的时空变化。处于当下意欲达到的目的，笔者想强调欧洲以外的国家和人民所占据的非规范地位的巨大可变性以及同时在与他们发生关系之时欧洲能够保持优越地位的灵活性。总之，欧洲既有男子气概又是文明的。它既不过分文明，也不野蛮；既不为自己的阳刚之气而被侵害，也不为自己的过分阳刚之气而委屈；它两者都是，并不是任一种更少才会这样。正如萨尔达尼亚—波蒂略所观察到的那样，"有什么能比毫不费力地滑入所有主题位置的主观性更具有技巧性呢……很明显他把所有的差异都吸收到了他的经验体系中了"。简言之，作为"完全的"主体，欧洲主权国家是完美的贵族绅士，而用以调整其国际大家庭的法律则是为（真正的）文明人所适用的完美的骑士准则。

正如笔者业已暗示的那样，无论在历史意义上还是在修辞意义上，国际法最适合美洲和非洲，它们最终也都被完全地殖民化。事实上，它们所遭受的同性侵犯可以被视为欧洲主权国家得以可能的历史条件。而亚洲则构成了一种不同的民族志层面和政治层面的挑战。尽管亚洲的人民被认为普遍衰弱，但他们往往比美洲或非洲的野蛮部落更难以被渗透。

## 四、以中国为例

> 但是中国，可敬的愚钝！陈腐的白痴！她在国际会议上所能说的一定是："我沏茶了。"
>
> ——拉尔夫·瓦尔多·爱默生

值得注意的是，中国总体上是在经济上而非军事上被侵犯。但在经济侵犯发生之前，它在欧洲想象中的相对较高的地位必须被降级。国际法学家们对其神秘的不可理解性感到惋惜，并尽最大努力将其作为法律知识的对象加以稳定（第一部分）。尽管不能轻易将中国描述为野蛮，但国际法为将其假定的经济和政治孤立（第二部分）转变为国家间的侵略行为提供了词汇，即抵制西方正常交往的"权利"，并通过要求西方特使叩头来侵犯其"尊严"（第三部分）。这种怪异的侵犯修辞立刻被种族化、性别化和性化了。虽然它在许多方面反映了世界其他地区殖民暴力的语法，但它不仅仅是静态的重新命名，而是随着时间的推移甚至在任何时候都呈现不稳定的状态。最值得注意的是，它阐明了建立西方治外法权——而非全面的领土征服——的基础。在整个19世纪，中国处于一个不稳定的中间位置，介于完全可被殖民和真正的主权国家之间。值得注意的是，到19世纪末，中国人日益被与原初殖民地的土著人相联系，表明从准自愿性交向殖民强暴的转变。这标志着从简单的治外法权实践迈向了直接的领土占领，由于发展了一系列新的法律技术而使之得以实现（第四部分）。在1901年，作为中国地位下降的一个显著标志，德国皇帝要求一位中国的亲王在柏林向他叩头（第五部分）。

总而言之，中国的例子说明了国际法怪异修辞的重要性；它不仅反映了中国固有的弱点,而且使得中国在国际上变得软弱。

(一) 不可理解与神秘莫测

东方不仅不可理解,而且神秘莫测。这两个属性紧密相连,使得确定东方的政治和法律地位成为一件非常紧迫的事项。国际法学会于 1873 年在比利时根特成立,其最初的项目之一就是试图在国际法体系中定位东方。它设立了一个委员会,以确定欧洲国际法在何种条件下以及在何种程度上适用于东方。即使东方国家未能达到欧洲的文明标准,国际法学会也认为有必要将"奥斯曼帝国的居民、波斯人、中国人以及日本人"与"异教徒和半野蛮人"区分开来。该委员会向外交官、领事官员和其他专家发送了一份调查问卷。并不是所有的调查问卷都被送回,正如人们所料,考虑到"东方"——这是欧洲人所想象的从土耳其一直延伸到日本的一个实体的统称——作为一个不确定性的范畴,各方的回应差别很大。有些人并没有在问题的表述上找到问题所在,而是将此视为"东方法律"本身不充分的证据——显然,它"没有任何明确或确切的内容"。另一些人则认为,这个问题的表述实在"太宽泛了"。

最后,该学会不得不承认,它未能将东方法律确定为法学知识的合理对象。取而代之的是,它重新安排了任务,并要求就具体东方国家需要进行哪些改革提出报告,以便使欧洲国际法完全适用。事实上,由于该学会无法充分描述东方,因此它决定规定东方应该变成什么样;无法阅读东方,它就试图改写东方。

即使在东方内部,中国也占据着一个特别奇怪的法律地位。尽管通常认为它是稳定的灯塔——或是一个死气沉沉的丑陋例证,具体取决于个人观点——但随着时间的流逝,它在欧洲的形象发生了翻天覆地的变化。当中国进入现代欧洲的政治意识时,许多人不仅承认它是一个文明平等的国家,甚至承认它是一个具有政治优越性的国家。事实上，一个高度体系化的官僚制国家在中国出现的时间要比欧洲早得多。当路易十四初步建立的中央集权的行政体制之时，康熙皇帝的统治已经达到了中央集权的顶峰。实际上，许多启蒙运动的思想家都将中国的统治视作欧洲的典范。

这种早期的亲华从根本上转变为强烈的恐华并最终演变为近代的反华种族主义的故事超出了本文的范围。从国际法的角度看，重要的是，西方对中国的恐惧不是写在一张白纸上的；根本不可能从历史意识中完全清除将中国形象理想化的悠久历史。这些形象总是存在的，不管多么的隐蔽，它们甚至可以在不经意间被激活。值得注意的是，关于中国的观念变化并不是由于关涉中国的新的批判性事实的出现而加速的。相反，它们主要是对中国的一种新的解释，是对已知事物重要性的重新评估。这段历史使得中国成为一个极不稳定的法律和话语主体。到了19世纪末，越来越多的国际法学家和外交官给中国贴上了赤裸裸的"野蛮"标签，然而这种描述从未像在非洲和美洲那样有效地得到"坚持"；其他法学家和外交官对天朝的评价继续从"文明"到"半文明"再到"半野蛮"再到"野蛮"，并纠结于两者之间的细微差别。

最后，中国作为一个国际社会主权国家的不稳定地位与苦力的地位并无不同——苦力是签订契约的男性劳工，在欧美意识中代表着典型的中国人。作为形式上自由移民劳动力的种族化主体，苦力也游离于19世纪自由主义想象的二元区分之间：奴隶制和自由、黑人和白人、国内与国外。事实上，当1870年第一批苦力来到路易斯安那州的一家种植园代替奴隶劳动时，种植园主的儿子形容他们是"他见过的最奇怪的生物"。因此，中国不稳定的国际法律地位可被理解为作为一种私法类比的中国苦力的奇怪地位：既不是主权国家也非殖民地，既不文明也非野蛮。

(二) 交往问题

> 贸易：1. 社交交往：思想、观点或感情的交换；2. 涉及从一地到另一地运输的大规模的交换或买卖商品；3. 性交。参见本词典中的交易。
>
> ——《韦氏词典》

那些认为中国是野蛮之人的人也认识到一个残酷的重要事实：中国不能像一个假定的野蛮部落那样被纯粹的统治所占据；其广袤、人口稠密的领土由一个有效的国家机器所管理。考虑到中国的相对不可渗透性，从一开始，主要的政治和法律问题就是贸易，而不是领土。

因此，中国与西方关系的主要隐喻不是强暴，而是基于同意的性交。就是说，尽管对土地的殖民征服——对国际法人人身完整性的典型性侵犯——使人联想起了性侵犯的概念，但从定义上讲，贸易却是自愿发生交往的一种形式。（诚然，正如托克维尔等人所观察到的那样，领土也可以通过武力和双方同意的方式获得：为人所知的是，他曾将西班牙人在新世界的"掠夺"与英国定居者"对法律程序的纯洁感情"作过比较。）

中国与西方的交往开始之时并不存在问题，而是随着时间的推移被视为一个问题。西方商人和传教士到中国旅行的历史源远流长，可以追溯到马可·波罗，甚至更早。显然，如果他们愿意的话，西方人可以通过商业途径进入中国。到了19世纪，最根本的问题是中国人的欲求问题：虽然西方对中国的茶、瓷器和丝绸的欲望难以满足，但中国人对西方商人提供的制成品却兴趣索然。庞大的中国经济基本上自给自足。

然而，交换的经济问题并不是唯一的障碍。这与荣誉的政治问题有关，并使之复杂化。中国不仅对购买西方商品几乎没有兴趣，而且对与西方建立正常的政治关系也同样不感兴趣，并且相当肯定的是，中国并不寻求欧洲主权国家的外交承认。换言之，中国经济的自给自足与政治的自给自足相匹配。它对与西方的商业交往不感兴趣，一般是以中国的"孤立"来形容的，而对政治交往不感兴趣，则通常是以中国人的"傲慢"来形容的。然而，这两种行为最终都构成了对欧洲自尊心的一种文化"侮辱"，是对其尊严的"侵犯"。

鉴于有关一个生活在妄想自我满足中的排外的中央王朝的古老神话的持续存在，有必要强调的是，有关中国千年孤立的说法被大大夸大了。至少从13世纪教皇使节到达以来，欧洲外交使团在中国就被授予觐见皇帝的权利，而中世纪的教皇使节则在16和17世纪跟随葡萄牙和荷兰的使团来到中国。荷兰人甚至和清王朝建立了短暂的军事联盟。可以肯定的是，受天子面对面接见的代价是要遵守中国的外交和政治规范，包括履行跪拜仪式。随着时间的推移，欧洲人越来越不愿意遵从这种"傲慢"的外交形式，但他们当然不只是被排除在与中国的政治交往之外。

就经济交往而言，中国也绝非孤立：它处于世界上最大的区域贸易体系的中心，也就是当今世界体系理论家所说的以中国为中心的世界经济。然而在世界体系理论家之前，甚至18世纪的重农主义者弗朗瓦索·魁奈（François Quesnay）也意识到，当批评家们声称中国没有对外贸易时，他们只意味着没有欧洲贸易。此外，甚至关于欧洲经济被排除在外的主张也是毫无根据的。例如，中国最后一个统治王朝——清朝（1644-1911）——在1683年击败台湾地区最后一支反叛势力后，立即允许了沿海自由贸易，以期能够保障其沿海安全。具有讽刺意味的是，欧洲被排除在外的主要说法之一是，从1757年开始，欧洲海上贸易就局限于广州港口，这主要是由于欧洲水手和贸易商的不当行为日渐增多。众所周知的是，正是这一新建立的广东"一口通商"制度，日益成了西方尖锐地控诉中国千年孤立的基础。

总之，在19世纪——与以前一样——欧洲人被允许与中国进行外交和商业往来。欧洲人不满的真正原因是中国对购买西方的货物缺乏兴趣，以及坚持遵守东亚国际秩序中必不可少的标准外交礼节。只要他们遵守中国的国内贸易法规和东亚国际实践的法律规范，那么西方人在中国绝对会受到欢迎。

（三）把孤立变为侵略

即使不能彻底殖民中国，到19世纪中叶，西方炮舰显然也可"打开"中国进行贸易和外交。事实上，有许多人愿意直接诉诸武力。英国外交官李泰国（Horatio Lay）明确地表达了他的立场，坚持认为"不管如何违背她的意愿……中国必须遵守西方国家的惯例，她身体明显过于衰弱以至于无法拒绝交往"。在现实政治（Realpolitik）的层面上，中国可能——并且最终被迫——与西方交往，但即使是像李泰国这样的人也有义务为自己的立场提供正当理由。在这样做的过程中，他们采用性别化、性化和种族化的语法描述中国，这种语法在全球殖民背景下发展了多个世纪。然而，正如笔者业已指出的那样，不可能简单地用"中国"代替美洲的"印第安人"。尽管研究亚洲所发生的事情作为一个更大的全球叙事的一部分是至关重要的，但同样重要的是要认识到，这不仅仅是一个在其他地方发展起来的法律脚本的再创造。中国在欧洲的想象中拥有自己的历史和地位，无论是从法律上还是从其他方面来看，所有欧洲以外的民族都不是同样的怪异。在中国半殖民主义的运作中，国际法为将中国的"野蛮孤立"及其"傲慢"的外交形式转变为侵略行为提供了独特的种族化和性别化词汇——侵犯"交往权"（第1小节）和"主权平等"（第2小节）。

1. 自由贸易："交往权"

并不关注真正的问题，反而抱持一种这样的持久信念，认为中国人对西方商品的渴望应会"突然出现，如果可以获得商品"——英国，尤为显著，将它与中国日益增长的贸易逆差视为一个自由贸易问题。当英国最终发动鸦片战争并于1842年通过军事手段打开中国贸易之门时，它坚称它只是在捍卫英国不受中国侵害的自然权利。事实上，鸦片战争的核心，以及导致鸦片战争的各种争论，是一个构成适格国际法人的本质问题：作为国际法人，国家彼此间应承担何种经济和政治义务？

尽管19世纪的西方外交官和国际法学家日益决心维护在中国的自由贸易权，但该计划从一开始就产生了概念上的困扰。19世纪基于自由交换概念的经济普遍主义遭受了与基督教宗教普遍主义同样的困难，后者曾为前一个时代的国际法奠定了基础。自由交换不是一个单一概念：它包含了交换和自由意志这两个概念。就像基督教神学一样，自由意志的存在会带来罪恶的可能性——拒绝参与其他自然的市场关系。[对许多英国人来说，自然市场是一种信仰。香港总督宝灵（John Bowring）爵士——一位激进的边沁主义者——坚持认为，任何旨在规范贸易的企图"都是荒谬和无效的，就像通过枢密令来指挥风向，或通过议会法案来管理潮汐一样"。]中国可以被强迫参与"自由贸易"，但真正的经济自由主义，像基督教的洗礼，要求在被给予前自愿同意。一旦获得同意，转而又可证明任何事情都是正当的，或者如霍布斯所说："一个人未经其同意所做的任何事情都可能造成伤害。"

使用武力获得同意可能违反自由主义的内在逻辑，但是并不一定违反国际法原则。尽管欧洲私法的许多基本的自由规范都反映在国际法中，但即使是私法类比也有其局限性。赫尔斯·劳特派特（Hersch Lauterpach），作为20世纪的一位类比大师，遗憾地认为历史上不存在一个关键的地方是通过征服或武力获得主权的。当然，一直都存在一个现成的类比——在私法中，强行夺取他人财产构成抢劫——但这一类比被国际法拒绝了。就条约而言，类比程序同样严重失败。虽然在枪口下签订的合同因缺乏同意而无效，但国际法却没有相应的胁迫概念，和平条约的有效性无疑证明了这一点。

总的来说，18世纪和19世纪主要的国际法学家——如瓦泰尔（Emerich de Vattel）——确实像他们的前任一样，把贸易视为一项国际法律权利和法律义务。例如，格劳秀斯（Grotius）和普芬道夫（Pufendorf）都相信国际社会存在"社交性"的一般性义务。按格劳秀斯的说法，上帝特意安排了不同的商品在世界上的分布，以便人们需要相互交换。然而一些国际法学家如詹姆斯·肯特大法官（Chancellor Kent）也同意，虽然国家应该"培养自由的交往"，但普遍的贸易自由仍然只是一项"不完善的权利"——应该自由地承认这一点，但是拒绝这样做并不意味着可以诉诸武力。

当特别谈到与中国的贸易时，亨利·惠顿（Henry Wheaton）并不讳言。他认为中国是"反商业"和"反社会"的，这是他所谓的"中国国际法的基本原则"。戴维·达德利·菲尔德（David Dudley Field）同样抱怨说，中国"把自己封闭在幻想的优越感中"，这是"不自然和不合理的"，因为人作为社会存在的本性"促使他与所有的人类家庭进行交往"。在不太知名的大卫·加德纳（David Gardner）的表述中，各国也有义务为"商业或娱乐"提供"自由的出入口"，因此，中国违反了"她的国际社会义务"。

实际上，即使大多数人赞同自由贸易的最终目标，美国的公众舆论也反对英国在鸦片战争中使用武力。尽管如此，约翰·昆西·亚当斯（John Quincy Adams）总统仍表达了对中国最强硬的立场。他全神贯注于这件事的核心。他承认在中国的西方人可以进行贸易，但批评中国对他们提供的货物缺乏兴趣。正如亚当斯总结这一问题时所说的："每个人都有购买的权利，但没有人有义务出售。"人们可能以为这是任何自由贸易制度固有的风险之一，但对亚当斯来说，这却是"一种不礼貌与不合群制度"的证明。最后，他认为这是"对人性权利和对万国权利首要原则的侮辱"——这不仅是对国际礼让的不尊重，而且是对人权的侵犯。具有讽刺意味的是，在重商主义时代，经济自给自足被视为一种伟大的美德——托马斯·杰斐逊（Thomas Jefferson）甚至将中国"不交往"的节制政策视作刚成立的美利坚合众国的理想选择——但现在亚当斯却指责中国实行经济孤立主义。

同样值得注意的是，尽管西方人对东方商品的渴求不断地在增长，但这种渴求在官方的交往中却不断被拒绝。鸦片战争结束后，当美国立即派大使谈判与中国的第一项条约时，泰勒总统在给皇帝的国书中坚称，未经邀请、不受欢迎的美国大使只是在重复中国对美国的感情："中国人喜欢与我们的人民进行贸易，向他们出售茶叶和丝绸，我们的人民为此支付白银，有时还支付其他物品。"（然而，显然泰勒本人对与中国交往的渴望是相当强烈的。当他听说第一个中美贸易条约成功签署时，他的新娘挖苦地说："我以为总统一分钟前会带着这个好消息移情别恋。"）同样，十年之后，皮尔斯总统在致暹罗国王的信中提到"您统治下的臣民渴望"获取西方的商品，为此目的，皮尔斯提议修订美国与暹罗之间的条约。然而，其他西方人很愿意直接承认他们的欲望。例如，传教士兼国际法学家的丁韪良（W. A. P. Martin）热情地宣称，他希望"打开（中国）门户，进行不受限制的交流"，以便"开启内部的宝藏"。美国国务院转而呼吁结束中国的"精心呵护的自我隔绝制度"。

性交易的类比绝不仅限于中国和东亚，它们在东方的其他地方也同样适用。1905年，美国《国际法杂志》上一篇关于摩洛哥的社论（一个北非伊斯兰教国家和另一个怪异的东方法人）坚持认为，美国对摩洛哥的兴趣只是"柏拉图式的，而不是商业性的"——一种非同寻常的表达方式，毫无疑问地类似于商业往来和性关系。然而，也许正是由于中国软弱的政治性格，经济交往的概念变得特别普遍和容易引发强烈共鸣，正如人们经常观察到的"商业交往"是"强加"在中国和其他东亚国家身上的。

最终，从鸦片战争（1839-1842）开始，经历一系列的战争，中国最终被迫与西方国家进行所谓的自由贸易——贸易自由显然包括购买鸦片的权利。事实上，因为真正的经济问题是中国对西方商品缺乏欲望，所以这个问题最终只能通过使中国的鸦片贸易合法化来解决。一经进入中国市场，鸦片就创造了自己的需求，并最终弥补了中国对欧洲制成品的普遍冷漠。

总之，交往的问题最终只能通过中国人对毒品产生渴望来解决。在马克思的著名比喻中，宗教在欧洲是大众的鸦片，而在中国，鸦片则是大众的鸦片，这促使了外国对中华帝国经济主权的接管。或者正如马克思自己描述的，鸦片对中国自给自足经济的损害，鸦片获得了"对中国人的主权"。

2. 主权平等：叩头的政治剖析

尽管西方在对中国的经济强暴方面取得了成功——经过同意的性关系在法律上是正当的——尽管中国的主权越来越被认定为是无效的，但反常的是，中国在政治上仍然和以前一样不可渗透。例如，鸦片战争后西方强加给中国的第一个不平等条约并未以欧洲的模式规定驻华大使。随着西方对这种状况的不满与日俱增，显而易见的是，所涉及的问题与欧美人的尊严感和商业一样重要。对19世纪的国际法学家来说，非西方国家的主权说到底可能是一个自相矛盾的说法，但他们认为，中国甚至没有试图按照欧洲公法来重组其外交关系，这是不可接受的（并不在乎任何模仿欧洲主权形式的努力最终都会失败）。美国特使埃德蒙·罗伯茨（Edmund Roberts）早在1832年就直言不讳地指出了这个问题，他抱怨说，他遇到的东方人"不愿意采纳或模仿遥远外国人的习惯和更好的做法"。中国人不仅不想要西方的商品，他们也不渴望获得西方的外交承认。他们非常乐于以自己的术语来定义自己，而无需参考西方。然而，这不是一种不愿与外界交往的无辜渴望，而是被解读为违反事物秩序的一种反社会的挑衅，是中国人（以及更为普遍的东方人）"傲慢"的证据。

虽然鸦片为西方与中国的经济关系提供了一个相对容易的解决方案，但却缺乏一种迷奸药可以使它渴望与西方进行政治交往。与此同时，西方国家与中国的外交关系也因长期纠缠于商业往来问题而变得更加复杂。在觐见皇帝时，外交代表需要正式呈交贡品，包括履行一种被称为"叩头"的例行跪倒。作为回报，皇帝会向觐见的特使恩赐礼物。除了交换可能具有相当价值的礼物外，通常还会允诺与之进行其他受到管制的交换。从历史上看，自从葡萄牙和荷兰商人第一次来到广州，他们一直乐意地向皇帝叩头，以换取贸易机会。然而，从19世纪国际法的角度来看，由于其日趋强化公私之间的差别，至少存在两个主要原因，使得该外交礼节愈发难以被接受：首先，它融合并混淆了政治和经济——外交的公法领域和贸易的私法领域；其次，朝贡礼仪规范违反了形式上的主权平等原则。最著名的是乔治三世派往中国的使者马嘎尔尼，他在1793年通知中国他不会执行这种叩头仪式。在主权平等的名义下，他拒绝对一个东方君主表现出比他自己君主更大的尊重，他只会在他自己的君主面前下跪。马嘎尔尼不仅未能与中国达成贸易条约，随后的外交危机也为19世纪中西方政治关系中的一个重大问题——所谓叩头问题——铺平了道路。

在理解叩头政治时，值得注意的是，几乎所有西方对中华帝制晚期外交秩序的评估都可大致分为两类。一类是将这种秩序纯粹化约为外交层面。从这个角度看，交换礼物和将贸易作为外交手段的一部分构成了对中国主权尊严的"卖淫"。另一类观点则将朝贡礼节化约在经济层面，将其尊严要素单纯地解释为只是服务于贸易的一种迷信的"托词"或"遮羞布"——好像中国的官员们如此衰弱以至于他们难以承受见证赤裸裸的贸易结果。尽管这些分析在某种程度上是截然相反的，但它们都坚持道德经济学与物质经济学之间的规范分离。一组观察者仅选择在其经济维度上定位朝贡的现实性，另一组则在其尊严方面进行定位。然而，无论从哪一个角度看，朝贡都构成了公与私、政治和经济的不合理混淆。

具有讽刺意味的是，尽管西方外交官抱怨中国无法将真正的经济和真正的政治分开，但他们也难以将两者分开。例如，英国在中国的主要存在——东印度公司——无疑是一个不亚于中国外交实践的主权和贸易逻辑的巨大混乱。正如历史学家费正清（John King Fairbank）所说的那样，东印度公司拥有"政府的身体和商人的大脑"。而且，当中国拒绝西方重组其商业交往模式的提议时，有人断言西方贸易已"被压垮"——好像贸易和大使一样，具有个人的尊严。同样令人吃惊的是，一些人断言中国的商业是"卖淫的和堕落的"。在这种用法中，卖淫的隐喻显然失去了所有的指涉，表明与中国有关的任何交流都是如此。如果卖淫作为一种隐喻是指买卖那些不应该被用来交换金钱（比如荣誉或尊严）的东西，那么很难理解贸易卖淫的概念，因为贸易是社会认可的买卖行为。显然，使英国的贸易在广州构成卖淫的，仅仅是它发生在中国，和中国进行贸易的事实。

当西方外交官着手设计打破中国经济孤立和政治孤立的对策时，他们非常关注自己作为国际法人代表的荣誉，以及中国相应缺乏的荣誉。英国政府在名为《在中国有关侮辱的通信》的蓝皮书中对曾经发生或被认为发生的任何轻微事件进行了分类。不出所料，该册子省略了导致侮辱产生的所有挑衅行为，而其本身又转而被用作证成军事侵略的理由。美国同样关注其尊严，在与中国签订的第一份条约中，要求中国政府保护在华美国人不受"一切侮辱"——不论是公开的还是私下的——这是一项幅度惊人的仇恨言论条款。

对许多人来说，中国缺乏荣誉感主要是其女性化特征的必然结果。美国外交官皮特·伯驾（Peter Parker）抱怨中国官员"极度缺乏男子气概和诚意"。据说中国"绝对没有骑士精神"，相反，中国人将"真正的荣耀"与文学追求联系在一起，而当兵的话则"贬损了荣誉"。埃德蒙·罗伯茨同样将东方人的磕头和欠缺男子气概的荣誉准则归咎于其缺乏尚武文化。他说，如果中国每个人都携带武器，"他们就必须对彼此文明礼貌"。当西方军队在第二次鸦片战争期间烧毁北京的圆明园时，他们嘲笑其只是"玩偶之家"，而不是一个真正君主的住所。这种关于中国人柔弱的比喻至少可以追溯到16世纪末第一批耶稣会传教士来到中国。利玛窦（Matteo Ricci）对中国官员抱怨说，"在他们的内心深处，他们就像女人一样"，因为他们不喜欢暴力，而且很少用"暴力伤害或杀死彼此"。显然，仅仅是不杀人的倾向就足以使中国男性女性化。

中国的柔弱使其成为西方政治欲望中的一个怪异客体。例如，中国海关总税务司罗伯特·赫德（Robert Hart）被指控"屈从于与中国人交往的致命诱惑"，以至于"对中国人的同情程度完全与中国人一样"。另一位观察家则认为，"北京对外国代表施展了一种邪恶的魅力。他们被施了魔法"。英国外交官兼汉学家威妥玛（Thomas Wade）讽刺地提到中国声称自己是"天朝上国"，他被指控有"超天国的观点和倾向"。

事实上，西方观察家常常在抨击中国男子气概的准则方面超越了影射。至少自耶稣会士第一次观察以来，亚洲就像美洲一样与鸡奸联系在了一起。利玛窦确信鸡奸在中国男子之间相当普遍。在19世纪，美国外交官汤森德·哈里斯（Townsend Harri）同样坚持认为鸡奸是"所有亚洲人，以及阿拉伯、埃及和小亚细亚人的普遍做法"。通常，外交官们对鸡奸行为的指控似乎只不过是中国男子气概不足的逻辑推论。然而，在其他情形下，对鸡奸的关注似乎更为个人化。德国胶州湾租借地的一名殖民官员相信中国男人之间存在着广泛的鸡奸行为："猥亵、对男女儿童的性虐待以及最令人震惊的强暴方式都在中国人的实践之中。"然而，尽管这位官员公开表示了自己的恐惧，但他也表达了对鸡奸诱惑的强烈意识，正如他含蓄承认的那样："中国男人的沉稳……以及那美丽且健硕身体的力量与敏捷性的确让我们由衷地钦佩。"

在19世纪外交官们对叩头礼节的恐惧中，也可以看出中国男子气概与鸡奸之间的这种联系。叩头是一种身体动作，它被视为帝国主权的核心，并逐渐被认定为完全超出了欧洲尊严规范的范围。过去曾这样做的葡萄牙和荷兰特使现在被指责为"达到令人震惊程度"的"献媚行为"。英国领事阿礼国（Rutherford Alcock）甚至称其为一种政治"罪恶"。20世纪东方专制主义的主要理论家魏特夫（Karl Wittfogel）将叩头描述为"完全服从"的象征，由"像动物一样四肢着地"的人来表演。对于一个自由人来说，履行这种完全服从的行为无异于是对他的自由和男子气概的扭曲。对于尊贵的人来说，适当的位置是面对彼此直立，剑在他们身体的侧面，而非躺卧在地，等待政治上的鸡奸。事实上，西方外交官们甚至歇斯底里地拒绝考虑叩头，正是重现了他们对同性恋恐慌的逻辑。

在没有详细阐述叩头在中国政治实践中的全部意义的情况下，我们只需指出，一种仪式性的拜倒并不意味着奴颜婢膝。相反，这既是一种谦卑的行为，也是一种特权；只有有地位的人才有权这样做。（例如，皇帝自己向他的母亲叩头。）然而，按照西方外交官的男性气概准则，叩头的履行将引起以其名义履行的（男性）国家政治主体性的象征性解体。

总之，国际法提供了一种词汇和一套种族化和性别化的逻辑，将中国界定自己主权的愿望转变为一种反常、怪异的"傲慢"，而这种傲慢又被认为是对欧洲国家主权平等权利的侵犯。然而，尽管西方国家一再声称它们只是要求中国以"完全平等"的条件进行交往，但显然，中国的问题不仅在于它认为自己优于西方。相反，它的真正罪过是没有承认欧洲的优越性：欧洲及其骑士法是文明的真正源泉，也意味着是主权的真正源泉。用一位坦率的英国外交官的话来说，鸦片战争后中国签署的条约所存在的问题在于，条约中没有"任何东西可以向这个帝国表明：它必须屈服"——这正是在义和团运动后德国皇帝向中国亲王提出的要求。

### （四）逐出亚洲，归入非洲

中国和土耳其正在通向殖民地的路上。

——列宁

尽管国际法律话语为将中国变为违法者提供了象征性的逻辑和词汇，但其最终命运并不是完全的领土征服（虽然中国香港和中国澳门的殖民地化远非无关紧要的事件；值得注意的是，美国的驻华外交官们曾一度敦促美国殖民中国台湾）。显然，中国作为一个国际法人所享有的权利和义务是一个更大的全球殖民脚本的一部分，然而国际法律修辞的主流并不是要求全面占领中国，而是要求一种非领土型的帝国主义，这使得中国和亚洲其他类似被性别化和种族化的国家也越来越能通过其他方式加以渗透。事实上，强迫中国签订的所谓贸易、和平和友好条约仅仅是对中国渐进渗透的第一步。正如霍布森所言："使用帝国武力迫使'低等民族'从事贸易通常是帝国主义的第一阶段。"他坚持认为，在这方面，中国是"近代的经典实例"。

除了为西方贸易开放新的港口外，鸦片战争后的诸多条约还规定了治外法权：缔约国的国民免受中国法律的管辖——例如，美国公民就享有了一个世纪的显著特权。依托法律拟制的魔力，即使是在中国，治外法权的受益人也被视为处于其母国的主权领土内。西方国家在随后签订的条约中获取的各种其他形式的让步和特权以治外法权这一重要的方式得以实现和完善。

治外法权并非在西方与中国的碰撞中创制的。它在近代欧洲早期作为领事管辖权有着悠久的历史，尽管它在中国以一种更严苛的形式和新的正当理由而被重新创制。在将专属领土管辖权作为现代规范加以巩固之前，外国领事在自己本国的社区中履行司法职能。领事管辖权的形式也促进了欧洲在黎凡特地区的贸易，欧洲商人的民事纠纷同样通常由欧洲领事裁决。可以肯定的是，随着时间的推移，欧洲人要求越来越多的当地法律豁免，但至少原则上治外法权这一权利仅限于民事事务，相同的权利也扩大适用于在欧洲的黎凡特商人。

然而，在19世纪的亚洲，治外法权的实践经历了质的转变。它从严格意义上讲是单方面的，并开始包括刑事和民事纠纷。此外，废除这一特权的明确条件是要进行欧美模式的司法改革。（例如，美国在 1882 年与朝鲜签订的条约规定，在朝鲜通过"根据美国的判断与美国的法律相一致的法律"之前，美国不会放弃其治外法权。）显然，中国与西方签订的第一批条约并没有将其作为国际大家庭的一员。它们并非要建立共同体，而是要引出其对立面——豁免——西方人豁免于中国法。随着治外法权实践的加强，鸦片战争后与中国签订的条约开创了一个世纪的不平等交换，并提供了一种法律技术，使得没有殖民地的殖民主义——一种非领土型的法律帝国主义——成为可能。

随着治外法权的确立，每一个在中国的西方个人实际上都成了一个漂浮的主权之岛，一个不可侵犯的代表其文明的大使。然而，到了 19 世纪末，简单的治外法权已不能满足西方缔约国的要求，所以它们设计了新的法律、金融和技术渗透形式。领土租借和铁路特许经营在这些创新中脱颖而出。在 1895 年之后瓜分租借地的狂潮中，的确存在这样真正的担心：在所谓的条约列强（与中国签订不平等条约的欧美诸国）之间，中国实际上可能被分割成诸多殖民飞地。这种瓜分狂潮由一种新奇的法律形式——所谓的国际公法租赁——突然促成。这种"变异生物"本身就是一个怪异的法律创新。它明显地建立在私法类比的基础上，但其没有明确的历史先例并使得公法学家很难对其进行精确定义。例如，英国对香港新界的租约并未包含支付租金的义务——这一特征并不符合私法中租赁的定义。尽管它没有正式割让领土，但国际公法租赁实际上是一种直接的领土控制形式，是一种完全的殖民主义模式。事实上，德国将其在胶州湾的租借地在形式上视作一个保护区（Schutzgebiet），这种处理方式与其当时刚刚在非洲建立的保护国（殖民控制该洲的主要方式）的做法相同。

除了租借地内的直接领土控制外，国际公法租赁在中国通常还要求必须在租界土地的内外享有修筑铁路的权利。例如，胶州租约规定在德国租借地外享有修筑一条铁路的权利，同时在铁路线两边 15 公里宽的地域内享有开采矿山的权利。此外，通过这份租约，在租借地之外，德国还获得了将由其本国军队负责巡逻的一块 55 英里宽的缓冲区。随着时间的推移，分布于租界地内外的逐渐增多的外国铁路租借地，逐渐构成了非领土型帝国主义的另一种变体形式。当时出现的"路权"——因为没有一个更好的术语来描述最终成为主权形式的东西——成了南满铁路公司的一个缩影，在 1906 年，日本特许成立这家公司，经营该国在满洲的铁路特许权。虽然形式上是一家商事企业，但这家公司却是日本国本身的一个延伸，在名义上仍属于中国主权的土地上，沿着其广泛的铁路地带建立了诸多军事化的工业城镇以及农业定居点。

在瓜分租界地之时，西方殖民列强认真地考虑了用直截了当的武力夺取大部分（如果不是全部）中国的想法。尽管从未发生过全面的殖民强暴，但它可被真正拥有的这一事实反映了对中国的认识论上的征服，该征服在 19 世纪下半叶完成。19 世纪末的国际法律修辞日益削弱了中华文明原有的崇高地位。它这样做的一种方式是将中国逐出亚洲，并归入非洲。最初，英国人曾经将中国比作印度——他们在亚洲的殖民帝国的基础。外交官额尔金伯爵曾傲慢地宣称："如果我们有机会夺取第二个印度，我们就会吞并中华帝国"，然而，正如乔治·斯坦梅茨（George Steinmetz）所说的那样，到世纪之交，欧洲的殖民话语倾向于将"中国人"简化为非洲模式通用的"土著人"。

事实上，在中国瓜分租借地与瓜分非洲大陆是同时发生的，并且这两个事件都被称为"瓜分"，这并非偶然。尽管主要的法律形式——在非洲是保护国，在中国是租赁权——存在差异，但它们的基本逻辑却愈发相似。此外，中国的问题越来越少地被归因于文明的过剩，而是文明的缺乏。中国日益被外交官和国际法学家们描述为"半文明的"和"未开化的"，甚至是"野蛮的"，而不是过度文明的。曾经的古老文明——无论它多么怪异和多么辉煌——现在已经沦为一个种族。学者和政治家康有为抱怨说，在1895年被日本击败之前，中国至少被视为"半文明的"，但此后中国人好像被视为"与非洲黑人种族处于同等水平"。

值得注意的是，日本法律地位的相应上升伴随着越来越多的修辞上的欧洲化——正如其"脱亚入欧"的口号所证明的那样——最重要的是它成功地废除了西方的治外法权。中国话语地位的结构性转变，明显地体现在围绕1898-1901年义和团叛乱而产生的激烈修辞中。这种对外国帝国主义的暴力反应在德国大使被杀和数百名西方人与中国基督徒在北京使馆区被围困的事件中达到高潮。这场重大人质危机的解决，是通过各主要条约国派出了一支前所未有的惩罚性远征军，它们指控中国"犯下了人类历史上史无前例的罪行，犯下了违反国际法、违反人类法和文明的罪行"。1900年的一篇文章确实建议西方遵循其在非洲采取的方针，在中国建立一个以刚果为模式的国际政府！甚至德国皇帝也注意到中国被"当作一个次要的黑人国家来对待"。

正如何伟亚（James Hevia）所描述的，义和团运动时期八国联军在中华帝国的土地上进行的仪式性侮辱，在某种程度上是为了将宇宙上独一无二的天子转变为仅是众多君主中的一员——一个具有专有名称"中国"的国际法人。然而，实际上，这个新的国际法人并非以欧洲种类的法人为蓝本。直到最近，中国一直被贬为"亚洲病夫"，类同于作为"欧洲病夫"的奥斯曼帝国：它们一起代表了衰落中的两个东方文明。值得注意的是，治外法权一直是法律帝国主义在两个国家中的主要形式，标明它们在文明程度中所处的中间地位。当中国的种族身份的参考点开始转移到非洲时，西方不仅越来越倾向于使用诸如租约之类的领土控制形式，而且也愈发愿意诉诸纯粹的暴力。例如，在1905年当中国商人通过抵制美国货物来回应美国的《排华法案》时，罗斯福总统曾认真考虑过动用大约15 000名军人武力夺取广州的选项。

事实上，从准自愿的商业往来到殖民强暴的象征性转变，在义和团运动时期就已经象征性地显现了。当1900年八国联军进入北京镇压义和团时，他们通过帝国的前门将部队运送到中国首都。当他们发现大门紧闭时，就用枪直接砸开，强行从——只留给皇帝使用的——中间的大门进入。

（五）反向叩头

考虑到中国在1900年的国际法律地位，从条约列强的角度来看，领土征服事实上是没有意义的。它不会带来什么好处，相反，它会带来行政责任，这些责任很容易被非正式帝国广泛的法律战略所避免。中国已经叠加了新旧形式的外国主权的密集网络——范围从单一的治外法权到通商口岸、铁路主权，从外国电报局、外国邮局到外国人负责的海关，从租借地到如中国香港和中国澳门那样的正式的殖民地以及介于两者之间的所有可能的干预和支配等级。尽管整个中国的主权从未受到正式挑战，但由于西方获得了对主要城市和河流以及主要交通和运输路线的管辖权和进入权，它几乎变得毫无意义。虽然这一殖民主权的网状结构没有被实际占领，但它只给予中国对最不重要空间的管辖权和完全控制权——城市、铁路和河流之间的现代地图上存在的空白。剩下的是中国主权的空壳，西方从四面八方渗透进来，使它的空间表现形式越来越像精致的格子。

义和团运动之后，随着中国在修辞上的非洲化，西方要求的道歉和赔偿也达到了一个质的崭新水平。也许最引人注目的是，德国坚持要求，需要一个中国亲王亲自到柏林向德国皇帝表达中国皇帝的歉意。与中欧外交交往的历史相一致，双方在礼宾问题上再次发生争执。然而，欧洲甚至不再宣称仅仅是主权国家之间的外交平等，而是公开断言欧洲主权对中国主权的优越性。尽管中国被迫放弃了国内外交礼节和叩头仪式，但德国皇帝现在只要求这样做：他要求中国亲王在德国首都向其叩头——因此，他将自己完全屈服于德国的主权。

最后，中国的亲王（德国新闻界称其为"像少女一样"的年轻人，而德国官员称其为"赎罪亲王"）甚至拒绝从瑞士来到德国，直到德国皇帝放弃叩头要求。在柏林，他遭到了前所未有的粗暴对待。他一到，德国卫兵无视他，站姿随意且拒绝向他行礼。在觐见时，德国皇帝大声申斥他犯下了"文明人闻所未闻"的罪行，并突出强调了"文明"一词。然而，值得注意的是，在经历了这一史无前例的外交屈辱之后，中国亲王在返程时受到了与其皇室地位相称的待遇。现在这些守卫向他致敬，他从一个非外交实体变为了一个国际法人的代表。

外交寓言的寓意很清楚：中国只有忍受屈辱，承认西方的优越性，才能成为一个"平等"的主权国家。反过来，这种优越性又在种族、性别和性方面通过一位怪异的中国亲王的道歉得以表现。

## 五、主权的脚本

> 强暴不会发生在预先构成的受害者身上；它随时制造受害者。
> ——莎朗·马库斯·

在这篇文章中，笔者强调了性、性别和种族隐喻在历史上构建了不平衡的全球的、法律的和政治的关系的方式。笔者具体分析了19世纪中国作为一个政治和经济主体在国际法想象结构中的修辞地位。最后，笔者想进一步思考这一修辞在政治上和认识论上的意义。

理解19世纪国际法修辞框架的一种方法是，按照瑞安·古德曼（Ryan Goodman）和德里克·金克斯（Derek Jinks）的主权社会学模型，将其作为一套全球文化脚本加以分析。该模型试图解释国家由于文化模型在全球范围内扩散而导致的日益增多的机构同构。古德曼和金克斯认为，这些模式之所以被采用，不是因为它们的实用性——事实上，它们常常是功能失调的——或者仅仅是因为无意识的习惯化，而是因为它们在全球文化中占据了正统的地位。

该模型为当代全球社会的许多制度结构提供了强有力的解释。对国际法律修辞的历史分析是对这一模式的重要补充。它强调了一个可能显而易见但却至关重要的事实，即当今国家组织的正统的"世界模式"总体上代表着一种历史上特定的北大西洋政治和法律文化的全球传播。对这种文化的构成性局限进行历史考察有助于我们理解，为什么即使在今天，对于某些参与者来说，要比其他参与者更容易地可靠地执行主权的全球脚本。国家的机构组织是成功主张主权的重要因素之一，但这并不总是足够的；谁提出主权要求也很重要。

历史比较的意义当然不是说今天国际法的界限仍然与19世纪一样。显然并非如此。通过改革它们的政治体制以模仿西方主权国家，许多欧洲以外的国家获得了不同程度的政治和法律承认。然而，正如殖民统治下的个人永远无法完美地模仿他的殖民主人一样，一个欧洲以外的国际法人至少也注定要在某种程度上模仿失败。借用霍米·巴巴（Homi Bhabha）经常被引用的说法，非西方国家可能会努力尝试，但即使在最好的情况下，它的机构也将"几乎相同但并不完全相同"。坦率而言，现代西方国家的唯一完美复制品就是现代西方国家。

可以夏威夷王国为例加以说明。1840年，夏威夷表达了加入西方国际秩序的强烈愿望（率先被西方殖民）。夏威夷王国相当忠实与相当字面地遵循全球主权的脚本，建立了宪法、两院制的立法机关和最高法院等机构。然而，即使像马克·吐温那样有同情心的观察家只是嘲笑其为"不像成年人的民族""玩耍的帝国"，夏威夷的主权在美国和欧洲的观察家眼中似乎也从未通过笑话的考验。可以肯定的是，中国不可能像夏威夷那样轻易被抛弃。然而，具有讽刺意味的是，尽管20世纪初中国政府进行了许多西方式的政治改革，但随着它被越来越多地与非洲联系在一起，它对主权的要求变得比以前更加不可信。事实上，它不断变化的种族身份使它更容易被人强暴，更加不具有主权。

为了表达简略，我们可将国家组织的规范模式称为主权脚本，并将本文分析的国家间侵犯的性化和种族化结构称为强暴脚本。这两者是辩证相关的：成为主权国家就不能是可强暴的，可强暴的就不是主权国家。强暴脚本的概念反过来成为国际法上评估性侵犯修辞重要性的一种方法。一个所谓的现实主义观察家（无论是法律现实主义者还是现实主义国际关系学者）可能会认为，这种修辞不过是一种虚伪的话语，其主要功能是为最终由物质因素决定的侵犯行为提供一种事后辩护。显然，没有认真的分析将会否认殖民地和半殖民地的侵犯通常会为强大的物质利益服务，但同样重要的是要认识到，修辞是一种权力形式，因此是主权的重要来源，而不仅仅是其次要反映。所有的侵犯都发生在话语中——语言中、叙事中——话语不仅在决定谁被侵犯，如何被侵犯，而且在决定什么被视为侵犯行为上发挥着至关重要的作用。

想想莎朗·马库斯（Sharon Marcus）对强暴脚本在"真实的"而不是隐喻性的"强暴"中所扮演角色的分析——也是对个人身体的肉体暴力行为。马库斯将强暴定义为"以语言进行的脚本化互动，可以用传统的男性和女性以及其他性别不平等来理解"。她提出了"强暴脚本"一词，以强调"强暴是由叙事、情结和制度促成的，这些力量并非来自于赤裸裸的、不可改变的、不可战胜的力量，而是来自于它们将我们的生活建构为令人印象深刻的文化脚本的力量"。马库斯谨慎地强调，尽管强暴脚本总是在塑造社会现实，但它们绝不会简单地对其进行预先确定。相反，它们由能够学习和认知的"一系列步骤和信号"组成，并且最终结果是可争辩的。事实上，马库斯特别反对这样一种观点，即认为女性"天生就可被强暴"，如果不总是"已经被强暴"——这种身份政治从本质上根据女性受到侵犯的能力来界定女性。

马库斯的分析实际上也描述了殖民国际法中强暴脚本的运作。像强暴一样，殖民侵犯绝不是不可避免的，仅仅是由于侵犯者和受害者相对的物质地位。宣称这一点就等于坚持一种唯物主义，这种唯物主义是如此粗糙，以至于它没有政治、道德或文化的运作空间。归根结底，殖民国际法中的强暴脚本并不仅仅是一种修辞上的正当理由，可以用来为针对那些本来可被殖民，但却一直受到侵犯的国家和人民的暴力行为辩护。殖民暴力——像强暴——不是预先确定的，而是由作为国际法文化脚本组成部分的叙事和制度促成的。正如笔者指出的那样，中国并不是因为它的软弱而受到侵犯。国际法的文化脚本是一个重要的全球制度，使得中国在国际上处于弱势。

此外，重要的是要认识到，性化的国家间的侵犯修辞不仅是一种建构国际关系的话语，而且是一种更广泛的文化强暴话语的一部分。在规范国际关系的同时，它也更普遍地自然化了性别关系，从而构成同一强暴脚本的一部分，这一脚本也对个人的身体进行暴力的性化和种族化处理进行了规划。在性隐喻和政治隐喻的相互作用中，往往很难确定在任一时间点比较的基础是什么。当法学家把国家比作人时，我们通常认为人是比喻国家的"真实"参照物。然而，早期的公法学家并没有对不同类型的法律主体——无论是个人、国家还是其他中间实体——做出明确的区分。因此，正如理查德·塔克（Richard Tuck）令人信服地论证的那样，不仅人作为国家法律主体的历史模型，而且国家也成为将人概念化为法律和政治主体的模型。我们可以称之为国内法的"公法类比"，国家为个人主体性提供了模型。最后，私法类比是不可遏制的，只能在一个方向上运作。实际上，国内法和国际法的强暴脚本遵循了一种类似的、互相强化的（尽管总是有争议的）性别化和种族化侵犯的语法。马库斯也注意到了这一点，她特别强调广泛使用入侵作为强暴的隐喻——反映了国家间侵犯的修辞，以及将强暴作为入侵的隐喻。强奸和入侵这两种修辞不可能完全分开，因为它们在国家和个人之间的暴力组织中同时发挥作用。

马库斯尤其反对入侵的隐喻，这是有启发性的。她没有将强暴视为对神圣的内心空间的侵犯，而是以侵犯领土为模式，认为强奸是对受害者性感觉——作为被侵犯的内部空间——的强行创造。只要我们用性代替主权，这种反对同样适用于殖民法律修辞。鉴于欧洲模式的形式上的法律主权不是中国的概念，西方在19世纪对中国的入侵并不构成欧洲意义上的对预先存在的主权的侵犯，而事实上是对依循西方模式所创设的主权的侵犯。例如，起初中国并没有断然反对治外法权的行使；中国有很长一段历史时间是允许外国商人解决自己的争端（这与近代早期领事在欧洲的做法并无不同)。然而到了世纪之交,中国开始把治外法权的概念看作是侵犯其主权的信号。在某种程度上,反对的是治外法权行使的特殊方式,但同样重要的是,中国自身越来越多地采用西方的主权脚本来进行政治叙述。显然,在寻求严格按照欧美专属性领土管辖模式重新划分边界之前,外国在中国居留者享有的治外法权并未也不可能侵犯中国的主权。

  尽管在国际法中将性侵犯的修辞作为一种强暴脚本进行分析有助于理解现代中国主权赖以建基的侵犯行为的性质,但认识到该脚本中的不一致之处也很重要。作为修辞,它一直是动态的和不稳定的。因此,正如笔者所指出的那样,试图构建一个中国作为国际法人的单一修辞是徒劳的。相反,笔者试图找出法律修辞中的一些关键要素,并分析这些要素在不同时期是如何发挥作用的。例如,试图将中国的"真实"性别确定为国际法的一个主题是毫无意义的——无论它是"真正的"男性还是女性。作为一个国家,它显然至少是潜在的男性;作为一个东方国家,它也被女性化了。在种族上,在某些方面和某些时候,它被认为是文明的——尽管过于文明——而在另一些方面,它是未开化的。这正是殖民法律修辞的怪异之处,采用伊芙·科佐克·塞奇威克(Eve Kosofky Sedgwick)的定义:"当任何人的性别、性的构成要素不能(或不可能)以单一方式表示时,可能性、间隙、重叠、不和谐和共振、意义的缺失和过度共同构成的开放网格就会出现。"鉴于中国从白人向黄种人再向准非洲人的历史性转变,这无疑描述了中国性别的不稳定性,以及种族认同的不稳定性。然而,正如笔者所指出的那样,恐华症永远无法完全覆盖亲华症。尽管到了 20 世纪初,西方法学家、外交官、传教士和商人已经建立了庞大的汉学知识档案库,以使其易于理解和具有可控性,但中国一如既往地超出了他们的解释。

最后，正如承认性侵犯和政治侵犯话语的融合是重要的一样——例如，以强暴作为入侵的隐喻，以入侵作为强暴的隐喻——值得注意的是，性交和商业性交往修辞之间的界限同样是可变的。不仅将商业关系比作性关系有着悠久的历史，而且性语言与商业语言同样不可分割。因此，当笔者观察到英国人（最明显的）主要用"intercourse"这种表达来讨论他们与中国的经济关系时，笔者并不是说在他们的用法中，这个词的"真正"含义是性；而且当他们用它来指代贸易时，他们是自觉地隐喻性地这样做的。该术语的含义之一就是性，而性商业类比的强大之处恰恰在于该术语享有最终优先权的不确定性。没有必要坚持认为性与商业相似，或者商业与性相似：这种类比过去是，现在仍是可逆的，两者彼此相似。

事实上，作为主权和殖民侵犯全球脚本模棱两可的一个显著例证，中国性本身可以同时作为否认主权和主张主权的基础。在爱尔兰——欧洲内部最重要的殖民地——东方主义既是一种帝国主义的话语，又是一种反帝国主义的话语。不可思议的是，在整个19世纪，许多凯尔特和爱尔兰文化民族主义者都声称爱尔兰文化起源于东方。实际上，这是一种宣称承续高等文明（如果被低估的话）遗产的方式，从而含蓄地否认了爱尔兰人作为野蛮人的相互矛盾的描述——不管是"白印第安人"还是"白种黑人"等之类最常见的称呼。

总之，可以用隐喻的方式说中国被强暴了——但不是因为它天生就可被强暴，不管是因为它的文明、种族还是性别。殖民侵犯，像强暴一样，不会发生在预先构成的受害者身上；它随时制造其受害者。正如笔者在这篇文章中试图概述的那样，它部分是通过怪异的修辞使其成为受害者。我们忽视了这种修辞是要承担风险的。

## 结　语

1883年，自然法学家詹姆斯·洛里默（James Lorimer）哀叹，许多非西方国家甚至不愿意以欧洲的方式与欧洲国家建立关系。正如他若有所思地所说的那样，"不能将互惠'存储'并出口到非互惠的国家"，是一种"遗憾"。1842年，鸦片战争结束时签署了《南京条约》，在（西方）国际法的庇护下，中国实质上被迫在枪口下参加了所谓的自由贸易。以中国为例，鸦片确实是一种化学媒介，可以用来出口原本缺乏的互惠式经济交往欲望。然而，值得注意的是，即使在中国，洛里默的"互惠意愿"也不再需要通过鸦片来诱导了。例如，在21世纪，中国迫切希望成为世界贸易组织（WTO）的积极参与者。如果不想把这个充满矛盾的故事带到现在，重要的是要考虑中国以及其他成为主权国家的后来者在加入所谓的国际大家庭时发生了什么。

如果我们认真对待生物学的隐喻，那么只有欧洲国家是天生平等的，并拥有与生俱来的主权。所有的其他国家必须通过满足各种种族和性别的文明标准来赢得他们的主权。即使这些国家满足了必要的标准，亲属关系的逻辑也规定，它们最好的情况是希望成为继子女、各种各样的跨国被收养者和间接主权的拥有者。在最坏的情况下，他们将一直是私生子，因为在国际法的文明规范之外进行性交而非法出生。如今，很容易拒绝这种在谱系上排他性的国际大家庭，并且很容易地将其视为殖民国际法非自由的基础。自第二次世界大战以来，主权已经民主化，因此现在所有国家都可以享有主权，而不论其文明程度如何。

然而，尽管国家间形式平等的观念在国际法中仍然占据着"几乎本体论的位置"——借用本尼迪克特·金斯伯里（Benedict

Kingsbury）的恰当表述——但许多古老的性别和性的隐喻几乎并未从当代的主权脚本中消失。相反，至少自冷战结束以来，对主权平等的形式性假设业已受到了严重的侵蚀，出现了一整类盖里·辛普森（Gerry Simpson）称之为"法外国家"（outlaw states）的国家，例如，他指出，最近"对伊拉克、利比亚和南斯拉夫进行了事实上的刑事定罪"。

事实上，这些非法国家通常也可以通过性别、性和种族标准来识别。即使在今天，事实仍然是一些国家比其他国家更具男子气概，因此天生就要占据领导地位——最明显的是美国。同样，还有一些国家过于腐败和衰弱，以至于无法自我治理——其中许多国家今天被描述为"失败国家"——还有一些国家有过度的、不受控制的男子气概，需要被约束。我们不再将这些国家描述为野蛮国家，而是称之为流氓国家。然而，他们在政治想象中却常常像他们的前任一样怪异。1991年，在第一次海湾战争期间，一件在骆驼屁股后面印着萨达姆·侯赛因（Saddam Hussein）脸的T恤宣称"我们不会萨达姆化"，从而将萨达姆·侯赛因对科威特的入侵等同于强迫鸡奸的行为。同样，一张印着萨达姆的海报上有一枚导弹瞄准了他的臀部，上面写着："嗨，萨达姆，这是给你的飞毛腿导弹！"，这暗示了一个仇视同性恋的美国人想要鸡奸萨达姆的渴望。

国际法律秩序仍然存在着真正的被抛弃者：根本不被承认为国家的政治实体。通常，他们被描述为恐怖分子——现代意义上的海盗。事实上，他们的性行为和海盗的性行为一样令人怀疑，他们政治目标的混乱似乎反过来反映了他们的性变态。十年前，在2001年9月11日之后的几天内，本·拉登（Osama bin Laden）被描绘成被帝国大厦鸡奸的样子，这与印有萨达姆的海报形成了鲜明的呼应。

难怪人类这些怪异的敌人完全不受法律规范的约束。

# 从"大空间秩序"到"大东亚国际法"

魏磊杰[*]

"冷战"的胜利,使得新自由主义思维模式渐趋主导整个世界,成为"历史终结"之后唯一的意识形态。然后,这种假借全球化之名谋求文明一元化之实的智识霸权,并未如西方战略学家原本预期的那样,水到渠成般地造就稳定的全球秩序,相反,在进入21世纪之后,以"9·11事件"作为转折点,文明冲突、气候变暖、政治衰败、恐怖袭击以及难民人道主义危机等诸多相互交织的问题丛生,使得整个人类社会愈发处于一种焦躁、紊乱、排斥甚至彼此对立的不稳定状态中,历史非但没有终结,整个世界甚至仿佛"起火"一般,[1] 无序近乎充斥着地球上的每个角落,罗伯特·卡普兰眼中的全球"无政府状态"似乎已经到来。[2]

---

[*] 魏磊杰,法学博士,厦门大学法学院副教授。

[1] 参见〔美〕蔡美儿:《起火的世界》,刘怀昭译,中国政法大学出版社2014年版,前言第25—31页。

[2] See Robert D. Kaplan, "The Anarchy That Came", *The National Interest*, October 21, 2018.

置身此等历史构造之中，如何有效诊断由美国所支配的这个新自由主义国际秩序存在的原生性问题并对症下药采取可行的因应之法加以改进，当为我们当下需要认真思索的重大问题。就此，活跃于20世纪四五十年代、彼此之间明显存在理论接力关系且皆对后世产生重大影响的两位国际法学家——德国的卡尔·施米特与日本的田畑茂二郎——的"大空间秩序"理论，可望为我们反抗伪装成普遍主义的帝国文明论，思索未来世界新秩序之应然方向并系统建构新的"大地之法"提供诸多参考与借鉴。"大地承诺了和平，只有新的大地法思想可以实现和平。"[3]

一、施米特的"大空间理论"：以大空间对抗普世主义

诚如科斯肯涅米所评价的那样，施米特终其一生都在探寻敌人存在何处这一议题。[4]在很大程度上，"敌人"观念乃是理解施米特政治思想的基础。在施米特看来，国际秩序的核心问题本质就是战争和敌人问题。在《大地的法》（Der Nomos der Erde）这部著作中，他将"敌人"观念的历史变迁置于国际秩序的三个发展阶段来阐释，最终得出在欧洲国际公法崩解之后，新的世界秩序必将通过大空间来确立这一论断。根据施米特的观点，16世纪前可谓第一阶段，此时欧洲最核心特征是大一统的神权秩序，基于对基督的信仰，此等秩序以一种普世主义的理念作为支撑：世俗世界是神权秩序的翻版，基督徒的使命就是将福音传遍全世界。在这种观念下，这一阶段的获取规则就是教皇的教令，得到教皇的教令就相当于变为正义的化身。一旦遭遇抵抗，则解决冲

---

[3] [德]卡尔·施米特：《大地的法》，刘毅、张陈果译，上海人民出版社2017年版，前言第3页。

[4] See Martti Koskenniemi, *The Gentle Civilizer of Nations: The Rise and Fall of International Law* (1870-1960), Cambridge: Cambridge University Press, 2004, pp. 421-422.

突的规则就是神圣与邪魔的战争，彻底消灭其肉体，或者驯化其灵魂。之所以如此，是因为政治与神学纠缠在一起，神学的善恶感染到政治领域，造成一种"罪人"思维。在此种非黑即白的思维下，战争旨在毁灭敌人，而非仅仅将其打败，由此导致解决冲突的规则不具有妥协性，每一场战争都会被认为是最后一场战争。与此同时，这种逻辑也直接排除了以签订和约结束战争和第三方保持中立之可能。这是因为，若双方彼此将对方看作是异类或罪犯，它们就不可能以和约方式终结战争。教会不会与异端签订和约，主权者也不会与罪犯妥协。在对与错之间，没有中立的第三方的位置，或者说，第三方也必须站在反对异端和错误的立场上。[5]

16-20世纪初始为第二阶段，其起点是现代国家作为一种特定秩序模式的出现以及对欧洲16世纪宗教内战的平息，主要特点体现在欧洲公法对欧洲主权国家彼此之间在欧洲大陆上的战争的限制。之所以能够限制战争，是因为国家这种秩序模式是政治世俗化的结晶，已经不再承担宗教使命。欧洲公法把战争看作是共同生活在欧洲大地之上且属于同一个欧洲大家庭的各主权国家之间的冲突。这种战争的首要特点在于"战争的正义性问题与正当理由（justa causa）不再相关，而成为一种法律—形式化的概念"。[6] 事实上，只要交战的双方涉及的是欧洲领土上的主权国家，那么这种战争就是正义的。它不再像宗教战争那样追问战争的实质性理由，进而争论交战双方正义与否的问题。"战争的正义性不再要求有神学、道德或是法律规范的内涵，只要符合政治实体的建制化和建构性品质即可。交战国家的地位平等，彼此不

---

[5] 郑琪：《施米特、敌人和国际秩序》，载《政治思想史》2017年第4期。
[6] [德]卡尔·施米特：《大地的法》，刘毅、张陈果译，上海人民出版社2017年版，第118页。

再将对方视为叛逆或罪犯，而是正当敌人"。[7] 换言之，国家之间依然会有冲突，但这种冲突不再是正义与邪恶或曰信徒与异端的冲突，而只是平等对手之间的对决；冲突的对方不再被定性为该受道德谴责或法律制裁的"罪人"，而是类似于"他者"或"对手"的"正当敌人"（justi hostes），是彼此之间值得尊重的道德人格体。"不将敌人视为罪犯，对于人类来说相当困难。毋庸置疑，处理国家之间领土战争的欧洲国际法成功地实现了这种罕见的进步。"[8] 由于战争不再涉及与人性本质有关的神学或道德问题，它就无须上升为一种你死我活的终极战。施米特认为，独具特色的欧洲公法最突出的贡献就在于此：敌对性的相对化，使得平等的、非歧视的战争法权成为可能，从而开启了战争"理性化和人道化"的过程。

欧洲国家之间发生在欧陆之上的战争之所以能够得到限制，除了仰赖彼此之间的中立战争观念之外，还得益于欧洲公法将空间秩序区分成处于文明状态的欧洲与处于自然状态的非欧洲来实现。所谓文明状态，是指欧洲国家间的冲突不再是中世纪的正义与邪恶冲突，而是演变为力量较量意义上的可控的、理性的战争。与此相对，所谓的自然状态，则是指欧洲国家在非欧洲地域范围内处理相互关系时处于一种"例外状态"。在此状态下，战争不受任何道德和法律的限制，有的只是血腥的强者正义。欧洲和非欧洲的划分对欧洲公法至关重要，它使得欧洲内部所积累的问题可以向外部释放压力。通过向欧洲外部输送不受限制的敌对性，欧洲内部才得以维持一种由欧洲公法所协调的和平有序的稳定状态。如果说时间范畴之下的自然状态是文明状态的逻辑或历

---

[7] [德] 卡尔·施米特：《大地的法》，刘毅、张陈果译，上海人民出版社2017年版，第120页。

[8] [德] 卡尔·施米特：《政治的概念》，刘宗坤等译，上海人民出版社2003年版，第117-118页。

史前提的话，那么，施米特从霍布斯的著作中提炼出作为空间范畴的自然状态则构成了文明状态的现实基础。然而，二战后世界格局的最大变化就是，伴随殖民地和半殖民地国家纷纷独立，主要国家的疆域已经划定，不再存在自然状态与文明状态并存的局面，所有国家都进入文明状态之中，世界再无可供自由占领的不毛之地并进而对野蛮人民进行所谓的"教化"，这就直接改变了欧洲国际公法赖以支撑的"现实基础"。

更关键的是，英美所代表的海洋力量在19世纪末和20世纪初的强势崛起，导致了这一大地空间结构的彻底崩溃，欧洲国际公法逐渐难以为继，国际秩序开始进入"人权普世主义阶段"。这个阶段的典型特征是对国家概念和道德中立的战争概念的抛弃，重新引入了一种歧视性的、以正义战争观念为中心的罪人概念。

在施米特看来，虽然基督教神学的大一统秩序早已瓦解，但是，在20世纪中前期，依托两次世界大战的胜利，英美海洋帝国却逐渐确立起了新的世俗神学。世俗神学把各种世俗的东西借助于法律的话语提升到神圣的地位，如人权、私有财产、自由等，从而再次据此把异己的群体定性为邪恶，再次制造出"罪人"的概念。其间的潜在逻辑是，既然某种价值观念是"普世"的或曰效力及于整个人类的，那就意味着对所有"异己"都要作非人化处理，从而，改造甚至消灭异己在道德上完全能够自圆其说。[9]从"罪人"向"敌人"的转化，"敌人"的概念是对欧洲摆脱宗教内战的理论总结，是政治世俗化的关键步骤，是为了对抗那种期待"终极战"的思维，是为了避免各种版本的极端政治理想主义所导致的残酷与悲剧。唯有如此，国际秩序中才可能贯

---

[9] 董静姝：《论施米特大空间理论及其对中国政治法律的启示》，载《甘肃政法学院学报》2017年第2期。

彻真正的平等，才可能免于强者以正义之名施行同化与奴役。然而，在施米特看来，新的世俗神学下的普世主义却使得这一理想的国际秩序化为泡影：它使敌人非人化（"罪犯、侵扰者和害虫"[10]），使战争国内化、犯罪化、极端化，它是人类社会走向无序与野蛮的信号。

关于"二战"之后新的全球秩序将是何种情形，施米特列举了三种可能：第一种可能是，世界变得单极化，冷战的胜利者在其中成为唯一的主权者，乃至按自己的计划和观念占用、分配、利用整个土地、海洋和天空。换言之，一个"世界共和国"或"世界国家"将出现在这个星球上；第二种可能是，旧的nomos的平衡结构依然被维存，在这种法秩序中，美国通过"海空支配"统管和保障世界上其他国家的平衡。换言之，这是一种霸权平衡结构，只不过承担者从曾经的英国变成了美国；第三种可能仍然建立在平衡的概念之上，只不过并非通过海空霸权结合来实现，而是指建立若干大空间或区域性联盟之间的平衡——这种若干大空间之间的平衡，就预示着新的"大地法"。[11] 第一种可能在施米特看来太过激进，无异于放弃了人类理性、放弃了对新"大地法"的理性思考；第二种可能留存既有的传统与惯例，未免显得过于保守；第三种可能则显然是施米特由衷倾向的。在施米特看来，我们正处于一个旧秩序崩溃、新秩序即将产生的时代，在新旧秩序的交替中会产生新的秩序，而非混乱与虚无。"新国际法的产生取决于当今世界究竟是选择某单一国家独霸全球的局面，还是愿意接受一个由大空间、势力范围、文化圈共存

---

[10] [德]卡尔·施米特：《大地的法》，刘毅、张陈果译，上海人民出版社2017年版，第305页。

[11] See Carl Schmitt, *The Nomos of the Earth in the International Law of Jus Publicum Europaeum*, translated and annotated by G. L. Ulmen, New York: Telos Press Publishing, 2006, pp. 354-355.

其中的多元主义局面。"[12] 施米特认为，新的世界秩序，将通过大空间来确立，而大空间应在与对抗普世主义的关联中被思考。

(一)"大空间秩序"的现实起点

施米特对世界新秩序的想象植根于他的大空间理论。"大空间"一词并非施米特首创，实际上，该词首见于经济学讨论中，风行于第一次世界大战结束之后，与"技术—工业—经济"秩序的发展相关。在技术—工业—经济秩序中，诸如电、气之类能量的特定形式的小空间的孤立和隔离，在"大空间经济"中却能够被有组织地克服。[13] 而这一原本是经济学的原理，由于经济的逐步政治化而毫无悬念地被用于思考国际法的新秩序——施米特正是对大空间进行政治学和法学讨论，并以之作为理解国际法和世界秩序问题的利器。其实，早在1928年，施米特就敏锐地意识到，随着现代科技的迅猛发展，许多曾经牢固的边界都弱化甚至消失，传统状态遭到破坏，"法律意义上的主权"与"政治意义上的主权"之间的张力越来越大，民族国家体系逐渐式微，我们正生活在一个根本性的"政治重组时代"：在世界"愈变愈小"的同时，政治性单位（"国家和国家体"）就必须变得越来越大；[14] 但施米特同时认为，一个"大同"的和谐世界尚在遥远的未来，或者甚至可以说，世界统一不过是一场幻梦——"即便英国与美国侥幸建立了一个真正的世界秩序，没有多元性的秩序也只意味着政治的终结"，[15] 因为在一个"一"中，敌友区分已

---

[12] [德] 卡尔·施米特：《大地的法》，刘毅、张陈果译，上海人民出版社2017年版，第224页。

[13] See G. L. Ulmen, "Translator's Introduction", in Carl Schmitt, *The Nomos of the Earth in the International Law of Jus Publicum Europaeum*, translated and annotated by G. L. Ulmen, New York: Telos Press Publishing, 2006, p. 23.

[14] [德] 卡尔·施米特：《莱因地区的国际法问题》，载卡尔·施米特：《论断与概念》，刘小枫编，朱雁冰译，上海人民出版社2016年版，第137页。

[15] [德] 扬-维尔纳·米勒：《危险的心灵：战后欧洲思潮中的卡尔·施米特》，张䶮、邓晓菁译，新星出版社2006年版，第125页。

成为不可能。换言之,在民族国家疆界逐渐被打破,欧洲国际公法的过去难以复制,而未来世界大同又远未企及或者说根本不可企及的困境下,在二者之间会出现一个新的政治单位或曰国际法单位——大空间。[16] 以战前德国为例,就其领土而言,它太逼仄因而难成世界性力量,但也不至于渺小和外围到退出世界历史,这意味着德国将在欧洲的未来中追寻自己的未来——欧洲这个相较单个主权国家而言更大的"政治群",就是一种"大空间"。[17]

施米特在自己的各部论著中都不厌其烦地表达着对普世主义的拒斥,《大地的法》一书也不例外。"贯穿全书的是同一种论调,即反对全球在盎格鲁—美利坚基于商业力量与制海权的保护下走向统一的危险前途。"[18] 在施米特看来,"新世界"的秩序就意味着大空间与普世主义的对抗,而以大空间对抗普世主义在国际法实践中最首要和最成功的体现就是作为防御性原则的门罗主义。1823年,美国总统门罗第一次表达了"大空间"原则——"美洲国家独立;在这一地区之内不殖民;非美洲国家不干涉这一地区,同样,美洲也不干涉非美洲地区"——就是一种具体限定的、独立自主的、不容外空间势力干涉的大空间思想的展现。然而,伴随着美国力量的强大,经西奥多·罗斯福和威尔逊总统的重新诠释,门罗主义在20世纪初成为普世性—帝国性全球原则,实现了由原初的区域防卫性质向普遍干涉的普世主义的改造,"将自由民主的原则无地区差别和界限地推延到整个地球和

---

[16] See Fabio Petito, "Again World Unity: Carl Schmitt and the World-centric and Liberal Global Order", in Louiza Odysseos and Fabio Petito eds., *The International Political Thought of Carl Schmitt: Terror, Liberal War and the Crisis of Global Order*, New York: Routledge, 2007, p.179.

[17] [德]卡尔·施米特:《莱因地区的国际法问题》,载卡尔·施米特:《论断与概念》,刘小枫编、朱雁冰译,上海人民出版社2016年版,第138页;董静姝:《论施米特大空间理论及其对中国政治法律的启示》,载《甘肃政法学院学报》2017年第2期。

[18] [德]扬-维尔纳·米勒:《危险的心灵:战后欧洲思潮中的卡尔·施米特》,张龑、邓晓菁译,新星出版社2006年版,第122页。

全人类"。[19] 放宽历史的视野，美国的成长壮大直至成为世界主导性力量，从正面看，就是自身主权拓展到超越主权的大空间直至主宰世界的普世主义的过程；从反面看，则是不断否定对手提出的大空间理论，最终穿透对手的主权藩篱的过程。当美国提出门罗宣言时，这是对欧洲神圣同盟的普世主义的反对；当美国即将成为世界霸主时，它就用其所代表的普世主义意识形态来压倒德国和日本的大空间理论。为此，在警告德国要汲取门罗主义走向普世帝国的前车之鉴的同时，施米特坚定认为未来世界必定走向诸多政治单元的统一体，故而要"揭示一个国际法的大空间原则的健康内核，并使之为我们欧洲大空间而得到符合其本义的发展"。[20] 究其实质，就是要主张恢复大空间秩序（门罗主义）的应有内涵，用大空间秩序取代国家、普世帝国，使之成为国际秩序的核心。

在施米特眼中，大空间排除外来势力的干涉，它是对抗以普世主义之名推行的干涉主义的现实出路。施米特将之置于19世纪旧的国家间秩序与普世主义世界政府理想之间，视之为人类和平希望所在，此为新的大地之法，"主导国"将成为这个大空间时代的中心政治单位。然而，我们切不可想当然地以为大空间格局是各族人民日益拓展其活动范围的结果，是走向全球共同体的准备。[21] 在施米特看来，大空间时期并非一个过渡阶段，未来世界最终仍将演进成为一个以区域秩序为基本单位而相互联系的

---

[19] 方旭：《以大空间秩序告别普世帝国》，载《开放时代》2018年第4期。
[20] ［德］卡尔·施米特：《以大空间对抗普世主义》，载卡尔·施米特：《论断与概念》，刘小枫编、朱雁冰译，上海人民出版社2016年版，第403页。
[21] 在《例外的挑战：卡尔·施米特的政治思想导论：1921-1936年》一书中，乔治·施瓦布指出：施米特把大空间概念解释为"从传统的民族国家向单一世界的普世主义过渡的过程中不可避免的中间阶段"便是典型误读的一个代表。参见［美］乔治·施瓦布：《例外的挑战：卡尔·施米特的政治思想导论：1921-1936年》，李培建译，上海人民出版社2015年版，第25页。

国际生态，而非全球政府。虽然赞同科耶夫对国家死亡的诊断以及对现代性的分析，但施米特对于其所主张的冷战时期的二元主义乃是世界统一体的前奏这一观点，却难以苟同。在他看来，恰恰相反，这只是介于欧洲国家时代和新的大空间时代之间的一个阶段而已。[22]"当今世界的（东与西，或者陆地与海洋）二元对立并不是统一之前的最后冲刺，也就是说，并不是历史的终结。……我正在寻找一种新的全球 nomos，一种新的大地之法；这种法不是来自几个诺贝尔和平奖的得主可以将权柄托付到他手上的那个世界主人的宣示；而是来自一种声势浩大、你来我往的'权力角逐'"。[23] 事实上，施米特的政治概念始终是内在地与空间界分论联系在一起的。在施米特那里，政治统一体边界的扩展、帝国的建立，并不意味着人类最终会走向一个国家、一个民族。世界仍是政治的多样体，而非政治统一体。在新的全球秩序中，政治仍然存在，敌友划分依然存在，而且"也只有这样一种敌对关系才有可能激发出施米特所谓的'历史能力'（Geschichtsfähigkeit）"，[24] 进而使得历史永不终结。

**（二）大空间秩序的基本构成与运作逻辑**

依据施米特的看法，大空间（Grossraum）是一个介于国家与世界政府之间的国际法单位，它在民族国家体系解体后成为地球秩序构建的一种选择。大空间对应于 Reich 概念，它体现了一套理念与原则，并在此空间内排斥外空间列强的干涉。大空间内的

---

[22] 在 1962 年的一篇文章中，鉴于大量亚非国家独立之后纷纷加入联合国，美国已经不再能够控制第三世界的现实，施米特就认为，世界的二元结构最终将被一种多元—多极格局所取代。参见 [德] 卡尔·施米特：《第二次世界大战之后的世界秩序》，李柯译，载吴彦、黄涛主编：《国家、战争与现代秩序：卡尔·施米特专辑》，华东师范大学出版社 2017 年版，第 54 页。

[23] [法] 科耶夫、[德] 施米特：《科耶夫——施米特通信》，载 [法] 科耶夫等：《科耶夫的新拉丁帝国》，邱立波编/译，华夏出版社 2008 年版，第 170 页。

[24] [德] 扬-维尔纳·米勒：《危险的心灵：战后欧洲思潮中的卡尔·施米特》，张龑、邓晓菁译，新星出版社 2006 年版，第 133 页。

一个国家充当此空间的代表,在此意义上,它是一个"Reich"。大空间和 Reich 应当取代国家,成为国际法的中心词汇。在施米特绘制的"新世界蓝图"中,国家不再是国际法中唯一的空间单位,大空间则是新的"大地法"的标志。在大空间中,一个代表性的国家发挥着重要作用,而大空间中的各个国家仍然是主权独立的。此外,大空间"优位"于普世主义的支配或干涉——普世主义可以说是那种突破各种空间界限而肆意践踏的帝国主义的理论工具,大空间则体现着尊重、礼让、和平与理性的精神。

正如施米特所说:"一个新国际法的新的秩序概念是我们奠立在一个民族性的、为一个民族所代表的大空间秩序之上的 Reich 概念。这个概念包含着一种新的国际法思考方式的内核,这种思考方式从民族概念出发,并完全容许包含在国家概念之内的秩序要素存在,但同时却能够适应当今的空间观念和现实的政治生命力;这种思考方式可能是'属于行星的',即属于地球空间的,而又并不消灭民族和国家,并不像西方民主国家的帝国主义国际法那样,从对旧国家概念之不可避免的超越走向一个普世主义—帝国主义的世界法。"[25] 在这里不难看出,施米特正是依托门罗主义来建构其大空间秩序理论的。按照施米特的说法,原初的门罗主义意味着:产生这个主义的是一个"在政治上已经觉醒的"民族,它禁止外来力量干预到本大空间之内,它拥有一种从历史角度来看强有力的、政治性的理念。[26] 而大空间秩序则明显是一种经改装的"2.0 版的门罗主义",它由三项基本要素构成:单一主导国(Reich)、支撑大空间的政治理念(politische Idee)以及以排斥普世主义干涉为核心特征的大空间之间的关系。

---

[25] [德] 卡尔·施米特:《国际法中的帝国概念》,载卡尔·施米特:《论断与概念》,刘小枫编、朱雁冰译,上海人民出版社 2016 年版,第 417 页。
[26] [美] 莫尔顿:《施米特的大空间秩序概念》,载 [法] 科耶夫等:《科耶夫的新拉丁帝国》,邱立波编/译,华夏出版社 2008 年版,第 321 页。

1. 单一主导国

施米特所提倡的大空间概念，其结构一直都非常模糊。其中，只有对于 Reich 概念的分析最为细致。首先，施米特区分了普世主义帝国（imperium）与主导国（Reich）的不同。他指出，前者具有普世主义的内涵，在现实中表现为积极扩张的帝国主义，而后者则在本质上具有民族规定性。故而，二者具有对立性。普世主义帝国是对民族国家的取缔，其背后暗含的其实是强权逻辑，施米特显然不能认同，他认同的是在某个大空间内具有自身民族规定性，同时又尊重其他民族之政治生存，且对各民族之共同生活具有代表性与规划性，作为一个巨大的历史性组织的国家。"国际法之可能性与未来，取决于对各民族共同生活之真正具有代表性和规划性的值的正确认识，并使之成为讨论和概念构成的出发点。这些代表性的和规划性的值今天已不再像 18 和 19 世纪那样是国家，而是主导国"。[27] 然后，施米特又对主导国的资格进行了如此界定："一个新的地球秩序以及一种成为当今头等国际法主体的能力，不仅需要高度'自然的'与生俱来的品质，而且还必须要有自觉的纪律、高度的组织和以自己的力量创造现代国家机器并将之牢牢掌握在自己手中的才干，这是只有高度集中人的理智力量才可能完成的。"[28]

与纳粹法学家企图通过社会的完全生物化而将现有国际法虚无化并加以重构不同，施米特并未明确主张将德意志的民族性置于其他民族性之上，大空间中的单一"主导国"也并不取决于其自身的种族属性。施米特认为，单纯的依赖民族意味着忽略了国家所取得的"秩序上的真正成就"，在大空间中，"用有机的民族

---

[27] [德] 卡尔·施米特：《国际法中的帝国概念》，载卡尔·施米特：《论断与概念》，刘小枫编、朱雁冰译，上海人民出版社 2016 年版，第 406 页。

[28] [德] 卡尔·施米特：《国际法中的帝国概念》，载卡尔·施米特：《论断与概念》，刘小枫编、朱雁冰译，上海人民出版社 2016 年版，第 414 页。

完全取代'形式上的国家'也必然带来'有限战争'观的死亡，以及他一直颇为珍爱的旧欧洲公法中包含的交战国之间彼此平等原则的失效"。[29] 正是对这种"政治性"的坚持，在某种程度上，使得施米特的大空间理论与希特勒鼓吹的生物学范畴上的"生存空间"（Lebensraum）政策区别开来，并在当下仍然具有可堪借鉴的意义与价值。[30]

对于大空间内部处于领导地位的帝国与其中的国家和民族的关系，施米特在二战以后对大空间概念的研究，可以让我们对此有一个更加清楚的理解。根据莫尔顿的归纳，在大空间内部，主导国的主导地位被强调到如此程度，以至于大空间已被等同于"真正的Reich"，而反过来，主导国也就是"独立的大空间"的代名词。具体而言，每个真正的主导国都有一个为保护某些"特殊利益"而确定的"空间界域"，而这些利益又是超越了主导国疆域的。鉴于大空间并不等同于一个扩大版的国家，所以在大空间之内，主导国并不享有传统意义上的主权，享有的只是一种所谓"空间主权"（Raumhoheit），[31] 这主要体现为跟磁铁周围的磁场相类似的"势力范围"。[32] 空间主权影响力的大小要依据距离主导国的远近和对于帝国的反抗而定。虽然对Reich和大空间中的国家与民族究竟是什么关系，施米特几乎没有正面讨论过，但有一点是清楚的，那就是这个主导国有权干预整个大空间的事

---

[29] [德] 扬-维尔纳·米勒：《危险的心灵：战后欧洲思潮中的卡尔·施米特》，张龑、邓晓菁译，新星出版社2006年版，第62页。

[30] See Andrea Gattini, "Sense and Quasisense of Schmitt's Grossraum Theory in International Law: A Rejoinder to Carty's 'Carl Schmitt's Critique of Liberal International Legal Order'", Leiden Journal of International Law, 15 (2002), p. 62.

[31] [德] 卡尔·施米特：《大地的法》，刘毅、张陈果译，上海人民出版社2017年版，第263页。

[32] See Andrea Gattini, "Sense and Quasisense of Schmitt's Grossraum Theory in International Law: A Rejoinder to Carty's 'Carl Schmitt's Critique of Liberal International Legal Order'", Leiden Journal of International Law, 15 (2002), p. 60.

务，而且决定它的这些权利可否实施的，只能是主导国自己。

2. 不干涉主义（大空间之间的关系）

就其本身而言，施米特的大空间理论并不支持纳粹意识形态的政治至上性。虽然施米特认为，新型国际法的原则首先在德国出现，但根据他的观点，他的大空间理论应当适用于"所有的生存空间和其他的历史情景"。如果说，门罗主义下的美国曾经是一个准大空间，那么其他大空间的出现也是可能且必需的。从1939年直到战后岁月，施米特始终都抱持这样的立场：世界被划分为几个大空间，对于盛行于国际事务当中的无序状态而言，乃是最有出路的解决办法。就大空间之间的关系而言，除了最为核心的彼此之间互不干涉之原则外，基于莫尔顿对其著作的归纳，大体还衍生出以下特征：其一，它至少要由三个或最好是由更多"独立的大空间"构成；这些大空间可以形成一种全球性的力量平衡，而这种平衡接下来又会产生一种表现为彼此平衡的力量体系的世界秩序。其二，这些大空间彼此是相互承认的，而这又意味着它们会承认彼此的领土完整、经济和社会制度以及发动战争的权利。大空间之间的力量平衡可以"使得多个政治实体（Groesse）的共存成为可能"，而这些实体"彼此之间不会将对方看作是罪犯，而将看作是各种独立秩序的担当者"。其三，这些大空间将会"在一个新的水平上，通过各种新的维度"来产生一种新的、与18和19世纪的欧洲国际法没有任何共同之处的国际法。[33]

揆诸他的思想脉络，此处我们能知道的是两个基本观点：其一，大空间理念尽管与国家理念不同，但仍然与世界一统的观念南辕北辙；理想状态是一种由多个大空间组成的、恰如其分的

---

[33]［美］莫尔顿：《施米特的大空间秩序概念》，载［法］科耶夫等：《科耶夫的新拉丁帝国》，邱立波编/译，华夏出版社2008年版，第330页。

"多元状态",因为这足够建立起"有意义的敌对性"。诚如上述所言,这种敌对性也就是那种构建了政治,并且使之永恒不衰的敌对性。施米特期许的乃是"一种声势浩大、你来我往的'权力角逐'"。[34] 其二,"大空间"是新的富有生命力的国际法单位,这一国际法单位立足于自身的边界内存在的特定历史脉络和具体秩序,并因而有自身特定的法则。换言之,每个大空间秩序各有自身不同的政治理念,越过这一边界到另一个空间,政治理念即为之一变。就大空间之间而言,正是因为若干理性区分的边界内的空间各有不同的政治理念,大空间才能够有效排斥所谓"普世主义"的价值僭政,避免普世主义英美帝国贩卖私货的干涉主义。

3. 政治理念(大空间内部的关系)

施米特认为,大空间的意思是一块被代表着截然不同的政治理念的主导国所统治的区域。大空间概念在国际法中被固定下来之前,必须得到政治理念的支持。这个理念之中往往包含一个特定的对手,盟友和敌人本质上由这个政治理念所确定。[35] 门罗主义的创始者将高举干涉大旗的代表欧洲正统原则的神圣同盟看作敌人,反对来自他们的干涉主义,同时宣称亦不干涉任何欧洲大国的内部事务,以此捍卫自由和独立国家的政治理念。依据施米特的观点,由于一个新的大空间在中东欧兴起,西方民主国家的普世主义和干涉主义政策已经开始瓦解。这个大空间的中心组成就是第三帝国,代表着反对外来势力干涉的政治理念。这种政治理念,依据施米特的说法,由希特勒在1938年2月20日的国

---

[34] "较之盎格鲁—美利坚的'伦理—道德意义上的敌对关系',照施米特看来,非消灭敌人的敌对关系和非歧视性对待敌人更容易取得成功——即便是从道德的观点来看。"参见[德]扬-维尔纳·米勒:《危险的心灵:战后欧洲思潮中的卡尔·施米特》,张龑、邓晓菁译,新星出版社2006年版,第125页。

[35] [美]约瑟夫·W. 本德斯基:《卡尔·施米特:德意志国家的理论家》,陈伟、赵晨译,上海人民出版社2015年版,第254页。

会演说以及1937年11月5日的《德—波少数民族宣言》中做出了明确的表述：建立在民族社会主义共同体思维之上的现在的德国法律，为居住在外国的日耳曼少数民族提供保护。[36] 从这个意义上，在欧洲的这一区域，由凡尔赛条约和国联承诺的对少数民族进行保护的普世主义和干涉主义框架就此终结。

更确切地说，第三帝国代表的这种政治理念包括为了给德意志少数民族提供更好的保护，把他们同德意志帝国加以绑定，同时，防止少数民族和其他外民族的融合，以此保证德意志民族共同体的发展。大空间之内的所有民族群体，无论是德意志民族还是非德意志民族，都将被允许作为独立的民族实体，在德意志霸权之下生活安居。[37] 换言之，尽管第三帝国将排除空间之外的力量，独自主宰这个空间的政治前景，但其内部关系在施米特的理论构造中仍是以对每个民族及其特性的尊重作为基础的。"不论是对沦亡的罗马帝国民族观的回忆，还是西方民族帝国之同化和熔炉理想，都使帝国主义概念与一个从民族角度理解的、尊重一切民族生存的 Reich 概念形成了最强烈的对比。由于德意志帝国位于欧洲中央，处在自由民主的、同化着各民族的西方大国的普世主义和布尔什维主义世界革命的东方普世主义之间，而且必须在两条战线上保卫非普世主义的、民族性的、尊重各民族生活制度的神圣性，这种对立情况显得尤为强烈。"[38]

尽管如此，施米特的大空间理论仍旧显得过于抽象，对他言

---

[36] [美] 乔治·施瓦布：《卡尔·施米特大空间概念的背景研究》，载乔治·施瓦布：《例外的挑战：卡尔·施米特的政治思想导论：1921—1936年》，李培建译，上海人民出版社2015年版，第232—233页。

[37] [美] 约瑟夫·W. 本德斯基：《卡尔·施米特：德意志国家的理论家》，陈伟、赵晨译，上海人民出版社2015年版，第255页。

[38] [德] 卡尔·施米特：《国际法中的帝国概念》，载卡尔·施米特：《论断与概念》，刘小枫编、朱雁冰译，上海人民出版社2016年版，第406页。

称必需的新型国际法也没有作出翔实的设计。[39] 大空间如何区别于一个扩大版且技术上更为有效的国家？主导国的政治理念何以"辐射"到整个大空间？主导国的政治理念能否对主导国自身产生约束？这些问题，施米特从未提及。有学者指出，"政治理念"之所以如此模糊是因为施米特意图借助其来解决的问题——创制出可堪消除纳粹粗暴的占领与压迫形式的充分的政治同质性——过于困难使然。[40] 换言之，在第三帝国的外交政策未充分明朗之前，施米特如欲将其对外扩张纳入自己的"大空间"构想中加以正当化与理论化，客观上需要给核心概念留下足够的腾挪空间。本质上，政治理念的模糊性，甚至整个大空间理论的模糊性，由施米特提出的这种理论抱持的两种目标之间存在的张力过大所造就。在1939到1941年间，施米特认为由于欧洲地缘政治现实的变化而有必要向国际法理论中引入"大空间"这个新概念。鉴于德国在中欧政治上的主导地位，所以他通过著作鼓吹德国拥有在与整个欧洲大陆直接相关的问题上做决断的权力，主张德国也应在欧洲做到美国在西半球成功做到的事情和日本企图在亚洲做到的事情。为此，他根据既有的政治理论对这种新政治体的存在进行理性化，将其视为可堪代替普世主义的一种崭新的世界秩序。不过，施米特从未鼓吹过战争和让纳粹统治欧洲。

施米特尽管没有对德国大空间的领土方面做出明确界定，但他援引门罗主义作为其主张——大空间不是抽象的或漫无边际的东西，而是包含着能够获得承认的（领土）界线——的基础。显

---

[39] 战争期间，他曾经的学生从东线告假回乡，听完施米特对大空间热情洋溢的解释后回应："您的大空间范围有多大其实并不重要，关键是人民在其中究竟是如何生活的，这才是重要的。"［美］约瑟夫·W.本德斯基：《卡尔·施米特：德意志国家的理论家》，陈伟、赵晨译，上海人民出版社2015年版，第256页。

[40] See Peter Stirk, "Schmitt's 'Völkerrechtliche Großraumordnung'", *History of Political Thought*, 20 (1999), p.372.

然，在施米特保守的区域主义预设、追求领土划界型的生活方式以及反普世主义的立场与谋求大陆霸权，进而获得能够实施种族主义或全球统治的生存空间的纳粹的终极目标之间存在难以调和的矛盾。[41] 伴随着纳粹的不断扩张，特别是入侵苏联和美国的参战，德国陷入一场全球性的观念冲突之中，施米特大空间政治学的命运就此注定。客观评判，施米特正确地诊断了希特勒外交政策的一个特殊阶段。对施米特而言，这个阶段是个关键阶段，它为拓宽国际法的框架进而造就所谓的"国际法的大空间秩序"（Völkerrechtliche Großraumordnung）提供了可能性；而对希特勒而言，这个阶段只不过是一个连续过程中的转折点而已，它注定要展示一个不包含任何领土界线的雄心勃勃的计划。[42] 此等理想与现实之间的错位、学术与政治之间的张力，最终导致施米特提出的新秩序理论只能是模糊的和未充分理论化的，事实上也从未超出一种单纯批判性而非系统建构性的观念模式。

伴随德日的失败，世界进入美苏争霸的冷战时代，短期内并不存在一个崛起的霸权。然而，无论前景多么渺茫，多么难以想象，施米特仍旧拒绝放弃这一最初用以理论化与正当化1930年代国际政治情势的大空间观念，并执拗地继续将其作为解决未来全球秩序问题的一个最理想的答案。诚如上述所言，在1955年《新的大地之法》一文中，他仍旧坚持未来最理性的世界秩序需要建立在若干大空间或区域性联盟之间的平衡基础之上，而实现之前提是彼此"能够合理划分界限并且内部实现同质化"。[43] 在

---

[41] See William Hooker, *Carl Schmitt's International Thought: Order and Orientation*, Cambridge: Cambridge University Press, 2009, p. 148.

[42] ［美］乔治·施瓦布：《卡尔·施米特大空间概念的背景研究》，载乔治·施瓦布：《例外的挑战：卡尔·施米特的政治思想导论：1921–1936年》，李培建译，上海人民出版社2015年版，第235页。

[43] See Carl Schmitt, *The Nomos of the Earth in the International Law of Jus Publicum Europaeum*, translated and annotated by G. L. Ulmen, New York: Telos Press Publishing, 2006, p. 355.

1962年《第二次世界大战之后的世界秩序》一文的末尾，他对此进行了进一步说明：大空间秩序的目标不仅仅是排除外空间大国的干涉这一消极防御功能，大空间体系的成功还必须建立在一种内部秩序的基础之上，每个大空间必须确保"用充分的就业、稳定的货币和广泛的消费自由保障工业化地区普罗大众在生存上的合理安全"。"只有当新空间找到了契合任何需求的内在途径，新的大空间的彼此平衡才会起作用。"[44] 从某种意义上，战后施米特的空间理论聚焦于大空间"在自身内部和彼此之间都能保持理性平衡"这一问题上，虽然他点出了衡量"理性平衡"的某些粗略标准，但如何制度化地达致这种平衡以及如何维持这种平衡，与二战时一样，施米特仍旧未置一辞。

（三）小结

尽管施米特对国际政治秩序的论述主要体现在《大地的法》（1950年）一书中，但他对战争、敌人、国内政治与国际政治的关系等问题的探讨实际上早在《政治的概念》（1927年）一书中就已触及。在《政治的概念》中，施米特面对的是主权国家解体的问题，而在《大地的法》中，他意在解决的则是世界秩序的解体问题。在此种意义上，《大地的法》只是为他在《政治的概念》中所涉论题提供了一种更详尽、更全面的历史性分析而已。"今天国家所面临的问题，其程度之深是几个世纪以来所没有的"，这个见解是施米特《政治的概念》一书的起点。而在1939年之后的每一篇作品中，施米特要么是认为国家已经死亡，要么就是试图证明它正在死去。之所以对国家问题投入巨大关注，是为了试图说明现在国家已经没有能力应对20世纪的新危机。他的目

---

[44] 参见［德］卡尔·施米特：《第二次世界大战之后的世界秩序》，李柯译，载吴彦、黄涛主编：《国家、战争与现代秩序：卡尔·施米特专辑》，华东师范大学出版社2017年版，第70页。

标,用他自己的话说,就是要"扬弃国家的神话"。[45]"秩序诞生于整合"(Ab integro nascitur ordo),[46] 大空间应当取代国家,成为新的国际法的单位,成为新的"大地法"的标志。

施米特在《政治的概念》中已经提到现代科技的发展将迫使小国丧失对外战争法权,从世界政治舞台中退席,通过臣服于大国来寻求保护。在这种保护与臣服的关系中,大国与若干小国构成的正是所谓的"大空间"。但是这种"臣服"似乎只具有理论上的或然性,现实中是基于单纯武力的"威服",还是基于双边或多边条约的主动加入抑或得益于主导国"政治理念"的魅力而"德服",施米特从未提及。如果说施米特提出大空间构想之时,可以明确中欧与东欧的"秩序"只能通过征服产生,那么在二战之后,特别身处两个普世主义帝国对峙的冷战时代,在本质上排斥普世主义的大空间秩序究竟应当如何形成?施米特仍旧言之不详。他一直强调秩序的要素,忽视自由的要素,但统治的问题乃是一个跟"秩序化的自由"有关的问题。毕竟"对于很多人来说,自由的好处,甚至是刚刚获得独立的那些落后小国所得到的很可怜的好处,以及其他非物质性利益,都要比福利国家、物质丰裕甚至还有很多国家在今天都认为是想当然的安全保护之类的东西,来得更加重要"[47]。施米特将政治事务中的道德要素排除,在使得他的大空间理论部分可以自圆其说的同时,却不可避免地显得过于机械。大空间的形成机制问题,可谓他的大空间秩序理论中最大的短板。

---

[45] [美] 莫尔顿:《施米特的大空间秩序概念》,载 [法] 科耶夫等:《科耶夫的新拉丁帝国》,邱立波编/译,华夏出版社2008年版,第325页。

[46] [德] 卡尔·施米特:《国际法中的帝国概念》,载卡尔·施米特:《论断与概念》,刘小枫编、朱雁冰译,上海人民出版社2016年版,第417页。

[47] [美] 莫尔顿:《施米特的大空间秩序概念》,载 [法] 科耶夫等:《科耶夫的新拉丁帝国》,邱立波编/译,华夏出版社2008年版,第332页。

## 二、田畑茂二郎的"大东亚国际法":大空间理论的精致化

19世纪末20世纪初,在西方殖民势力的冲击下,中华帝国的朝贡体系开始分崩离析,东亚在列强标榜的普遍主义国际法的基础之上重建了新的秩序模式,也就是转为根据新的主权概念,由享有主权的国家之间相互订立条约而成立国际关系,但这并未水到渠成般地带来应有的秩序。伴随以德国为首的新兴国家的崛起,世界体制在19世纪后期经历了从"单一中心结构"向"多元中心结构"的结构性变迁。在这一变动过程中,不可避免地会出现列强之间的激烈竞争,从而加强对新近编入的周边国家的压迫。[48] 日本充分利用这一时期不安定的国际秩序,在列强走向势力同盟的大趋势下,成功与英国结盟,并在阻止俄国南下的同时,上升为这一地域的"中心"。在英美支持下,日本先后吞并台湾(1895)和朝鲜(1910),进而侵占中国东北,扶持傀儡的满洲国。伴随日本势力在中国的进一步扩张,日本与英美的矛盾不可避免地激化,"华盛顿体系"维持了近十年之久的远东和平开始崩解。[49] 在许多日本人看来,种族与文化才是最后的决定因素。在这种情势下,日本选择的道路是结束以"门户开放"为标志的"无中心的东亚",[50] 由"脱亚"(英美主导的全球主义)转向"兴亚"(日本主导的区域主义),而这种超国家主义的区域主义在现实中的最终表现便是代表"亚洲新秩序"的"大东亚共荣圈"。与以德、意两国为中心的"欧洲新秩序"一样,

---

[48] [韩] 白永瑞:《思想东亚:朝鲜半岛视角的历史与实践》,生活·读书·新知三联书店2011年版,第9页。

[49] [英] E. H. 卡尔:《两次世界大战之间的国际关系:1919-1939》,徐蓝译,商务印书馆2010年版,第14-16页。

[50] [美] 马厄利尔·詹逊:《日本的世界观:两百年的变迁》,柳立言译,香港商务印书馆2016年版,第103页。

此等亚洲"新"秩序建立在摧毁两个现存的"业已丧失成长之能量"的"旧"秩序——以英美为代表的"国际资本主义"和以苏联为代表的"国际社会主义"——基础之上，[51]而意欲达致的终极目标便是所谓的"八纮一宇"的建国理想。[52]

在太平洋战争如火如荼之际，1943年11月，在日本外相重光葵的主持下，大东亚各国首脑在东京召开了第一次大东亚会议，通过了一个标榜大东亚各国"共存共荣"和"尊重彼此自主独立地位"的《大东亚共同宣言》，并制定了一些相关的条约与文件。由此，"大东亚共荣圈"作为二战期间日本主导下的一种东亚秩序构想在历史上占据了一席之地。[53]而本文后续所考察的"大东亚国际法"就是为这个"大东亚共荣圈"构想提供正当性支持的一整套国际法理论。德国在中东欧的崛起促发了"第三帝国国际法"研究的兴盛，[54]同样，彼时日本诸多国际法学家也通过著书立说的方式纷纷"献计献策"介入"大东亚共荣圈"的理论构建。总体上，这些国际法学者试图为彼时的日本政府找到一种既能最大限度地获得国家利益又能避免日本对东亚露骨的侵略，顾及现代社会文明规范的一种理论依据。

### (一) 大东亚国际法的理论背景

要深入理解大东亚国际法的理论源头，首先必须回顾一下一

---

[51] 参见高宗武：《高宗武回忆录》，陶恒生译，中国大百科全书出版社2009年版，第173页。

[52] "八纮一宇（'掩八纮而为宇'）这一'建国理想'并不是日本侵略亚洲的原因，而只不过是为了找到一个能够使侵略亚洲的帝国主义战争这一既成事实正当化的口实，是从日本建国神话中发现并加以夸张解释的一句话罢了。这句话并没有'天皇统治世界'这样明确的意思，正如外交文件中常见的译文'Universal Brotherhood'所表达的，它不过是'世界同胞主义'这样一般性的词句"。参见 [日] 近代日本思想史研究会：《近代日本思想史》（第3卷），商务印书馆1992年版，第111页。

[53] 林庆元、杨齐福：《"大东亚共荣圈"源流》，社会科学文献出版社2006年版，第422-423页。

[54] See Detlev F. Vagts, "International Law in The Third Reich", *The American Journal of International Law*, 84 (1990), pp. 678-681.

战后蓬勃兴起的国际法学批判思潮。这一思潮所针对的对象就是盛行于19世纪的原子论国际法秩序观。根据这一理论,每个主权国家的存在都具有至高无上的价值,国际法和宪法皆不能对其进行限制,这些价值体现于国家在任何情况下都不受侵犯的基本权利,国家为了维护这些基本权利可以自由地采取任何行动,包括动用武力甚至发动全面战争。这无疑是一种被无限膨胀了的绝对主权说。坚持这一学说,必然引发一个尖锐的问题:如果在国家之上不存在任何超越性的规范性秩序和共通利益,国际法的最高而且唯一的来源就是主权国家意志的话,那复数个享有绝对自由的国家又如何能够组成一个有序的社会?一战的爆发从根本上动摇了这种国际秩序观的可信赖性,暴露了这套理论中存在的一些结构性问题,人们开始重新反省这种秩序观的妥当性和主权概念的应有边界。以凯尔森为代表的维也纳学派的批判方向实际上就是通过重构普遍主义来克服原子论秩序观的弊端和危害:主权是一种法律上承认的构成物,国内的法律体系不能免于国际法的制约。[55] 这种理论努力与创立国际联盟的实践结合在一起,让许多学者看到了国际社会迈向统合的希望。然而,在彼时的日本学者看来,原子论秩序观是欧美国家的主权观念走向极端后的产物,对这种秩序观的反省,是欧美碰壁之后的自我缓冲。[56] 可是,缓冲的对象——绝对主权论——对于日本来说并不存在,因为刚刚加入国际社会的日本还不具备生长这套理论的土壤。

更重要的是,立基于巴黎和会的条约体系,在彰显由英美主导的普遍主义世界秩序确立的同时,却深深刺痛了第一次世界大战的失败者与失意者,埋下了复仇与修约的种子。从1930年代

---

[55] [日] 篠田英朗:《重新审视主权:从古典理论到全球时代》,戚渊译,商务印书馆2004年版,第95-97页。

[56] 一叶:《"大东亚国际法"的光和影》,载高全喜主编:《大观》(第4卷),法律出版社2010年版,第67页。

开始，日本向中国北方的武力扩张，墨索里尼在北非和地中海意图恢复罗马帝国的旧日荣光，与希特勒在中东欧开辟"生存空间"的野心在战略导向上大体是一致的。1940年《三国同盟》的签署，正式给世界其他列强发出了明确警告：世界上最坚定的修约主义国家已经团结起来，要把1919年在巴黎建立起来的病态的国际体系彻底摧毁。[57] 此等国际政治风候的"公转"直接决定了日本学术导向的"自转"。在当时的日本学者看来，近代国际秩序的内在矛盾是在标榜国际法和文明的国际秩序的同时，却由霸权国家主导这一秩序的方向；条约体系的最大缺陷在于是对"现存事实的正当化"（Legitimierung des status quo），而未细究"现存事实的正当性"（Legitimitaetdes status quo）。鉴于此，为了打破这种由欧美主导的所谓的"普遍主义"国际法，需要提出一种非欧美式普遍主义的新的秩序原理。尽管从逻辑上说，对前者的批判可以导出多种新的国际秩序论，然而，揆诸彼时日本所处的特定国际格局，这些批判性思维大部分不得不被吸纳到多元主义地域秩序论（即广域秩序论）之中，并与"大东亚共荣圈"的政治实践不可分割地结合在了一起。

如果说"大东亚共荣圈"根植的思想基础，乃是日本在脱离中华秩序过程中形成的亚细亚主义，那么旨在为"大东亚共荣圈提"供正当性的"大东亚国际法"理论则直接导源于施米特的"大空间秩序理论"（日译为"广域秩序论"）。或者如大沼保昭所言，"大东亚国际法"乃是亚细亚主义、施米特的"大空间理论"以及美国门罗主义的一种杂糅与混合。[58] 在建构"大东亚

---

[57] [德]罗伯特·格瓦特：《战败者：两次世界大战间欧洲的革命与暴力（1917-1923）》，朱任东译，译林出版社2017年版，第252页。

[58] See Onuma Yasuaki, "'Japanese International Law' in the Prewar Period: Perspective on the Teaching and Research of International Law in Prewar Japan", *Japanese Annual of International al Law*, 29 (1986), p. 41.

国际法"的过程中，以安井郁（东京大学教授）、松下正寿（立教大学教授）、田畑茂二郎（京都大学副教授）为代表的日本学者对美国的"门罗主义"和施米特的"大空间理论"进行了细致的考察。[59] 在此基础上，在彼时的日本学者看来，依托"门罗主义"的初始设计，施米特将对普遍主义国际法学的抽象性批判与地域主义的新秩序论的勾连，恰可为他们提供一套妥适的概念装置，以此作为支点可望打破静态的国际法学规范的束缚，从而实现改变国际社会现状的诉求。[60] 同时，施米特"大空间理论"内部构成的模糊性，在为日本学者结合政治现实提供自主挥洒的创造空间的同时，也无形中造就了以松下正寿为代表的军国主义"大东亚国际法"与以田畑茂二郎为代表的学术导向的"大东亚国际法"之间的微妙分野。

（二）大东亚国际法的理论构成

不可否认，当时大东亚国际法还并非实定法，更不存在一个统一的理论，但我们仍能从诸多学者的论述中提炼出当时与大东亚国际法直接相关的研究具有"先破后立"这两个侧面："批判在东亚适用的近代国际法规范"和"构建崭新的大东亚国际法理论"。[61] 在田畑茂二郎看来，"今后规约东亚诸国关系的国际法，不会是根据东亚的特殊性，对既有国际法进行形态上改变的结果。不像特别国际法之于一般国际法，规约东亚诸国关系的法和

---

[59] 针对大东亚国际法理论的具体研究成果，在1942至1943年间涌现。当时，曾有出版发行十二卷《大东亚国际法丛书》的计划，但最终可确认的实际发行数为四卷，其中的两卷分别是：松下正寿所著的《米洲廣域國際法の基礎理念》（有斐閣1942年版）与安井郁所著的《歐洲廣域國際法の基礎理念》（有斐閣1942年版）。参见［日］明石欽司：《"大東亞國際法"理論：日本における近代國際法受容の帰結》，载《法学研究》2009年第1号，第264-265页。

[60] ［日］田畑茂二郎：《ナチス国際法学の転回とその問題の意義》，载《外交時報》1943年第107卷1号。

[61] 参见［日］安井郁：《歐洲廣域國際法の基礎理念》，有斐閣1942年版，第2-3页。

既有的国际法,不是同一层面上的问题。必须认可其根本法理念已经转变、完全不同。"[62] 换句话说,"近代国际法的根本法理念"缺陷如此之大,单纯的变通适用已难以济事,构筑大东亚国际法理论,就必须釜底抽薪确立将其取而代之的崭新的"大东亚国际法的根本法理念"。故此,他主张,"要在东亚倡导新国际法,就必须充分探讨从前规制国际关系的近代国际法诸原则崩坏之原因,明确提出新秩序的理由"。[63]

如欲奠定地域主义国际法的基础,首先就必须否定以维也纳学派为代表的国际法秩序统一构成说。在1942年《国际法秩序的多元构成》这篇论文中,田畑指出,国际的国际法主体性不是由普遍适用于所有国家的一般国际法来赋予的,而是由国家相互间的原初合意和基本契约来赋予。从这个意义上来看,国际法秩序与国内法秩序存在本质差别,后者是通过一般性法律来规定其成员资格从而排除他者的封闭体系,而前者的成员资格并非如此,所有国家只要具备国家的成立条件便可自由地形成国际关系。这是一个自由敞开的秩序,没有固定的界限。[64] 在1943年发表的《纳粹国际法学的转变及其问题的意义》一文中,借鉴德国学界所主张的"国际法的民族性理论",田畑深化了对国际法秩序统一构成说的批驳。当时许多德国国际法学者指出,形形色色的法的价值判断,都基于特定民族的法感觉与法意识存在,并受到民族的约束,都是具体的、个别民族独有的,不可能是抽象的、普遍的东西。故而,只要国际法规范以法的价值为内容,根据各民族法观念的不同,国际法观念也会当然不同。由此,田畑

---

[62] [日] 田畑茂二郎:《東亜共栄圏国際法への道》,载《外交評論》1943年第23卷12号。

[63] [日] 田畑茂二郎:《東亜共栄圏国際法への道》,载《外交評論》1943年第23卷12号。

[64] [日] 田畑茂二郎:《国際法秩序于の多元的構成(二)》,载《法学論叢》1942年第48卷2号,第35-49页。

指出，"不能依据普遍原理赋予国家间的国际法关系价值，不能认为国家间国际法关系只可基于普遍原理存在。各国间的国际法关系，以各国固有的结合为前提，具有用'相对于一般存在的特殊存在'这个原则无法充分解释的独特价值"。[65] 这就是说，所谓的国际法秩序并非一个统一的、普遍的规范性秩序，而是多个规范性秩序、多元性理念的集合。

国际法人种—民族的制约论，否定了刻板的普遍主义，展现了对国际法秩序构造的全新认识，但其致命缺陷却在于未能充分说明将诸民族真正结合在一起的客观要因。在田畑看来，只要人种、民族的同类性还只是单纯的自然条件，就仍不足以导出诸民族规范意识的真正一致。要把那种自然的类似性提高到规范性意识的一致，客观契机的介入最为必要。而广域国际法中的广域，正是客观契机的呈现。"广域秩序超越了（人种、民族的同一性这种）简单而自然的前提，是一个更加具体的、历史的、政治的意义统一体，并在这种意义统一体的规定之下思考各个民族的结合。"[66] 在同年底发表的《迈向东亚共荣圈国际法的道路》一文中，他首次明确以"广域秩序论"来证明"大东亚共荣圈"的合理性（后者是前者在实践中的对应物）。他认为，东亚地区有自己固有的国际法，这种认识在理论上与近代国际法的国家合意说并不矛盾。但东亚国际法与近代国际法是两种不同类型的法律秩序，不像特殊国际法和一般国际法那样处于同一层面上。在实践中，"大东亚共荣圈"构成了一种特殊的法律秩序，一个广域秩序，共荣圈内所适用的"东亚国际法"根据域内各国的实际特点

---

[65] [日] 田畑茂二郎：《ナチス国際法学の転回とその問題的意義》，载《外交时报》1943 年第 107 卷 1 号。

[66] [日] 田畑茂二郎：《ナチス国際法学の転回とその問題的意義》，载《外交时报》1943 年第 107 卷 1 号，第 15 页。

对近代国际法的形态进行了修正，并且带来了法律理念的根本转换。[67]

"法律理念的根本转换"集中体现在对近代国际法之基石——"国家绝对平等原则"——的修正上，对此原则的批判构成了地域主义国际法理论家共同聚焦之核心。只要国家意思一致，国际法关系便当然成立。这是近代国际法独特的法理念。也就是说，不论什么样的法原则被一般化，只要当事国之间达成合意，国家就能自由建立单独的法关系。在田畑看来，这种没有任何客观价值基准的"国为国故而平等原则"，最终只会助长事实上的不平等。条约不管在怎样不同的国家间都被缔结了，且不管在怎样不同的国家间都可能被缔结。可是，只看到国际法关系被条约化的一面，只看到国家意思一致这个共同点，就认为国际法关系都具有相同本质；这和在理解各国国内法时，仅因为制定形式相同所以认为各国国内法相同如出一辙。即使条约的成立形式相同，根据各国之间结合关系的不同，条约和条约之间也会有质的区别：伴随目的消失而当然丧失存在意义的《苏德互不侵犯协议》与作为对国家结合之自觉确认的《日满议定书》这两项形式相同而本质迥异的条约便是例证。[68] 鉴于此，"近代国际法的根本法理念不适用于东亚共荣圈诸国，今后也不应遵循这样的理念去理解、构建共荣圈诸国之间的法关系。共荣圈诸国的法关系，已经超出近代国际法预设的范畴。其形成不单纯仰赖于与客观价值无关的当事国之间一致的自由意思。共荣圈诸国的法关系，应基于诸国对自身命运休戚与共的充分认知，基于共通的道义意

---

[67] [日] 田畑茂二郎：《東亜共栄圏国際法への道》，载《外交評論》1943年第23卷12号，第14页。

[68] [日] 田畑茂二郎：《ナチス国際法学の転回とその問題的意義》，载《外交時報》1943年第107卷1号，第12页。

识，即实现大东亚共同宣言开头所示的万邦共荣这一远大理想"。[69]

不难看出，在田畑看来，这种"法律理念的根本转换"是指，以国家平等原则作为前提、以抽象的国家合意作为国际法效力渊源的秩序思想，转变成了依据域内各国的实际情况、以形式不平等但实质平等的有机结合关系作为本质的秩序思想。[70] 新的秩序思想既是对19世纪原子论秩序观的批判，也是对普遍主义秩序观的挑战。这种"东亚国际法"的法律构成对近代国际法的基本原则——国家平等——提出了质疑。在近代国际法中，主权国家作为法律主体处于平等地位之中，可以自由地订立协议，由此才能推导出主权国家的原子式并立秩序。而"东亚国际法"的首要目标就是要克服并超越这种原子式的分散构成，使共荣圈成为一种具有"共通的道义意识"的有机共同体。在其中，被视为近代国际法之消极属性的机械的、形式主义的平等观以及原子式的自由等都遭到否定。共荣圈的本质体现为一种"各得其所"的有机的结合关系。共荣圈内各个国家间的关系不再建立在同盟、联盟等对等性关系的基础上，而是受到具有有机一体性的"东亚国际法"的拘束。[71] 这是因为，同盟和联盟是国家依照自由意志基于条约结合的团体，具有因情势变化而消亡的性质，而"共荣圈与之相反，是超越自由意志的命运的结合"，"作为共荣圈一分子的诸国不可能任意脱离共荣圈"。[72]

---

[69] [日] 田畑茂二郎：《東亜共栄圏国際法への道》，载《外交評論》1943年第23卷12号，第14页。

[70] 一叶：《"大东亚国际法"的光和影》，载高全喜主编：《大观》（第4卷），法律出版社2010年版，第72页。

[71] [日] 田畑茂二郎：《東亜共栄圏国際法への道》，载《外交評論》1943年第23卷12号，第22–23页。

[72] [日] 松下正寿：《大東亞國際法の諸問題》，日本法理研究會1942年版，第25–26页。

## (三) 两种"大东亚国际法"的微妙分野

田畑和松下正寿、安井郁等一样，都对近代国际法秩序的伪善性有一种明确的自觉，认为所谓的普遍主义国际秩序不过是欧美强国的支配性秩序，主权国家的原子论秩序观是对国家行为的自由放任，在实践中会带来大国、强国与小国、弱国之间的不对等关系。因此，他们把"大东亚国际法"视为反对欧美支配的一种对抗性秩序。在这里，对近代国际法的普遍性、抽象性批判是与反抗欧美帝国主义的现实要求结合在一起的。立基于门罗主义和施米特的大空间秩序理论，当时日本国际法学者普遍认为，大东亚共荣圈的成立前提是广域秩序原理，这一原理由广域、主导国和圈外诸国的不干涉这三个要素构成。其中最核心的是主导国概念，也就是广域秩序的中心国家。在施米特的理论建构中，重点凸显的就是主导国的地位问题，而未深入触及大空间内部的关系问题。然而，恰恰在广域秩序内部要素具体关系的建构上，田畑学术导向的"大东亚国际法"与军国主义的"大东亚国际法"之间产生了细微但可能具有潜在意义的巨大差别。

关于三者的关系，松下正寿写道："共荣圈的内部构成原则并非是以往国际法中平等国家的形式集合，而是不平等国家的有机结合，因此，法律上应当有各个不同的阶层。其中位于最上层、担负维持共荣圈一切责任的国家，就是主导国。所以，我将主导国定义为：不仅要完全自主行使国际法上的权利、履行义务，同时当共荣圈内的国家无法完全行使国际法上的权利、履行义务时，要替其做出法律行为。"[73] 也就是说，"大东亚共荣圈"内部各国之间的关系不是平等的契约性关系。尽管共荣圈受到具有有机一体性的"大东亚国际法"约束，然而担保这种一体性的

---

[73] [日] 松下正壽：《大東亞國際法の諸問題》，日本法理研究會1942年版，第44页。

则是主导国。"共荣圈是以主导国为中心来构建,没有主导国的共荣圈是无法想象的。主导国在共荣圈中的地位非常明显,不仅要作为共荣圈的一部分内存于共荣圈,而且还要超越共荣圈,即主导国与共荣圈的关系必须是内存与超越的关系。"[74] 主导国一方面排除来自广域圈外部的干涉,另一方面保障圈内的实质的、内在的平等。在这个非对等的地域秩序之中,主导国的存在高于一切。

他们构想的新方案是,建立一种既有水平关系又有垂直关系的立体的国际结构。一方面,在世界范围内打破国际法秩序的统一性,形成多个广域圈水平并立的结构。不像欧美的普遍主义那样企图覆盖全球,"大东亚共荣圈"明确地意识到,自己与欧洲的广域秩序、美洲的门罗秩序共存,同时要反对苏维埃联邦的社会主义秩序。总体上看,"广域圈秩序的目的不是要破坏以往将国家作为构成单位的国际法秩序,然后在此基础上建设数个孤立的法秩序,而是由于很难在抽象的、机械的、平面的国际秩序上维持国家的生存,因此要建立一个保障生存权的、具体的、有机的、立体的秩序"。[75] 另一方面,在广域圈内部建立起垂直控制结构,也就是在"大东亚共荣圈"内,主导国日本与圈内各国之间的关系既不是旧的殖民支配关系,也非完全独立平等的关系,而是一种以日本为轴心的"共存共荣"关系。[76] 如此一来,国际法作为以往适用于国际社会的统一法规范,就分裂为圈内法(规范"大东亚共荣圈"内各国关系的法规)与圈际法(规范圈内各国与圈外各国关系的法规)两个法规范。"圈内法与圈际法

---

[74] [日] 松下正壽:《大東亞國際法の諸問題》,日本法理研究會1942年版,第35頁。

[75] [日] 松下正壽:《大東亞國際法の諸問題》,日本法理研究會1942年版,第49頁。

[76] 一叶:《"大东亚国际法"的光和影》,载高全喜主编:《大观》(第4卷),法律出版社2010年版,第74页。

各自的适用范围不同，绝不是因为两者是不同的法规范，而是因为这样才是保障国家生存权最为有效的制度"。[77] 圈内法与圈际法的分离意味着国际法秩序发展为较之原先更为高级且更能适应国际现实的秩序。

这其实彰显了日本学者意图超越近代国际法话语霸权的一种尝试。在既定的历史构造中，当一方援引一种实定国际法，另一方援引与之理论相融的"国家生存权"这一概念进行反驳。但当反论力度不够时，便尝试援引更加根本的、原理性的"道义意识"概念予以进一步反驳。[78] 他们采用的策略通常是，首先把外部赋予的普遍还原或下降为特殊，然后建构一个有边界的秩序来对抗其他僭称"普遍"的秩序。在这个意义上，"大东亚共荣圈"构想首先意味着建构一个不从属于欧美"普遍"秩序的特殊秩序，以此来打破欧美普遍性话语的垄断。然而，以松下正寿、安井郁为代表的一些学者在这一理论的核心点上却有意或无意地走向了为军国主义张目的道路上：他们并未把对外部支配的批判同样适用于"大东亚共荣圈"内部，在内部关系上，广域圈内部的垂直控制结构（对国家平等原则的绝对否定，由主导国来支配圈内诸国的命运）正是潜在地模仿了欧美对非欧美国家的殖民压迫格局。在这里，对外部的抵抗同时也是对外部的模仿，反抗霸权和建构霸权成为了没有实质界限的同一硬币的正反两面。[79] 日本法西斯同样秉持他们的"国际正义"，但此种"正义"归根结底是指分配结果的正义，即日本要通过与亚洲的不平等交往来平衡其与西方列强争霸时分配上的不公。在这种理论的历史构造

---

[77] ［日］松下正壽:《大東亞國際法の諸問題》，日本法理研究會1942年版，第50页。

[78] ［日］明石欽司:《"大東亜国際法"理論：日本における近代国際法受容の帰結》，载《法学研究》2009年第1号，第282页。

[79] 一叶:《"大东亚国际法"的光和影》，载高全喜主编:《大观》（第4卷），法律出版社2010年版，第75页。

下，无怪乎安井郁为大东亚国际法之理论建构做出了如此的定调："大东亚国际法应该受身为共荣圈主导国、保障国的我国之固有理念所支配。"[80] 言下之意，广域概念必须从属于主导国概念。[81]

针对这种看法，田畑茂二郎认为，"正是广域，才是使广域得以成立的最基本要素"。主导国的指导并不是无前提的，它必须"以广域内各民族的结合为前提，真正自觉地体现其结合的理念"。反对圈外各国干涉的行为也是因为这种"广域内的特殊结合"才被赋予正当性。[82] 较之同时代的同仁们要么纯粹附和军国主义的宣传口径，要么对这一问题有意闭口不谈，田畑对这一核心立场的论述虽仍谈不上明确，但已经相当难能可贵。在评述这段历史时，当代政治学家酒井哲哉将田畑的"广域"和"主导国"的关系描述为："广域为克服各种自然前提的意义统一体奠定了一种使得各民族间规范意识发生契合之客观价值的基础，主导国自身也要受到此等客观价值的束缚"，并进而认为在田畑的理论构成中，日本的主导国地位并不是先验的，也不会被无条件地承认。[83] 换句话说，主导国概念不是不受限制的，它和圈内诸国一样要受到广域理念的束缚；圈内诸国并非完全附属于主导国，他们依然享有一定的平等地位。这就意味着，与军国主义国际法学者的立场不同，在田畑那里，对外部支配的批判反过来也同样适用于"大东亚共荣圈"内部。由于广域理念结晶为现实中的《大东亚共同宣言》，宣言中明确规定了应当尊重圈内诸国的独立和平等互惠，如果说广域概念高于主导国概念，主导国也必

---

[80] [日] 安井郁：《歐洲廣域國際法の基礎理念》，有斐閣1942年版，第3页。
[81] [日] 安井郁：《歐洲廣域國際法の基礎理念》，有斐閣1942年版，第77页。
[82] [日] 田畑茂二郎：《ナチス国際法学の転回とその問題の意義》，载《外交時報》1943年第107卷1号，第16页。
[83] [日] 酒井哲哉：《戰後外交論の形成》，载北岡伸一・御厨貴编：《戦争・復興・発展——昭和政治史における権力と構想》，東京大学出版会2000年版，第133页。

须服从以广域理念为基础的宣言宗旨的话，那么，主导国的行动会在一定程度上受到制约。[84] 尽管在当时的政治背景下，田畑很难从正面提出这一观念，但透过其缜密的分析和曲折的表达，可以隐隐窥见他对于作为大国支配装置的地域主义所持的批判性态度。他对于国家平等原则的重新评价虽然产生于共荣圈的内部，却蕴涵着使共荣圈发生"变质甚或使其解体的契机"。[85]

"田畑国际法"与"军国主义国际法"的差别，乃20世纪30-40年代存在于日本的两种"东亚新秩序"论之对立的直接投射：一个是体现军部与右翼法西斯思想取向的"日本至上主义"新秩序论，另一个则是对前者抱有知识分子反感的"日本领导权主义"新秩序论（即"东亚协同体论"）。前者鼓吹"支那希望按其历史必然之命运'被征服'，而日本则于意识历史必然之使命下意欲'征服'支那"。[86] 很明显，这种将"世界皇化"作为法西斯军事行动的御用理论，在国内还可勉强行得通，但在国外宣传上则根本拿不出手。而后者则是作为前一个极端超国家主义的稀释剂意识而出现的。与其说是出自对"协同体"的热情，它更多的是企图通过强调"协同"去消极地抑制军部赤裸裸的"侵略"与"独裁"意图。[87] "日本也要参加到日本领导下的东亚协同体之中，因此也必须服从协同体的原则，在这个意义上，当然必须承认日本的民族主义也是有限制的"。[88] 这种立场与田畑所持的主导国一样受到广域理念束缚之主张异曲同工。虽然"大东

---

[84] 一叶：《"大东亚国际法"的光和影》，载高全喜主编：《大观》（第4卷），法律出版社2010年版，第80页。

[85] ［日］酒井哲哉：《戦後外交論の形成》，载北岡伸一・御厨貴編：《戦争・復興・発展——昭和政治史における権力と構想》，東京大学出版会2000年版，第131页。

[86] ［日］近代日本思想史研究会：《近代日本思想史（第3卷）》，商务印书馆1992年版，第124-125页。

[87] 参见王屏：《近代日本的亚细亚主义》，商务印书馆2004年版，第279页。

[88] ［日］近代日本思想史研究会：《近代日本思想史（第3卷）》，商务印书馆1992年版，第127页。

亚国际法"最终无法逃脱与近代国际法一样沦为为大国支配进行辩护的意识形态工具之命运，虽然"田畑国际法"与"军国主义国际法"皆是立基自身主体性赞同日本帝国的对外扩张而彼此间或许只存在话语修辞上的差别，但不可否认的是，在日本近代国际法受容的历史过程中，构建大东亚国际法理论，是日本的国际法研究者，在充分理解近代国际法（学）的基础上，对架构一种独特国际法治理论的难得尝试，我们不应单纯地将这种理论视为正当化日本膨胀政策的理论以及国际法学史上的异常现象而将其无视。

## 三、结语

比较施米特的"大空间秩序"理论与田畑的"大东亚国际法"，两者的前后借鉴与模仿关系相当明显：前者为后者提供了理论框架，而后者则是前者的更新与精致版。大东亚国际法秩序思想首先对19世纪原子论秩序观与普遍主义秩序观进行了双重批判，在此基础上抛出所谓的国际秩序多元构成论，这与施米特将大空间界定为一个介于主权国家与世界政府之间的国际法单位，新的世界秩序将通过大空间来确立，而大空间应分别在与主导国和对抗普世主义的关联中被思考，在逻辑上无疑是一脉相通的。两者之间和而不同之处聚焦于如何处理大空间内主导国与其他国家和民族的关系问题上。针对这个问题，虽然施米特认为彼此之间需要有一种"另类的国际法"予以调整，以及在二战后他提到空间之内与空间之间需要维持一种"理性平衡"，但此等"国际法"的内容究竟为何，这种"理性平衡"又如何得以维持，他却始终未对此进行深入阐释。这是因为，大空间理论所依托的"敌人"概念虽然有助于揭示国际层面的国家生存处境、揭露普世主义的虚伪与残酷，但可能因过于理论化以至于不足以提供世俗化之后建构国际秩序所需的原理与原则。日本学者也只是择选这一理论中具有战略意义的基本框架予以形式化的借鉴，便是例证。

在这个意义上，田畑的大东亚国际法乃是对施米特大空间理论予以"简化"后"精致化"的成果。他对施米特的超越在于不仅将支撑大空间秩序的政治理念具体化为"大东亚国际法"，而且还明确在大空间之中主导国概念不是不受限制的，它和圈内诸国一样要受到体现为"大东亚国际法"的政治理念约束，而非相反。这种巧妙的理论建构，是通过吸纳普世主义国际法制度化的优点来意图解决主导国可能滥用主导权的问题。在很大程度上，这个短板是大空间秩序在和平时代最难以自圆其说的地方，而解决了这个短板问题，便可为未来解决施米特理论中一直未曾解决的大空间秩序的生成机制问题提供诸多新的可能。

# 国际法在近代日本的继受与运用:1853-1945年[*]

[德] 乌尔斯·马提亚斯·扎克曼 著

张锐 译 魏磊杰 校[**]

## 一、引言

近来,国际法在日本的继受日益获得国际法历史研究的关注。[1]这与历史研究的整体趋势一致,即关注点从单一的西方叙事转移到对

---

[*] 本文原载《日本法杂志》(*Zeitschrift für Japanrecht*) 2014年第37期。

[**] 乌尔斯·马提亚斯·扎克曼,德国柏林自由大学东亚研究所近代日本历史与文化教授。张锐,比利时根特大学国际关系学博士,全球能源互联网发展合作组织经济技术研究院研究员。魏磊杰,法学博士,厦门大学法学院副教授。

[1] For Japan, see (inter alia) U. Zachmann, *Völkerrechtsdenken und Außenpolitik in Japan*, 1919-1960 [*The Discourse on International Law and Foreign Policy in Japan, 1919-1960*] (Baden-Baden: Nomos Verlagsges, 2013); M. Yanagihara, "Japan", in Fassbender / Peters (eds.), *The History of International Law* (Oxford: Oxford University Press, 2012); K. Akashi, "Japan-Europe", in ibid; T. Sakai, *Kindai nihon no chitsujo-ron* [*The Political Discourse of International Order in Japan*] (Tōkyō 2007); Y. Matsui, "The Social Science of International Law: Its Evolution in Japan", in *The Japanese Annual of International Law* 45 (2002); Y. Ōnuma, "When Was the History of International Society Born? An Inquiry of the History of International Law from an Intercivilizational Perspective", in *Journal of the History of International Law* 2 (2000); H. Owada, "Japan, International Law and the International Community",

发展历程更为多元的呈现，使更多欧洲之外的声音能够得到聆听。传统的历史叙事把国际法的演变局限在欧洲区域法律的创建及其获得全球支配地位的过程，而越来越多非西方的视角正在融入其中。[2] 这样的研究路径有意或无意彰显了这样一种理解：冷战结束后的国际政治变得更加复杂，关注的重点更多放在了非西方大国。

一眼看去，日本的案例与研究国际法在非西方国家的继受高度相关，因为日本在这方面是成功的，它从19世纪中叶一个被不平等条约束缚的亚洲边缘国家，崛起为20世纪初唯一置身在欧洲大国协调秩序中的非西方国家。这与它的东亚邻国形成鲜明对比，在半世纪的相同时间跨度里，中国从区域强国跌落为半殖民地，朝鲜结束了作为一个独立国家的存在。因此，在随后的半世纪里，只有日本能够在与西方大国的合作及稍后的对抗中塑造世界政治。

基于同样的原因，日本也可作为一个非西方大国的典型，它在1904-1905年期间战胜了俄罗斯，成功挑战了西方国家在东亚的霸权，间接动摇了它们得以建构及合法化霸权地位的规范秩序。

---

in Ando (ed.), *Japan and International Law-Past, Present and Future* (Den Haag: Springer, 1999); Y. Ōnuma, "'Japanese International Law' in the Postwar Period-Perspectives on the Teaching and Research of International Law in Postwar Japan", in *The Japanese Annual of International Law* 33 (1990); Y. Ōnuma, "'Japanese International Law' in the Prewar Period-Perspectives on the Teaching and Research of International Law in Prewar Japan", in *The Japanese Annual of International Law* 26 (1986); see also T. Sogawa and T. Matsuda, *Senkan-ki ni okeru kokusai-hō* [*International law in the interwar period*], in Hōritsu Jihō 50.13 (1978); M. Ichimata, *Nihon no kokusai-hō-gaku o kizuita hitobito* [*The founders of international law studies in Japan*] (Tōkyō 1973).

[2] Cf. M. Koskenniemi, "A History of International Law Histories", in Fassbender / Peters (eds.), *The History of International Law* (Oxford: Oxford University Press, 2012), 943ff.

这一未定型的后殖民主义行动可以说具有一些有益价值，能够启发非西方大国（比如中国）应对目前来自西方的挑战，及它们该如何努力使自己的规范经验更好地体现到国际法中。[3]

然而，尽管存在这些显著的理由去研究国际法在日本的继受，现有研究仍受困于论述中出现的不连贯、纰漏等问题。首先面临一个窘境，即直到1930年代，日本在其近代史的大多数时候追求"双面"（Janus-faced）外交[4]：与西方大国开展合作，但这些合作始终以它的东亚邻国为代价。那些搅动目前及近中期东亚局势的历史和领土争议便是"双面"外交政策的顽固历史残余。研究者们大体上认为"西方传统法律在近代日本的继受是妥当且成功的"，并断定"直到1945年，日本都在坚持不懈地扮演'文明国家'而非'野蛮人'的角色"[5]。用这样的说法描述日本接受国际法的初始阶段（1894年之前）没有问题，但很难在描述第二阶段时仍继续坚持"文明国家"的形象，这个阶段的日本实际是从权势的角度来运用国际法。因此，即使那些近期研究在讨论日本接纳国际法时，仍倾向于关注继受的初始阶段，对之后半世纪的实际运用只做简略探讨。[6]

日本在第二阶段的倾向强化了另一个反驳性观点，即把日本

---

[3] See, for example, K. Lee, "The Reception of European International Law in China, Japan and Korea: A Comparative and Critical Perspective", in Marauhn / Steiger (eds.), *Universality and Continuity in International Law* (Den Haag: Eleven Intl Pub, 2011) 441. 这一议题的探讨还可进一步参阅: B. Saul, J. Mowbray, I. Baghoomians, "Resistance to Regional Human Rights Cooperation in the Asia-Pacific: Demythologizing Regional Exceptionalism by Learning from the Americas, Europe and Africa", in Nasu / Saul (eds.), *Human Rights in the Asia-Pacific Region: Towards Institution Building* (London: Routledge, 2011).

[4] S. Suzuki, "Japan's Socialization into Janus-Faced European International Society", in *European Journal of International Relations* 11.1 (2005).

[5] M. Yanagihara, "Japan's Engagement with and Use of International Law: 1853-1945", in Marauhn / Steiger (eds.), *Universality and Continuity in International Law* (Den Haag: Eleven Intl Pub, 2011) 469; similar Owada, supra note 1, p. 370.

[6] E.g. Yanagihara, supra note 1 and 5; Akashi, supra note 1.

在现代化上的成功,特别是其对国际社会、国际法的融入,通通视为失败或至少令人相当失望。尽管日本在对外关系上获得了看似光鲜亮丽的成功,十分轻松地使自己过渡到"民族国家的大家庭",但这类意见的最终结论依旧是日本从未对近代国际法的发展做出任何实质贡献,日本成功的适应只能证明国际法本身的固有理性和潜在普遍性,并不能彰显日本表现如何。[7] 而且,日本及其国际法学家的态度一直被普遍批评为"实证主义"(positivistic),这种态度在日本的文化背景下意味着"被动"、欧洲中心主义和不加质疑,即盲目采纳和应用西方规则,对其缺乏批判性抵制或有成效的反对。[8] 对1990年代以后的当代国际法学者来说,过去的路径促使他们提倡少一些"实证主义",多一些灵活的研究方法,以满足"实在法之外的衡平"(equity outside positive law)的观念,基于必要性和理性去寻求"国家间与时俱进的法律秩序"。[9]

从历史角度看,用缺乏创造力、一定程度的被动和欧洲中心主义去描述大多数研究所关注的继受阶段(1853-1905年)肯定是正确的。虽然日本从一开始便能熟练地、偶尔创造性地运用国际法(下文将论述),但它对国际法的接受始终在外国典籍、外国专家的指引下,无论怎样都脱胎于西方的学问。这一阶段与实证主义相联系并非空穴来风,更多是因为那时的欧洲法律学者同样采取这一学术路径。然而,用"不加批判的被动"继续界定1905年之后的阶段便会有点牵强,更不能解释1930年代的日本,那时它已进入与西方公开对峙的阶段,并通过"大东亚国际法"

---

[7] Akashi, supra note 1, p. 742.

[8] E. g. Akashi, supra note 1, 741; Ōnuma (1986), supra note 1, pp. 40-42; Ōnuma (1990), supra note 1, 46f.; Owada, supra note 1, pp. 376-378.

[9] S. Yamamoto, "Japanese Approaches and Attitudes Towards International Law", in *Japanese Annual of International Law* 34 (1991), p. 123.

这一项目表达自身立场。奇怪的是，尽管现有研究都把日本面对西方霸权国的"挫败感"及摆脱外在约束的诉求作为其外交政策的主要动因，但与此同时，这些研究对"大东亚国际法"的性质产生了完全不同的看法，要么认为此等观念与欧洲国际法的旧观念存在根本不同，[10] 要么认为那只是又一个没有创意、复制当时欧洲概念的翻版。[11] 两边都误解了战争背景下此等项目的实际功能，从而也未能将其与当时大规模发生的违法行为特别是违反战争法的行为联系起来。

本文将研究国际法在近代日本的继受与运用，旨在通过描述日本在其对外政治中接受和运用国际法的整体轨迹，呈现一个合乎逻辑、持续连贯的图景，时间跨度是从1854年日本开国到1945年日本帝国主义计划的终结。本文试图阐明以下问题：是什么促使日本有别于中韩，顺利地过渡到近代国际关系中？在继受的初期（1853-1895年），国际法在日本具有哪些功能和性质？在接受国际法后，日本对近代国际法及其相关机构抱持什么态度？战争时期的"大东亚国际法"及其相关的"大东亚共荣圈"具有哪些功能和性质？最后，日本对于当时涉及战争罪的国际法抱持何种态度？

上述问题的答案将有助于我们在结论部分探讨国际法的普遍性，及国际法在不远的未来注定要面对的"东亚挑战"。[12]

## 二、国际法在日本的奠基：1853-1905年

通常认为，日本接触国际法发生在美国海军准将佩里登陆、日本终于开国之后。日本人上的外交礼仪第一课常归功于美国代

---

[10] Yanagihara, supra note 5, p. 467.
[11] Akashi, supra note 1, p. 740.
[12] See Zachmann, supra note 1.

表汤森德·哈里斯（Townsend Harris），[13] 当时遵循了国际法中的西方规则。然而，不同于人们的预期，与国际法相对较晚的接触并未使日本处于不利地位，落后于人的处境反倒使其比中国更顺利地融入新的国际秩序。因此，"西方人之所以能获得惊人的成功，一个原因是日本在外交流程上是真正的空白，而中国在这方面却出乎外国人的意料。在日本，汤森德·哈里斯不必费力去替换掉一个历经时间检验的国际规则"。[14]

上述说法初看貌似合理，但实则存在问题，因为它只看到了日本与西方的相遇。那些认为日本身处国际关系之外的假定忽略了该国就算没有与西方大国建立联系，在西方势力到来之前已经与朝鲜、琉球建立了外交关系。[15] 尽管这些关系的性质存在一定程度的争议，但事实上它们都遵循了某些结构化的礼节。[16] 而且，日本的国际法学者很早就指出这些近代之前的关系蕴含西方国际法的核心理念，即关于国家主权和平等的观念。[17] 所以，虽然观察者们各有解读，但日本与朝鲜在正式层面的关系仍被认为是对等的。此外，日本会在对华外交上采取闭关自守的策略，恰恰因为德川幕府的统治者们不愿承认中国的宗主权，使日本始终作为一个享有主权和平等地位的主体独立于中国朝贡体系之外。

我们不必过度推敲日本在近代之前已拥有国际法的原型。那样的法律注定不成熟，因为运用和发展它的机会有限。但是，事

---

[13] E. g. Ōnuma (1986), supra note 1, p. 27; M. Ichimata, *Nihon no kokusai-hō-gaku kizuita hitobito* [*The founders of international legal studies in Japan*] (Tōkyō 1973).

[14] J. Stern, *The Japanese Interpretation of the "Law of Nations", 1854-1974* (Princeton 1979) 1.

[15] Cf. R. Toby, "Reopening the Question of Sakoku: Diplomacy in the Legitimation of the Tokugawa Bakufu", in *Journal of Japanese Studies* 3. 2 (1977).

[16] Yanagihara, supra note 1, pp. 476-484; Zachmann, supra note 1, pp. 40-48.

[17] S. Takahashi, "Le droit international dans l'histoire du Japon", in *Revue de droit international et de législation comparée* 33 (1901).

实表明日本统治者在接触西方国际法之前已经在实质上知晓和接受主权和平等的观念，这一认同使他们比清朝统治者更容易融入新的国际体系，后者在面对事关西方平等观念的术语时存在诸多困难。[18]

1858-1869年期间，日本与西方列强缔结的条约当然远非平等，因为这些条约在赋予特权方面缺乏互惠的核心要素，表现为外国人在日本的通商口岸享有领事裁判权以及被日本政府和公众深恶痛绝的固定关税制度。外国人不适用本土法律体系的状况（即治外法权）相当于把日本判定为文明进化尺度上的"半野蛮"之地，因此日本不配被认定为一个完全的国际法主体，但有资格获得对其能力的有限承认。[19] 不少日本知识分子最初可能接受了这样的裁定，认同他们的国家是欠发达的，譬如福泽谕吉在其1875年的著作《文明论概略》中便抱持这样的观点。[20] 然而，福泽谕吉也强调这只是一个暂时的挫折，他认为19世纪后期残酷的国际竞争彰显了同时期其他国家的社会达尔文主义观点，日本在这场竞争中通过采用西方标准能够并有望与西方大国平起平坐，甚至取代它们。[21] 因此，平等的观念曾主导近代初期的日本对华关系，也激发了日本在面对那些所谓"不平等条约"和近代西方列强时的雄心壮志。

这一抱负促使日本统治者采用西方国际法作为新的标准，同

---

[18] 关于中国的情况，可参阅：S. Kroll, *Normgenese durch Re-Interpretation: China und das europäische Völkerrecht im 19. und 20. Jahrhundert* [Norm Production through Reinterpretation: China and the European International Law in the 19th and 20th Century] (Baden-Baden: Nomos Verlag, 2012) 33-48.

[19] Cf. Yanagihara, supra note 5, 499f.; Lee, supra note 3, pp. 427-430; G. Gong, *The Standard of "Civilization" in International Society* (Oxford: Oxford University Press, 1984), pp. 164-200.

[20] W. Debary/ C. Gluck/ A. Tiedemann (eds.), *Sources of Japanese Tradition* (2nd ed., New York: Columbia University Press, 2005), Vol. 2, pp. 698-707.

[21] Fukuzawa, "Bunmei-ron no gairyaku as cited in Debary et al.", supra note 20, pp. 701-702.

时也使接下来的继受时期如引言部分所言,真正呈现了"被动"和以欧洲为中心的特征。继受时期与明治时代"条约改正"时期(1869-1894年)并非偶然地大致重合,在这一阶段,日本锲而不舍地尝试修改那些最初的不平等条约,在经历前期的徒劳后,最终在1894年与英国缔结新约,在1899年废除领事裁判权。诸多关于日本接受国际法的研究对此已做充分探讨,[22] 所以本文只需大致回顾。

西方国际法在日本的继受是日本、欧洲、美国乃至中国之间人员、书籍、思想充分流动的结果。众所周知,日本第一本国际法的西方译作出版于1865年,它并非一本日文书,只是重印了亨利·惠顿所著的《国际法原理》(1836年)的中文译本。这本书由美国传教士丁韪良帮助中国外交部(总理衙门)完成,以《万国公法》的名称在1864年的北京出版。[23] 日本较早指代"国际法"一词的名词(即日语词"万国公法")及"索赔""主体性权利"(日语词"権利")等术语均出自这部译著。之后,诸多西方专家的重要著作的日文版相继面世。[24] 例如,1873年,美国学者吴尔玺的《国际法研究导论》第一次被翻译为日文,译者箕作麟祥将书命名为《国际法:一名·万国公法》,创造了目前日语中指代国际法的词汇——"国际法"。

思想交流也得益于广泛的人员流动。日本方面最著名的例子

---

[22] E. g. Akashi, supra note 1, pp. 730-736; Yanagihara, supra note 5, pp. 453-459; K. Akashi, "Japanese 'Acceptance' of the European Law of Nations: A Brief History of International Law in Japan", c. 1853-1900, in Stolleis / Yanagihara (eds.), *East Asian and European Perspectives on International Law* (Baden-Baden: Nomos Verlag, 2004); H. Otsuka, "Japan's Early Encounter with the Concept of the 'Law of Nations'", in *Japanese Annual of International Law* 13 (1969); F. Ito, "One Hundred Years of International Law Studies in Japan", in *The Japanese Annual of International Law* 13 (1969); Ichimata, supra note 1. See also Zachmann, supra note 1, pp. 77-84.

[23] Kroll, supra note 18, pp. 85-106.

[24] Yanagihara, supra note 5, p. 454; Zachmann, supra note 1, 79f.

是，1863-1865年，学者西周、津田真道由德川幕府派遣到荷兰莱顿大学留学，在西蒙·卫斯林（Simon Vissering）的指导下学习国际法等科目。西周在归国后完成了第一本由日本人写就的国际法著作（1868年出版的《万国公法》），并在东京（帝国）大学的前身担任教师。[25] 其他学者相继追随西周的人生道路，并给日本帝国各大学的国际法学者们树立起"成才的惯例"，即前往德国、英国、法国或美国的知名大学学习一到两年的法律。

1870-1880年代，在日本政府聘请的、帮助日本"富国强兵"（明治时期一个较早的口号）的外国专家（这类专家被称作"御雇外国人"）中，当然有不少法律专家，他们中的一些人——譬如佩兴·史密斯、夏尔·威廉·勒让得尔、保阿索那特——掌握国际法方面的知识。专家们根据具体需求为政府提供建议，有些人在外交部担任长期的对外法律顾问——譬如亨利·维拉德·登申（Henry Williard Denison）和汤玛斯·贝迪（Thomas Baty）——有些则在大学任教。[26] 毫无疑问，他们是日本获得成功的因素，为日本的现代化做出了重要贡献。[27] 但是，由于这群专家领取高昂薪酬来弥补辛劳，他们成为了政府预算里的沉重负担，日本政府只能寻求加速培养本土人才来替代他们。

国际法作为一门科目从最开始便出现在日本大学的课程里，在1886年东京帝国大学建立之初，国际法已经是总课程中的一部分。然而，在最初阶段，外国专家和之后的日本教师仅把国际法当作一门无须耗费他们主要精力的辅修课，而非一门专门的学科。直到1895年，东京帝国大学才出现第一个国际法领域的教

---

[25] See R. Minear, "Nishi Amane and the Reception of Western Law in Japan", in *Monumenta Nipponica* 28.2 (1973).

[26] 这些专家的具体贡献可参阅：Ichimata, supra note 1, pp. 11-18.

[27] See Beauchamp / Iriye (eds.), *Foreign Employees in Nineteenth Century Japan* (Boulder: Routledge, 1990).

席，准确来讲，这个时间才应被视为日本国际法研究的起步之年。[28] 国际法作为一个专业化的学科与其说是来自学术界的努力，不如说是当时日本处理对外关系的副产品。

当我们在探讨国际法在日本的早期继受时，应该始终牢记日本最初的动机是完全务实的，包括用西方的概念同西方强权们打交道，并最终在条约关系中争取与它们平起平坐的条款；同时照搬西方列强运用国际法的方式，获得针对区域竞争者——中国的战略优势。因此，日本政府从一开始似乎就把国际法当作实施外交政策的操作指南或"食谱"，不太关心法律的理论复杂性和背景基础。[29] 同样地，日本国际法学者最早的职能是充当顾问，把国际法作为一个学科展开批判性探索是他们次要的工作，政府对国际法学者的这种定位直到1945年3月才开始改变。[30]

在接受国际法后，日本政府非常迅速地把国际法的规则、准则运用到实践中。可以说，最早的一个实践是运用中立规则。例如，1868-1869年，日本爆发了戊辰战争，这是一场幕府与最终获胜的朝廷军队之间的战争，那时幕府便要求西方国家保持中立。[31] 同样，新的明治政府也遵照德国的要求，于1870年8月宣布在普法战争中保持中立。[32]

接下来数十年，明治政府将国际法规则作为工具，在超越中国这一竞争对手以及证明其在东亚扩张的正当性方面取得了不同程度的成功。[33] 当它从西方强权那里学成，便应用到它的东亚邻国。从一开始，日本就试图与中国、朝鲜建立不平等关系，

---

[28] Zachmann, supra note 1, p. 81.
[29] Akashi, supra note 1, 734f.
[30] Cf. Ōnuma (1986), supra note 1, p. 33; Ōnuma (1990), supra note 1, p. 48.
[31] Akashi, supra note 1, 735f.
[32] Yanagihara, supra note 5, 452f.
[33] Zachmann, supra note 1, pp. 69-78.

1871年之时由于实力不够未能对中国得逞，但在1876年成功与朝鲜签订了《江华条约》。它于1874年未能把中国台湾作为"无主地"进行侵占，但在1894年却用这样的手段侵占了中国的钓鱼岛。在中日甲午战争期间（1894-1895年），日本把侵略朝鲜粉饰为"人道主义"——实现并承认朝鲜从中国脱离出来的独立，仅十年后又宣称朝鲜是个失败的国家，出于"保护"的目的对其实施殖民统治。[34] 在与中国的战争中，日本有意地把战争法作为工具，把自己"推销"为一个更文明的国家，这种情况在日俄战争时期（1904-1905年）更为明显。[35]

正如日本国际法学者一又正雄（Masao Ichimata）所言，上述两场战争为国际法在日本作为一门学科的专业化提供了决定性的"激励"。[36] 因此，正如上文提到的，在获得对华压倒性胜利的1895年，东京帝国大学出现了第一个国际法的教席。从1901年起，这一教席由立作太郎（1874-1944年）执掌，他在离世前一直是日本外交部的常年顾问和日本最具影响力的国际法学者。1899年，东京帝国大学设立了第二个国际法的教席。[37] 更重要的是，日本国际法学家的专业机构在1897年由当时的外交部长小村寿太郎发起成立，至今尚存。[38] 其最初成立的目的是协助日本外交部处理对华和约（1895）及相关条约所产生的新的法律问题，也为学术圈提供一个应对新形势的论坛。这一机构在日俄战争中派上用场，众所周知，日本的国际法学者当时跟随军队，

---

[34]　See A. Dudden, *Japan's Colonization of Korea: Discourse and Power* (Honolulu: University of Hawaii Press, 2005).

[35]　Zachmann, supra note 1, pp. 72-76; see also D. Howland, "Japan's Civilized War: International Law as Diplomacy in the Sino-Japanese War (1894-1895)", in *Journal of the History of International Law* 9.2 (2007); R. Valliant, "The Selling of Japan: Japanese Manipulation of Western Opinion", 1900-1905, in *Monumenta Nipponica* 29.4 (1974).

[36]　Ichimata, supra note 1, p. 33.

[37]　Zachmann, supra note 1, p. 82.

[38]　Ichimata, supra note 1, pp. 126-143.

监督他们遵守战争法的情况。之后,学者贺长雄、高桥作卫用英语、法语发表了关于日本在战争中的合法行为的研究。[39]

日本对待国际法的战略总体上似乎成功了。1894年7月,它与英国首次缔结更平等的新条约。其他条约紧随其后并于1899年生效,废除了令人憎恶的领事管辖制度。鉴于这些新条约等同于"授予文明国的证书",[40] 日本在缔结"不平等条约"之后不到40年便获得了"文明证书"的承认(差不多50年以后,中国也获得了相同的承认)。另外,日本在并吞中国台湾之后成为东亚唯一一个非西方的殖民国家。它与英国在1902年结成军事联盟,并于3年后打败俄国。基于这些变化,著名的国际法学家拉萨·奥本海于1905年认定日本已经升格为民族国家大家庭的正式成员。[41]

然而,尽管取得了这些巨大"成功",日本知识分子和民众在明治晚期仍对国际法表达出一定的抱怨和失望。[42] 从很早起,他们便指责西方大国对日本采取区别对待和双重标准,哀叹日本为了自身利益不该如此天真地遵守国际法原则。在日本人卷入并似乎遭受(种族)歧视的裁决案件中,无论是领事裁判还是国际裁决,这种不满情绪都会变得十分突出。一个案例是1886年的诺曼顿事件,[43] 货船上所有日本人溺亡,而幸存的英国船长获得宽恕,只得到相对较轻的惩罚。再如常设仲裁法院(Permanent Court of Arbitration)审理的"日本房产税"案("Japanese House

---

[39] Akashi, supra note 22, pp. 19-20; ITÔ, supra note 22, 23f.

[40] Zachmann, supra note 1, p. 61.

[41] L. Oppenheim, *International Law* (1905), as quoted in Yanagihara, supra note 5, p. 459.

[42] U. Zachmann, *China and Japan in the Late Meiji Period: China Policy and the Japanese Discourse on National Identity* (1895-1904), (London: Routledge, 2009), pp. 39-54.

[43] Zachmann, supra note 1, p. 59; See R. Chang, *The Justice of the WeStern Consular Courts in Nineteenth Century Japan* (Westport, Conn., 1984).

Tax" Case)（1902 - 1905），[44] 这一事件常被视为日本国际法学者在态度上的分水岭，他们因案件的败诉对国际法产生了"粉碎性的幻灭"，进而导致他们持久厌恶国际仲裁，并"对国际法的操作心生质疑"。[45] 有趣的是，对事件的解读发现那并非是一个带有明显歧视、偏袒德法英三国的武断判决。所谓的争议其实是两名欧洲仲裁员与一名日本仲裁员对于财产法之认知存在分歧。[46] 判决和对其的认知之间的失衡在诺曼顿事件那样的领事判决类案件中同样可以看到（当时，即使把船长放到英国审判，他仍会受到同样的惩罚）。[47]

因此，日本对国际法西方偏见和双重标准的看法并非基于具体的情况，而是日本（乃至整个东亚）面对西方大国霸道行径逐渐累积起来的经验产物。例如，1895 年，俄国、法国和德国采取"三国干涉还辽"，迫使日本退出辽东半岛，但在三年后的 1898 年，它们就陷入争夺特权的混乱中，俄罗斯夺取了半岛上的大连旅顺口，德国强占了中国沿海的山东。即使日本当时在东亚已经获得客观上相当有利的地位和成功，日本公众和很多知识分子对三国彻头彻尾的虚伪行径仍感到震惊和双重受挫。[48] 关于日本的外交政策，人们一直认为日本从明治时期开始就患上了某种帝国主义神经质，怀抱着一种受困者的心态，总将自己视为抵御西

---

[44] S. Sakamoto, Meiji sanjūhachi-nen no hikari to kage [1905, a year of light and shadow], in: *Kokusai-hō Gakkai* (ed.), *Kokusai shakai no hō to seiji* [Law and politics in the international society] (Tōkyō 2001), pp. 188-191.

[45] Owada, supra note 1, p. 357; see also Yanagihara, supra note 5, 461f; Lee, supra note 3, 424f.

[46] 可在常设仲裁法院的存档页面上查询此案信息，http://www.pcacpa.org/showpage.asp? pag_ id=1029，访问时间：2013 年 5 月 20 日。

[47] See Chang, supra note 43.

[48] Zachmann, supra note 42, pp. 55-88.

方列强的受害者，往往站在客观事实的明显对立面。[49] 我们可以看到，同样的神经质和不信任也蔓延到日本人对待国际法的态度上。

在结束对这一阶段的简要概述之前，我们可以回到引言中的问题，即这一阶段国际法在日本呈现出来的特性及日本对国际法发展做出的贡献。先说贡献，日本的情况清楚表明，有效利用国际法不再是西方列强的专利，国际法也终于褪去了其作为"欧洲公共法"的最后残余色彩。毕竟，如果非西方国家（譬如日本、中国）已经采用同样的法律来处理它们的关系，此等论调就难以自圆其说。因此，日本对国际法的"普世化"做出了重大贡献（这不是一个所有人都欢迎的现象，因为它威胁到"法律秩序的统一"[50]）。此外，日本的情况迫使西方列强重新评估它们对非西方国家给予（有限的）承认的做法，并根据已有实践明确了行动的标准。[51] 有人可能会说，这些只是对国际法发展的间接贡献，日本没有直接参与制定其所依据的原则。日本在这阶段对国际法的接受是被动的、以欧洲为中心和实证主义，这样的观点在某种程度上可能是正确的。但考虑到当时的政治局势，日本政治学者无法发挥更大的作用。即使这样，应该指出的是欧洲和日本在国际法专业化方面实际上没有太大的时间差距，大约都发生在19世纪晚期（日本在某些方面甚至走在欧洲前面，譬如成立专业团体）。[52] 由于实证主义是当时欧洲和日本法律学科共同遵行的学术标准，所以"实证主义"的定性在一定程度上缺乏针对性。

---

[49] H. Conroy, "Lessons from Japanese Internationalism", in *Monumenta Nipponica*, 21.3/4 (1966).

[50] Zachmann, supra note 1, pp. 13-25; see also Kroll, supra note 18, p. 119.

[51] Gong, supra note 19, 25f.; M. Koskenniemi, *The Gentle Civilizer of Nations: The Rise and Fall of International Law* (1870-1960), (Cambridge: Cambridge University Press, 2002) pp. 98-178.

[52] For Europe, see Koskenniemi, supra note 51, 3 f.

然而，如果把"实证主义"理解为对西方思想和概念的"不加批判"[53]（因为这个词即使在现在的日本文献中也常被这样理解），正如我们在上文看到的，肯定不符合继受这个初始阶段的状况。事实上，日本在19世纪末对外国政治和国际法的疏离及内在拉开的距离是这一阶段最持久、最棘手的遗产之一，我们将在下文很快看到。

### 三、日本对两次大战之间国际法进展的态度：1905-1931年

上文所观察到的矛盾心理延续到下一阶段，很大程度上导致了日本在两次大战之间对国际法新进展的看法。一方面，我们可以看到一种压倒一切的愿望，那就是加入国际社会，更确切地说，加入大国协调之中。日本用金钱和士兵的巨大代价获得了大国地位，有意维持并在可能的情况下进一步巩固其特权地位。日本政治家和公众带着怀疑和持续的不信任，密切关注任何可能威胁国家崛起轨迹的国际法进展，认为那些进展都是西方列强虚伪的伎俩，它们用"甜言蜜语"劝说日本和其他非西方国家放弃自己的权力和默许有利于西方国家的现有秩序。因此，在两次世界大战之间，路径依赖和自觉保持距离成为日本对国际法的态度的显著特征，并使日本对新发展的支持相当冷淡。时至今日，我们仍然可以从两次战争期间日本国际法学者的评论中感受到这一相对消极的态度，学者们把1905-1931年这个时间段描述为"伪平等时代"，并把日本人对于他们所处地位的失望用于解释为何日本当时没有且不愿紧随国际法的巨大改变，及为何日本在1931

---

[53] Cf. Yanagihara, supra note 5, p. 453.

年后最终排斥国际法的演变。[54]

总的来说,日本人当时对国际政治、国际法的新进展感到疏离的原因在于,日本在地理和情感上远离触发欧洲这些进展的第一次世界大战。对欧洲来说,一战无疑是一座分水岭,它把20世纪与19世纪古典帝国主义分隔开,开启了"新外交"的全新篇章。[55] 然而,对于大多数日本人来说,一战是一场"欧洲人的战争"。只是给日本提供了一个"黄金机会",去攫取德国在山东和密克罗尼西亚的财产,向中国提出所谓的"二十一条"。[56] 两次大战之间的时期对日本而言起始于1905年日俄战争的结束,那时并没有什么急剧的变化使日本政治家、国际法学者们重新思考外交和国际秩序的原则,因为他们透过这些原则获得了地位的提升,也能成功运用这些原则,包括权力的均衡、双边谈判中的秘密外交、发动战争的自由裁量权和作为和平条约之结果的领土割让等。[57]

欧洲在两次大战之间的新外交与这些原则南辕北辙,其特点是走向多边机制及对战争加以蔑视和最终非法化。[58] 以下探讨将关注这些走向下的两个主要进展:国际联盟在1920年的建立和《凯洛格-白里安公约》(1928年)对战争的非法化。日本政府和国际法学者对于这些新机制的反应显示了他们在两次大战之

---

[54] Yanagihara, supra note 5, p. 462; Yanagihara, supra note 1, p. 498; Akashi, supra note 1, 739f.

[55] See M. Stolleis, *Der lange Abschied vom 19. Jahrhundert* [The long good-bye from the nineteenth century] (Berlin: De Gruyter, 1997), p. 5.

[56] T. Burkman, *Japan and the League of Nations: Empire and World Order*, 1914-1938 (Honolulu: University of Hawaii Press, 2007), p. 8; F. D Ickinson, *War and National Reinvention: Japan in the Great War*, 1914-1919 (Cambridge: Harvard University Press, 1999), pp. 33-36.

[57] Burkman, supra note 56, 15, 19, 30; D Ickinson, supra note 56, p. 246, p. 249.

[58] W. Grewe, *Epochen der Völkerrechtsgeschichte* (2nd ed., Baden-Baden: Nomos Verlagsgesellschaft, 1988), pp. 685-690.

间对于国际法的矛盾心理。[59]

日本在一战中加入了协约国阵营,所以作为战胜国被邀请参与 1919 年的巴黎和会。其实,如前文所述,日本的参战行动有限且只为了自身利益。局部的战斗早在 1914 年 11 月就已经结束,日本政府那时已着手准备与德国缔结和平,只是不料这一过程耗费了另一个五年。日本参与和平谈判的目的在经过这些年后并无太多变化,即确保对山东和密克罗尼西亚的兼并永久化。这也是 1919 年前往巴黎的日本代表团获得的主要指示。[60] 然而,与此同时,国家间"大博弈"的规则在欧洲发生着改变,威尔逊在 1918 年 1 月提出的"十四点原则"成为这一变革氛围里最具标志性的表述。日本政府一开始试图忽略这一宣言,但在 1919 年春,当它威胁在朝鲜制造动荡时却受到了西方列强的警告。[61] 此外,日本尤其受扰于"在特定契约下……设立国家联合机构"的倡议(来自威尔逊的"十四点宣言"),即使那些最自由、最具有"国际观"的政治家(如币原喜重郎)也担心这种措施将使日本处于不利地位。币原喜重郎曾抱怨道:

如果这样的圆桌会议成为现实,像我这样的人将坐在代表中间,面带困惑,几乎不能参加讨论,我们日本势必会处于劣势。如果日本的命运由一个多边会议来决定,那将是极其不便。如果可能的话,我宁肯不要这一安排(国际联盟)。但是,由于它似乎会被广泛接受,我们别无选择,只能适应这些发展,并仔细地重新评估我们的处境。[62]

---

[59] Zachmann, supra note 1, pp. 85–157.

[60] N. Shimaze, *Japan, Race and Equality: The Race Equality Proposal of 1919* (London: Routledge, 1998), pp. 33–51.

[61] E. Manela, *The Wilsonian Movement: Self-Determination and the International Origins of Anticolonial Nationalism* (Oxford: Routledge, 2007) 97 f.

[62] S Hidehara Heiwa Zaidan (ed.), *Shidehara Kijūrō* (Tōkyō 1955), 136 f.

日本政府最终装作若无其事的样子，于1920年成为国际联盟的创始国和十分活跃的会员国，并在理事会中拥有常任理事国的席位。虽然它是会员国，日本政府很懂得对《国联盟约》作特别的解释来维护自身在东亚的利益。因此，日本认定《国联盟约》是建立在心照不宣的默契之上，该协定不会影响日本在东北亚尤其满洲的"特殊利益"，它为此始终引用《盟约》中的第21条，该条款与所谓的门罗主义有相似的内容。在日本担任理事会主席国时，曾遭遇1923年的"科孚岛事件"（法西斯意大利占领了希腊的科孚岛，将其作为一名意大利人在希腊被杀的报复和补偿），法国和日本出于自身利益的原因都站在了意大利一边。因此，日本当时的一份内部报告指出，就像意大利在科孚岛、法国在鲁尔地区的情况一样，日本在未来某个时候可能会在中国面临同样的境遇。因此，它对《盟约》规则的解释是，仅迫使对方"反思"的报复行为并不构成战争行为，这基本使《盟约》限制战争的机制变得毫无意义。[63]

日本的国际法学者总体表现出与政府、公众相同的矛盾立场。确实，当时一些有影响力的自由主义知识分子（如吉野作造、石桥湛山）或国际法学者（特别是横田喜三郎）真心实意地欢迎国联的成立，甚至开始梦想一个"世界政府"，幻想国际法在一个类似国家的国际共同体中发挥绝对的主导作用。[64] 这些声音代表了1920年代日本的自由主义知识分子和政治思潮——现在被称作"大正民主"。然而，"大正民主"可以更多地被看作是一种雄心壮志，而非对现实的反映，当然也不能体现那个时代黑暗的社会潜流，即对日本社会左翼思想的系统性清除。在日本国际法学者内部，更普遍的是对国联趋于负面的质疑。立作太郎的

---

[63] Zachmann, supra note 1, pp. 100-102.
[64] For Yokota, see Zachmann, supra note 1, pp. 114-119.

评论最能揭示和代表这种态度。如前所述,立作太郎当时是日本外交部的常设法律顾问,陪同日本代表团前往巴黎。然而,立作太郎不断贬低国联的重要性和可行性,他的论述可以视为用本国话语表达出日本在这一议题上的官方立场。他坚持认为国际联盟不是"国家之上的国家"或高于国家的法律主体,它只是一个主权国家的联盟。此外,立作太郎明确表示他的怀疑,即如果对和平没有一个"厚重的"、实体性定义(而且,这种定义可堪解决当前世界秩序中固有的权力不平衡),仅凭单纯的程序性措施能否捍卫和平?

世界和平不能仅靠一纸《盟约》来维持,它必须建立在各国对和平收益(真实的物质收益)的信念之上……没有国家会仅凭花言巧语就被说服。然而,让所有国家都理解和平的好处、让它们心甘情愿地承担国联带来的责任是件困难的任务,只要在和平时期有些国家仍垄断着庞大的自然资源,并将其他国家完全排除在外,拒绝和它们分享那些所谓"阳光下的地方",或者如果有些国家出于种族、语言、文化或思想方面的差异而迫害其他国家。[65]

很明显,立作太郎的指责对象是带有偏见的利己主义国家——英国和美国。立作太郎于1918年发表的这篇文章在语气和论点上都与同年发表的一篇臭名昭著的文章《呼吁拒绝以英美为中心的和平》完全相符,后者的作者是年轻的近卫文麿(后来在太平洋战争期间担任首相)。[66] 而且,这两篇文章都反映了之前描述到的、在日本普遍存在的"围堵心态"(siege mentality),即尽管日本已经取得各种成就,但仍觉得自己处于不断被西方欺负

---

[65] S. Tachi, Kokusai renmei [*The League of Nations*], in *Gaikō Jihō* 329 (1918), p. 14.

[66] Zachmann, supra note 1, pp. 103-105; see also E. Hotta/ F. Konne, "A Call to Reject the Anglo-American Centered Peace", 1918, in Saaler / Szpilman (eds.), *Pan-Asianism: A Documentary History* (Lanham: Rowman & Littlefield Publishers, 2011) Vol. 1, pp. 311-317.

的失败者和受害者的位置。这种情绪在一战后进一步加剧。那时，日本对种族歧视的指控很可能针对加利福尼亚州（1924年扩展到全美国）和英联邦国家的排外移民政策；也似乎源于日本于1919年曾提出在《国联盟约》中加入一项种族平等的条款，但遭到拒绝。[67]而且，《华盛顿海军条约》（1922年）中的军备限制比例似乎是一个典型例证，条约只允许日本拥有美、英海军军力之和的30%，从而剥夺了日本在世界的一席之地。尽管在事实上，赋予日本较大的军力比例会削弱日本的预算，摧毁其已经疲弱的经济，但日本的极端民族主义者仍以这类侮辱为契机，围攻日本政府，刺杀了多位首相，这种状况一直持续到1932年最后一名民选的首相被杀，政治精英被他们俘获，日本进入军事独裁阶段。

1928年的《凯洛格—白里安公约》受到了日本政府、公众和国际法学者类似的质疑。[68]1928年8月27日，美国国务卿凯洛格、法国外交部长白里安和其他13个包括日本在内的国家代表，在巴黎举行的庄重仪式上签署了该协定，他们签上自己姓名的文本看似简单。第一条谴责"诉诸战争以解决国际争议"，第二条是签署方承诺永远不会寻求和平方式之外的手段来解决争端。协定没有说明在一国违反其义务的情况下可能面临的制裁或应对机制。此外，协定几乎没有体现大国之间先前谈判的结果，即承认自卫仍然是主权国家的固有权利（这一内容体现在了目前《联合国宪章》的第51条）。这样的无为其实把争议焦点从对战争的看法转移到了对自卫的看法上。最后，英国对该条约作出了保留，表示它不会容忍以该条约为基础对涉及该国重大利益的地区进行干涉，这种做法与美国在美洲大陆的行径如出一辙。因此，新闻

---

[67] Shimaze, supra note 60.
[68] Zachmann, supra note 1, pp. 121-157.

界把这种保留称为"英国门罗主义"。[69] 美国起初对此没有任何保留意见，但在 1929 年，参议院外交委员会认为，根据美国的门罗主义，对协约的正确解释不应把自卫权排除出去。[70]

在《凯洛格—白里安公约》的谈判过程中，日本政府一如既往地保持低调，除了反对以各自国家人民的名义来缔结协定，没有提出别的任何反对意见或关切。只有侵犯到了日本帝国的主权时，日本才会提出反对意见。然而，在日本国内，人们再次非常担心该协定可能对日本不利，尤其因为当时的中国局势表现出危险迹象，已经很难避免军事冲突的可能性。由于中国国民党进行所谓的"北伐"，田中内阁在 1927-1928 年期间两次出兵，长期进驻山东。此外，在 1928 年 7 月，即协定签订前的几个月，关东军的军官们炸毁了从北京返回其满洲大本营载有军阀张作霖的火车。

结合东亚大陆的紧张局势，一个压制日本军事行动的协定乍一看似乎对日本不利。然而，获得归属感的强烈诉求压倒了上述担忧，使日本政治家们认同他们的国家不应置身在《凯洛格—白里安公约》之外。日本也诉诸了惯常做法，策略性地提出该协定不会影响日本在满洲和蒙古的特殊利益，就像英国和美国为了各自势力范围所提出的要求一样。因此，在做出决定的内阁会议上，田中首相最亲近的顾问森恪（Kaku Mori）反对提出正式的保留意见，因为这将限制日本的选择，也会引起西方舆论的怀疑。在他看来，日本应该暂且等待，在政治时机适宜的时候以英国式或美国式的门罗主义为先例，表达自己的意见。[71] 最后，日本

---

[69] R. Ferrell, *Peace in Their Time: The Origins of the Kellogg-Briand-Pact* (New Haven 1952) 180 f.; M. Yanagihara (ed.), *Kokusai-hō senrei shiryō-shū I: Fusen jōyaku [Sources on Cases in International Law I: the Kellogg-Briand Pact]* (Tōkyō 1996) Vol. 1, 154 f.

[70] Yanagihara, supra note 69, Vol. 2, pp. 1053-1056.

[71] Zachmann, supra note 1, 140 f.; Yanagihara, supra note 69, Vol. 1, 195 f.

只是通过非正式渠道向列强政府传达了这一保留意见。[72]

日本公众对《凯洛格—白里安公约》的反应是理想主义与犬儒主义的惯常混合体，他们肯定了用条约非法化战争的想法，但也指责该协定在实质上只是英国、法国和美国无力——更准确地说——且虚伪的作秀，这些国家的例外论和保留意见直接导致协约的无效性。[73] 最能显示日本公众当时的民族主义心态是，他们一方面认定日本的特权是该协定最理所应当的例外，另一方面似乎从未意识到此等立场所存在的内在矛盾。

日本国际法学者反对该协定的理由并非它的无效和缺乏制裁，而在于它不切实际的意图。立作太郎再次提出保留意见指出，一次国际法的编纂不足以非法化战争。这样的协定最终会呈现自我毁灭，因为在没有适当和令人满意的机制的情况下，任何一方都不会切实遵守和平解决冲突的承诺。[74] 然而，最尖锐的批评来自东京大学的一位年轻学者——田冈良一（1898-1985），他当时任教于东北大学，后来返回东京大学。他常被认为"超越"了1920年代不加批判的实证主义（即"大正民主"时代理想主义的代表，例如，横田喜三郎），在解释法律时会考虑法律制度的社会和历史功能。[75] 田冈良一运用这种方法评价《凯洛格—白里安公约》，[76] 他与日本普通公众的观点不同，认为各大国对条约所作的许多保留并无过错，因为这些保留在很大程度上受到了协约文本的限制。事实上，田冈良一反对的是关于自卫的保留意见不够充分，而且这些意见也没有包含针对除武装攻击之外的其他侵权的自助行动。因此，田冈良一表示目前对战争的非

---

[72] Yanagihara (supra note 5, 463); see Zachmann, supra note 1, p. 142.
[73] Zachmann, supra note 1, pp. 144-146.
[74] Zachmann, supra note 1, 150f.
[75] Matsui, supra note 1, p. 8.
[76] For more details, see Zachmann, supra note 1, pp. 155-157.

法化会助长除武装袭击之外别的违法形式，如对货物的抵制或对外国人的袭击（正如在中国发生的，或据称发生的那样），因为权利受到侵犯的国家现在没有办法保护自己。因此，田冈良一和立作太郎以同样的方式争辩道，只要国际社会不提供有助于和平解决冲突的国际仲裁手段，非法化将始终是一个不切实际的理想。

考虑到日本自"横滨房产税案"以来始终对国际仲裁持相当大的保留意见，而且是唯一反对国际联盟强制裁决的国家，[77] 上述批评都显得比较片面，而且同样虚伪。我们甚至可以说，日本一再提及和平变革机制的缺乏并非是严肃的态度，仅仅是在维护古典国际法的现状及其对国家主权主导地位的强调，进而反对国际法的新进展。这与日本表面上非常积极地参与国际组织形成了奇怪对比。例如，日本定期派法官任职于国际常设法院，甚至在其退出国联前还曾委派安达峰一郎担任该法院的主席（1931-1933年）。[78]

然而，人们最终只能把这作为所谓"大正民主"年代紧张局势达到顶峰的典型表现：在与西方列强的对外合作和对其霸权秩序的内在维护之间存在着冲突。事实上，日本政治家、公众和专家都抱持相当一致的心态，从不承认日本同样也在采用他们所指责的西方列强的双重标准，只是暗示他们对国际法的新进展完全不抱幻想。这一矛盾最终在20世纪30年代爆发，当两次世界大战之间的国际秩序整体性地分崩离析，日本终于公开其对这种秩序的潜在敌意，下文将论述这一点。然而，在这种背景下，日本法律专家的态度发生了惊人的逆转。

---

[77] Yanagihara, supra note 1, p. 495.
[78] Yanagihara, supra note 1, p. 494.

## 四、"大东亚国际法"项目：1931-1945年

1931年到1945年常被视为日本的畸变时期，始于日本占领满洲，止于它被盟军击败并宣布无条件投降，这段时期之所以畸变，因为日本偏离了忠实遵守现有国际秩序的习惯性路径，开始挑战现状。[79] 从表面上看，情况确实如此，最著名的事件是日本由于满洲事件退出国际联盟。[80] 而且，日本不能控制"中国问题"并在1937年莽撞地发动了与中国的全面战争，此后沿着冲突的悲剧轨迹，于1941年向美国和它的盟友们宣战，当这一切发生之时，日本试图用"东亚新秩序"来使事态的进展合法化，并用一部国际法——"大东亚国际法"来支持新秩序。

其实，上一章节的探讨已经明确显示，日本挑战西方主导的现状不会令人惊讶，它的动机和意图一直存在，所以至少从内在看，挑战行动不是对其之前行径的偏离。此外，如果说日本在上一阶段成功接受国际法是"对当时以欧洲为中心的世界观的有益冲击"，[81] 因为它挑战了西方列强的霸权，那么，我们可以用更多同样的论调来描述日本的"东亚新秩序"，尽管这一秩序并非是有益的。然而，关于后一点，近来的评价意见似乎很难定论，仅确认"（大东亚共荣圈的）真实涵义截至目前仍存在争议"[82]。本节的中心问题是大东亚国际法在战时的日本起什么作用，它为谁的利益服务，以及它是否真正打算挑战现状。同时，还将涉及一个相关议题的问题：尽管日本本身承诺遵守国际法，但它怎么

---

[79] Owada, supra note 1, p. 370.
[80] I. Nish, *Japan's Struggle with Internationalism: Japan, China and the League of Nations, 1931-1933* (London: Routledge, 1993).
[81] Lee, supra note 3, p. 423.
[82] Yanagihara, supra note 1, p. 498.

就能在当时犯下如此大规模的罪行？它对国际法的坚持是挑战的一部分还是只是挑战的一种"表现"？

1931年9月，日本关东军在奉天（沈阳）附近的铁轨上制造炸弹袭击，并以此为借口，进而回击和占领了满洲。从前面部分的探讨中可以推测出，早在那时，日本对此类行动已经给出了较为丰富的辩护论据。[83] 最直接的理由是自卫，根据《凯洛格—白里安公约》，当时的自卫是合法的，不仅是为了应对南满铁路遭受的攻击，也是为了反击满洲的"日本移民"们遭受的一系列所谓的袭击和歧视（他们中的大多数其实是日本殖民者强迫从朝鲜迁出的朝鲜人）。然而，从一个更广阔的视角来看，身处在当时日益动荡的东亚大陆，占领满洲是为了保护日本在该地区的特殊利益。1932年，以溥仪皇帝的名义建立的满洲国傀儡政权，使日本将其门罗主义的主张变成了一种具体表现。有趣的是，当日本政府在国联宣称满洲国的存在是人民自决的产物时，它仍然不愿意公开运用它的门罗主义观点。[84] 众所周知，国联和美国均不承认满洲国，美国国务卿表示美国不打算承认任何可能通过违反《巴黎和约》的内容和义务而产生的情况、条约或协定（即"斯廷森主义"）。[85] 之后，日本再次把自身塑造为中国和西方霸权国的阴谋的受害者，于1933年退出了国际联盟。

大多数日本国际法学者追随了政府的立场，只有很少数的学者（如东京大学的教授横田喜三郎、安井郁）对军队在满洲的野

---

[83] Zachmann, supra note 1, pp. 159-203.

[84] Zachmann, supra note 1, p. 180；日本政府当时依据了其内部法律顾问汤玛斯·贝迪（Thomas Baty）的建议。然而，可以认为日本雇佣贝迪并未得到任何好处，贝迪在"满洲事变"中的观点都是过时的，而且肯定损害了日本的国际声誉。See also P. Ob-Las, *Naturalist Law and Japan's Legitimization of Empire in Manchuria*: Thomas Baty and Japan's Ministry of Foreign Affairs, *Diplomacy and Statecraft*, 15.1（2004）.

[85] Cited in W. Meng Stimson Doctrine, in Bernhardt (ed.), *Encyclopedia of Public International Law*, Vol. 4（Elsevier 2000）p. 691.

蛮行动及其对日本对外关系的削弱性影响表示了反对。[86] 横田在媒体上的公开反对引发了公愤，因为他敢于宣称，为了奉天发生的一个小事件而占领整个满洲的行径实在是过分，把这样的事态提交国联处理也是理所应当。[87] 随后，横田收到了极端民族主义激进分子的死亡威胁，他的某些同事甚至警告他在参与上海的一个会议后不要返回日本。这说明当时日本的国际法学者已经承受着来自同行和公众的巨大压力。

当1937年与中国、1941年与西方列强的战争先后爆发之时，日本政府以某种方式试图合理化和控制事态的发展，包括1938年发表的《大东亚新秩序》宣言和1940年提出的"大东亚共荣圈"。[88] 在某种意义上，后者远比"大东亚新秩序"具有扩张性，按照其最大的诉求，包括了从西伯利亚到澳大利亚的区域，这些宣言都反映了亚太战争本身的升级。国际法当然也是意识形态战争的一个工具，日本政府致力于确保该国国际法学者在意识形态战争上的合作。因此，在1941年12月，同时也是太平洋战争开始之际，日本国际法学者的专业机构——国际法学会——申请将其地位转变为基金会，从而真正成为外交部的智库。[89] 该协会在其新的职权范围内宣布，除其他事项外，它将致力于调研和探索国际法，以便调整"大东亚共荣圈"内的国家和人民之间

---

[86] 关于安井郁对日本外交政策的早期批评，可参见：Zachmann, supra note 1, 253 f.

[87] Yokota, *Watakushi no isshō* [My life] (Tōkyō 1976), pp. 121-130; Zachmann, supra note 1, 191-196.

[88] 这些宣言的翻译可参见：Saaler / Szpilman (ed.), supra note 66, vol. 2, pp. 167-174, pp. 223-228.

[89] See Y. Takenaka, *Kokusai-hō-gakusha no 'sengo kōsō' - "Dai-tōa kokusai-hō" kara "Kokuren shinkō" e* [The "Postwar concept" of International Legal Scholars-from the "Greater East Asian Law" towards a "United Nation Creed"], in Nihon Kokusai Seiji Gakkai (ed.), *Shūsen gaikō to sengo kōsō* [Postwar diplomacy and postwar concepts], Kokusai Seiji 109 (1995), 70-83; Zachmann, supra note 1, pp. 227-232.

的关系。[90] 随后，定期活动的研究小组（即东亚国际法委员会）得以成立，专门探讨新秩序涉及的各个方面。一系列新著作由知名出版商有斐阁以"大东亚国际法丛书"的标题得以出版，传播了联合研究项目的成果。

虽然几乎所有具有一定学术地位的日本国际法学者都是研究小组的成员（作为公务员，他们几乎不能拒绝参与，否则会失去工作及更多东西），但年青一代的学者为"东亚国际法"项目做出了最积极、最具创造性的贡献。其中，安井郁（东京大学）和田畑茂二郎（东京大学）的贡献值得特别关注。[91] 虽然两人的气质完全不同，身处不同的学术环境，但两人的共同之处是他们在学生时代深受马克思主义思想的影响，并将马克思主义关于社会、政治和经济条件这些"上层建筑"的基本主张应用于国际法领域。因此，他们同田冈良一一样，试图通过批判西方国际法的历史和政治基础，超越西方国际法的实证主义及其自我宣称的普适性。[92]

这种反实证主义立场的灵感来源是多方面的，但主要来自于也在追求类似国际法项目的国家，即苏联和德国。安井郁公开表达了对苏联的同情，这在当时是危险的，他也是向日本公众介绍苏联国际法思想的最活跃的学者，尤其是叶夫根尼·柯罗文和叶夫根尼·帕舒卡尼斯的著作。此外，安井郁因出版了有斐阁系列丛书中最早的著作——书名是《欧洲广域国际法的基础理念》（1942）——而臭名昭著，这本书的大部分都在探讨德国法学家

---

[90] As cited in Zachmann, supra note 1, p. 229.

[91] 他们在战争时期的自传描述可参见：K. Yasui Michi-Yasui Kaoru seino kiseki [The way-Yasui Kaoru, trails of his life], ed., *Michi* "*Kankō I*" *inkai* (Tōkyō 1983); S. TABATA, *Kokusai shakai no atarashii nagare no naka de*: *ichi kokusai-hō gakuto no kiseki* [*Amidst New Currents of the International Community*: *The Life of an International Law Scholar*] (Tōkyō 1988).

[92] Matsui, supra note 1, pp. 15-16.

卡尔·施米特提出的"大空间"（Großraum）概念。战后，因为这部著作被视为是对纳粹思想的同情，东京大学开除了安井郁。然而，施米特的大空间概念无疑是对那时大多数日本国际法学者最具影响力的灵感来源，在他们的圈子得到了广泛的讨论（同样也包括田畑茂二郎的著作）。

从战争期间最早发表的那些少数研究成果来看，很难猜测"大东亚国际法"最后会是什么样子。这个项目在1944年后期被抛弃，那时日本政治精英意识到战争已经失败，需要着手准备一个由"联合国"主导的战后新秩序。[93] 由于整个进展刚起步，对大东亚国际法性质的假设存在很大分歧并不令人惊讶：一方面，由于该法律大量借用外国模式，有人认为该法将主要从自然的运作中衍生，并延续欧洲中心主义的消极倾向。[94] 另一方面，有意见表示"大东亚地区的国际法应完全抛弃欧洲国际法的旧概念"。[95] 从参与东亚国际法项目的国际法学者的角度来看，这两种假设都不正确。

西方模式的确对当时的日本国际法学者有很强的启发。然而，更重要的是战略性运用这些西方资料在日本当时的背景下有什么企图。例如，安井郁以1937年斯大林政权大清洗期间帕舒卡尼斯的遇害为例，来说明政治干预的本质及其最终的自我毁灭效应。[96] 田畑茂二郎巧妙地借用卡尔·施米特针对纳粹德国的激进批评者的反驳，警告日本的极端民族主义立场同样抛弃了基于法律的国际秩序，并建立在一个完全基于种族主义前提的等级

---

[93] Cf. U. Zachmann, Asianismus und Völkerrecht: Japans sanfter Übergang von der Großostasiatischen Wohlstandssphäre zu den Vereinten Nationen, 1944–1956 ["Asianism and international law: Japan's easy transition from the Greater East-Asian Co-Prosperity Sphere to the United Nations, 1944–1956"], in *Comparativ: Zeitschrift für Globalgeschichte und vergleichende Gesellschaftsforschung* 18.6 (2008).

[94] Akashi, supra note 1, p. 741.

[95] Yanagihara, supra note 5, p. 467.

[96] Zachmann, supra note 1, pp. 251–253.

制度上。[97] 最后，下面这段引用将充分说明：日本国际法学者的立场是相对保守甚至是防御性的，他们并不假定新法律的建立就意味着完全抛弃旧的法律，而是赞成对国际法应采取渐进而非激进的做法。

处于过渡时期的人们往往采取一种激进的态度，天真地拒绝一切过去的现象，而不充分调查其合法性的基础。这种态度也可以在那些倡导共荣圈国际法的人们身上看到……在我们讨论在东亚建立一个新的国际法之前，首先必须澄清为什么我们应该破坏过去支配国际关系的国际法原则，并要求建立一个新的秩序……如果不首先分析旧的国际秩序，人们是否同意新的国际法就成为一个单纯的信仰问题，而不是理论上的思考，也不留有任何进行热烈讨论的余地。[98]

尽管新法律更直接的目的是证明日本在"大东亚共荣圈"的霸权是正当的，[99] 但它也有很强的防御性，有时甚至也包含颠覆性因素。这种防御性态度只能在反对普罗大众的极端民族主义狂热、嘲笑甚至拒绝战时西方国际法的背景下才能得到理解。因此，尽管在"满洲事变"（1931-1933年）期间，普通民众仍以国际法为依据否定日本行为的合法性，但七年后，当1937年亚太战争爆发时，国际法不再得到这样的尊重。那时的公众辩论已经完全军事化，对法律细节的理解也很少。因此，当1940年英国和日本之间的一个小争端引发日本公众的强烈反响时，一份报纸把两国之间的谈判直白地描述为"鱼和鸟的对话，双方谈判无

---

[97] Zachmann, supra note 1, pp. 239-242.

[98] S. Tabata, Tōa kyōei-ken kokusai-hō e no michi ["The path towards an international law of the East Asia Co-Prosperity Sphere"], in *Gaikō Hyōron* 23.1（1943）11 f.; see also Zachmann, supra note 1, 236 f.

[99] Cf. Zachmann, supra note 1, pp. 242-248.

论持续多久，两国的目的一直是相反的"。[100] 极端民族主义者公开嘲笑国际法，认为在仁慈帝王的吉祥统治下，国际法即使不是一种完全的亵渎，其存在也是多余的。即使以自由主义观点著称的知识分子也开始把国际法看作是一种相对的东西，认为其可能无法完全符合日本的习惯。[101] 在这种情况下，日本国际法学者试图为国际法辩护，反对对国际法的批判，并通过这样做来维护他们的职业和学科。然而，考虑到战争的进展和日本在战场上的行为，这都变得愈发困难，国际法学者的定位也变得愈发脱离事实。

毫无疑问，国际法在日本普遍遭受的轻视，尤其是在军队，导致了一场可怕的战争罪行，如对公民的暴行、强制劳动、对囚犯的医学实验、虐待战俘等。[102] 日本政府试图坚持谎称其战争是"根据"战争法进行的。它并没有在1937年对中国宣战，而是把它当作一个事变来对待，但这更多是出于战略上的原因：依据政府的说法，日本并不排除会"实在地"使用战争法。此外，1941年日本对美国及其盟国的宣战并不像以前那样包含着对国际法的承诺，但宣战这个行为本身可以看作是对国际法的含蓄遵守。官方言论中一个很好的例子是1929年《关于战俘待遇之日内瓦公约》：尽管日本没有签署公约（表面的原因是规避其自身士兵的道德风险），但它宣布会采用与该公约类似的方式来对待美国战俘。[103]

日本的国际法学者再一次致力于维护政府的谎言。立作太郎

---

[100]　Cited in Zachmann, supra note 1, p. 268.

[101]　Zachmann, supra note 1, pp. 268–270.

[102]　J. Dower, *War without Mercy: Race and Power in the Pacific War* (New York: Pantheon, 1986) pp. 42–48.

[103]　H. Fujita, Sensō-hō kara jindō-hō e: Senkan-ki Nihon no 'jikkō' ["From the law of war to humanitarian law: The 'practice' in interwar Japan"], in Kokusai-hō Gakkai (ed.), *Nihon to kokusaihō no 100-nen* ["100 years of international law in Japan"], Vol. 10: Anzen hoshō [Security] (Tōkyō 2001), p. 158; Zachmann, supra note 1, p. 265.

在1943年去世前的最后一篇著作中提出了事实战争的概念和对战争法的类似应用；田冈良一制定了城市空中轰炸的法律标准，并巧妙地批判了1937年日本对中国城市的轰炸；横田喜三郎通过一个非常形式主义的观点，试图消除日本正在进行的一场忽略军事和平民之间界限的全面战争的观念。[104] 然而，尤其是最后这个案例说明了国际法学者们在面对现实时为支撑谎言会遭遇怎样的逻辑扭曲。即使战争没有在1945年8月幸运且悲惨地结束，此等谎言迟早也会败露。

## 五、结论

回到本研究一开始对日本较为成功地接受和使用国际法、日本如何评判国际法的思考，1853年到1945年事态的完整发展轨迹可以变得清晰，日本的成功是一个混合体，需要从不同角度对其进行区别性的评判。从政治和战略的角度看，日本在其大部分帝国主义时期（1853-1931年）对国际法的采用和运用是成功的，因为它作为当时东亚唯一的非西方强国，重建了相对于西方列强的平等地位，甚至迅速跻身到"霸权国"的小圈子中，帮助日本维持了国际地位，直到日本1933年选择了地区孤立主义道路。国际法作为向西方列强传递的文明、合作的信号，及作为维护其向东亚邻国扩张的狡辩性武器，本来就有着纯粹性的功能作用。考虑到这一职能，日本专家和政治家们不出意料地接受了国际法，并按他们在书本上发现的那样（即实证主义方式）将其付诸实践。在1919年，批判国际司法实践并不符合日本的国家利益，即使日本想改变国际法，指望它当时能够改变也是不切实际的。日本出于同样原因，在20世纪20年代发自内心地不愿顺应

---

[104] Zachmann, supra note 1, pp. 272-278.

国际法的变化，因为多边机制和战争非法化不如传统法律那样更能服务它的目标。直到 1933 年，日本才顺应了这些发展，仅仅是由于维护自身声望和担心被国际社会抛弃。

因此，从学术或理论的角度看，日本在这一时期所从事的国际法活动似乎是非原创和派生的。日本所取得的成就是证明了国际法并非西方人的专属领域，以及修改标准以适应非西方国家，这些成果仅反映了日本的政治和军事成功。但是，如果把日本的实证主义与缺乏批判混为一谈，就会误解日本接受国际法的历程。正如本文显示的，疏离感和内在的保留从一开始便与表面的顺从共存，而且前两者被政治上一再感受到的轻视和歧视所强化。这些感觉未必基于客观事实，日本的国际地位与其自我建构的西方列强（和中国）的受害者形象有时不一致，近乎虚伪。然而，这种不一致在日本形成了一种批判国际法的传统，尤其是涉及普遍国际法的政治、经济、社会和历史条件。因此，在"后殖民主义方法"成为当代学术议程的潮流之前，已经在日本获得了长足发展。这也是为什么国际法作为一门社会科学在日本被接受、为什么对国际法的批判和历史研究至今在日本仍然特别强大的原因所在（尽管不是指向日本自己的历史）。[105]

从历史上看，战前日本对国际法的批判性研究在 1931-1945 年的"畸变时期"进入到全盛期。这一时期不明智地开始，灾难性地结束，中间贯穿着可怕的痛苦遭遇，基于这样的原因，这一时期无法构成当代大国"在东亚挑战西方霸权"[106] 的合适模式。但更重要的是，日本国际法学者在战争期间的经历完全无法支持用替代性国际秩序挑战现有规范秩序的尝试，因为他们显然证明

---

[105] E. g. Matsui, supra note 1; Y. Ōnuma, *A Transcivilizational Perspective on International Law: Questioning Prevalent Cognitive Frameworks in the Emerging Multi-Polar and Multi-Civilizational World of the Twenty-First Century* (Leiden: Brill-Nijhoff, 2010).

[106] See, for example, Lee, supra note 3, p. 441.

了这种行为的不可能性，足以警告那些不加批判便寻求推翻规范性现状的非理性颠覆行为。

因此，基于客观角度，日本在国际法方面的历史经验只能很好地说明一种观察，即非西方观点或"亚洲"对"西方"普遍主义的挑战往往只是另一种特殊主义的遗留物，特殊主义总是试图解释或"超越"规范秩序的现状、指向特定的政治目的。[107] 此外，日本国际法学者的经历表明，如果"为了国家间与时俱进的法律秩序……不得不在实在法之外"[108] 寻求平等，这只有在理性对话、对现有法律及其历史基础进行调查的基础上才可能实现。

---

[107] B. Saul, J. Mowbray, I. Baghoomians, supra note 3, p. 126.
[108] Cf. S. Yamamoto, supra note 9, p. 123.

# 迈向"大东亚国际法"之路[*]

[日] 田畑茂二郎 著　胡笛飞 译[**]

## 一

在不到一年的时间里，东亚发生了翻天覆地的变化。1943年8月1日缅甸宣告独立，10月14日菲律宾宣告独立；与此同时，爪哇人积极参政，自由印度临时政府成立。此外，日本对"中华民国"实施了新政策，并同其签订了以完全互惠平等为基础的日华同盟条约。这些都是历史性大事件。但人们还未从瞠目结舌中恢复过来，大东亚会议召开了。这是东亚有史以来屈指可数的盛事。1943年11月5日至6日，东亚共荣圈的各国首脑齐聚一堂，一致通过了大东亚共同宣言。它明示了不灭的大东亚建设纲领。该纲领以共存共荣、独立亲和、文化昂扬、经济繁荣、为世界进步做贡献五项原

---

[*] 本文原载日本《外交评论》1943年第23卷第12号。
[**] 田畑茂二郎，日本京都大学国际法教授，著名国际法学家。胡笛飞，日本早稻田大学法学硕士，江西华邦律师事务所律师助理。

则为根本。

面对现实，作为规整国际秩序原理的国际法不受影响是不可置信的。日本尤其应该反省，包括新兴缅甸、菲律宾在内的东亚共荣圈诸国之间的关系，是否还受到过去那种国际法的约束。所以，一些人早早呼吁制定大东亚国际法乃至东亚共荣圈国际法并非无缘无故。即便如此，共荣圈国际法相关的问题，至今也不是学界的焦点。不过，单纯从当前局势出发，认为新国际法的必要性不需论证，也不可取。这恰恰因为，到目前为止，新国际法的必要性，仅在观念上被主张。学界对国际法转变必要性的讨论，普遍欠缺理论依据。

不论何种文化领域中都常出现一种现象，即处于过渡期时，人们习惯于在不考虑妥当性的情况下，对过去的一切现象进行激进的批判。倡导共荣圈国际法的人中，也有持这种极端态度的。但是，凡处于历史性文化现象下，只采取上述那样直接否定的态度，或者说，只采取一种和过去一刀两断的态度，以无中生有的方式构建新秩序，根本不可行。要构建新秩序常常要以否定过去的秩序为媒介。而要发现否定的契机，则必须通过对过去秩序的深层分析。要在东亚倡导新国际法，就必须充分探讨从前规制国际关系的近代国际法诸原则崩坏之原因，明确提出新秩序的理由。近代国际法终究是经过长期国际实践形成的。它能规制诸国，就必定有它的可取之处。因而，要否定近代国际法，就必须有充分的依据。近代国际法不是单纯靠概念就能否定的东西。

正因为存在大量只从概念上否定过去秩序的论文，关于共荣圈国际法的讨论，才至今也没有多大发展。如若不以分析过去的国际法秩序为前提，仅以一种观念的形式去论述共荣圈国际法，那么对这种秩序肯定与否，都不再是理论的问题，而成了单纯的信仰告白。在这个问题上，将不再有活跃讨论的余地。

然而，关于共荣圈国际法的讨论萎靡不振，其原因也不都在倡导它的人身上。国际法学者对这个问题不够积极的根本原因是，他们还没有完全摆脱在过去国际法学中占支配地位的徒具形式的法思维。只要他们还保有那种法思维，就会看透东亚现状带来的深层启示。在那种法思维的影响下，即使约束共荣圈诸国的新国际法关系的必要性被承认，也只会被当成一种单纯的旧秩序的形态变化，一种个别的特殊现象。人们绝不会认为，在共荣圈产生的，是一种本质上区别于过去国际法的新国际法秩序。

综上，在真正论述东亚共荣圈国际法之前，我们首先要对近代国际法进行深层次的分析，要对既有的国际法思维进行彻底的反思。对这两件事准备都不充分的我们，可能没有资格继续议论东亚共荣圈国际法。不过，为尽抛砖引玉之职，接下来将就若干问题，阐述笔者的想法。

二

我们说应当对近代国际法进行否定，并不代表至今为止的国际法规全都丧失了其妥当性。因为，我们说构筑东亚共荣圈，也不代表共荣圈是封闭性的、自给自足的。我们当然可以预想到，共荣圈诸国和圈外诸国之间会存在国际交往问题。在这个问题上，我们不能否定过去国际法的诸原则仍然行之有效。共荣圈国际法这个概念面对的直接问题是，共荣圈内近代国际法已经不再妥当了。也就是说，在共荣圈内必须实施和近代国际法本质上截然不同的新国际法。本文中，笔者将以这个定义，就共荣圈面对的直接问题展开讨论。那么，寻求一种代替近代国际法的新国际法，究竟意味着什么呢？

首先，这意味着在共荣圈内，近代国际法的规定已完全行不通了。这样说大概也不恰当。因为现在，作为东亚共荣圈成员国的日本和"满洲国"，签订了日满议定书；和"中华民国"以及其他成员国也签订了同盟条约，又或者互相派出了大使。而针对这些协议和外交使节，相关的近代国际法的诸原则仍有很大被认可的余地。近代国际法之中，有许多超越时代和地域限制的、普遍合理的、形而下的技术性规定。仅从法形态上说，现行国际法的若干部分，今后仍然可能在共荣圈内适用。

当然，即使如此，我们也不得不承认，近代国际法的很多原则，已和东亚的现实脱节。因为近代国际法的很多原则形成的背景，都是十六七世纪的欧洲社会。那些原则被原封不动地搬到东亚诸国之间来，自然非常不适当。与领土有关的规定，就是这些原则之一。一位共荣圈国际法论者就对其进行了批判。这位论者认为该规定是极其形式的，仅仅把空间分为了国家领土和非国家领土，只承认国家在领土内的绝对排他的支配，而完全无视了因地理位置接近产生的国家关系的特殊性。虽然这位论者的论证过程有些暧昧之处，但他姑且为我们展现了今后东亚诸国间法关系的重要一面。可以想见，共荣圈诸国即使在其领土内也不能独断专行，必然要被从东亚全体立场出发制定的国土计划制约。但即使按照东亚的现实情况，过去那些原则都不再妥当；上述种种，也不足以成为一力推行东亚共荣圈国际法的理由。因为实际上在过去，近代国际法的诸原则也不是绝对的。如果是为了应对特殊情况，要限制过去那些原则，特殊国际法就充分可行了。

从近代国际法的根本方针来看，国际法秩序绝不是要和国内法秩序一样，形成一个统一的秩序。即便有一些法原则被视为一般国际法，国家也可以达成合意，形成与之不同的特殊法关系。国际法的一般性原则不像国内法上的宪法。一般性原则依然不能排除与之内容不符的特殊法规。换言之，此种原则没有宪法那样的绝对妥当性。比如，一般国际法上公海自由原则被广泛承认。在公海上，国家的管辖权被排除了。然而，国家还是可以缔结关于毗连区的条约，在一定范围内承认条约另一方在公海内的管辖权。这种条约绝不会因为与一般国际法原则相异而无效。同样地，尽管一般国际法上国家的独立权被认可，但特定国家间依然可以设定保护关系或附庸关系之类的从属关系。从属关系亦不会因违反独立权原则无效。因此，我们可以说按照东亚的现实情况，过去那些关于国家可绝对排他支配的领域的一般原则都不妥当；但如果仅基于那个理由，将这些原则善加修正，推行特别国际法即可。这种修正和近代国际法的根本原则并无矛盾，在其理论框架之内具有充分可能性。

由此我们可以得知，仅凭近代国际法原则难以适用这一个理由，是不足以导出共荣圈国际法的。单纯的例外，和过去频繁出现的特别国际法关系毫无区别，不代表必须构筑共荣圈国际法。这样的话，我们是否没有理由去论述共荣圈国际法了呢？回答是否定的。今后规约东亚诸国关系的国际法，不会是根据东亚的特殊性，对既有国际法进行形态上改变的结果。不像特别国际法之于一般国际法；规约东亚诸国关系的法和既有的国际法，不是同一层面上的问题。必须认可其根本法理念已经转变、完全不同。论述共荣圈国际法时，首要的问题就是根本的法理念。这种法理念在其根源处，就对过去的法理念加以制约。而法形态的变化，也只能以法理念的转变为媒介。我们必须清楚地认识到这些。

制约过去的国际法规。在这个意义上，愈发需要改变的近代国际法的根本法理念到底是什么呢？这里，我们先要回顾前述近代国际法秩序的特殊构成。即一定的法原则被视为一般国际法，却仍不具备绝对妥当性；国家意思表示一致可以自由形成与法原则相异的法关系。这意味着，近代国际法在本质上是一种合意性秩序。换言之，国家不受任何约束，可以基于自由意志、合意形成任何内容的法关系。而因为这些法关系都会被承认，即使一种原则被定为一般国际法，国家也可以忽视那种原则，自由地形成与其内容不同的国际法关系。国家可凭意思一致形成国际法关系；或者说，只要国家意思一致，国际法关系便当然成立，这是近代国际法独特的法理念。

基于这种法理念，国际法的法结合不再是某种更高层次的统一价值的体现。不论那种统一价值存在与否，国家的法结合都是凭借且仅凭借国家自由合意完成的。这种结合不是什么本质性的东西；只不过是国家在自由意思的引导下彼此适应，从而生成的一种类似前定和谐的关系。同时，那样的国家结合必然是抽象的、非个性的。因为，只要国家自由意思一致，不论那意思一致基于何种情况产生，也不论那一致意味着什么，都能够产生具有和其他一切合意同等效力的法结合。问题就此产生。只要国家自由意思一致，且签订反映了意思一致的条约的程序在形式上正当，其所产生的国际关系就可以被认为当然具有法拘束力吗？许多人指出："条约必须遵守"（*pacta sunt servanda*）是国际法的根本规范。很多关于国际法妥当性的说明，都是基于这一原则的。但是，这样的说明本身就清楚地展示了此种法关系的抽象性。条约拘束力的根据在于"条约必须遵守"。这个命题一直以来都只是个无意义的重言式。当被问到为什么条约有拘束力时，回答因为条约必须被遵守，和什么都没回答是一样的。要了解条约拘束力的真实根据，我们必须更进一步追溯"条约必须被遵守"原则的缘起。为何遵守条约？根据当事国的规范意识、条约缔结的因素，理由不尽相同。有的国家只是单纯出于功利性考量，有的国家则是出于崇高的道义意识。"条约必须遵守"原则，摒弃了上述条约遵守的特殊性，无视了条约拘束力的真实根据，仅仅只抓住了条约被当作条约遵守这一表面的共性。在这个层面上，条约被理解为全无个性的抽象存在。要把这种原则作为国际法的根本规范，只有把近代国际法上法结合的抽象性作为前提才有可能。即把那种只要国家自由合意存在，国际法关系就成立的理念作为前提。

沃尔兹（G. A. Wlaz）在其所著《同质性与质同性》（*Artgleichheit gegen Gleichartigkeit*）（1938年）一书中，对一般情况下规定了法秩序构造的形成力加以区别，将之分为对立的两者：将一切均等化的形式平等之倾向与以预设好的种族同一性为基础的形成原理。沃尔兹认为，近代欧洲的法原理正是前者。这来源于十七八世纪近代欧洲的理性主义精神，以摆脱了国际、宗教与人种束缚的人类自身的理性为基调。此等原理具有反对天主教与专制的意义，是一种思想解放。但是，在此原理的影响下，法的订立不再基于内容被预先限定的"Werttafel"（价值标牌），也不再基于恒常的生活根本态度的表现，只基于一时的理性判断。沃尔兹写道：在这个意义上，法只是纯粹合目的性的产物，是一种表面的、技术性的存在。近代国际法上的国家的概念，恰好对应启蒙时期自然法学上近代的人的概念。也就是说，国家和理性人一样，具有平均性，不认可任何客观的制约，也不受任何拘束，只依靠自身的理性。如此，国家从所有制约和拘束中被抽象了出来。国际法关系作为那种抽象的国家的自由合意，同样在抽象的、一般的形式上被把握。

作为近代国际法前提的国家概念的上述抽象性，在所谓的近代国际法根本原则之一的国家平等原则中最为显著。原本，国家平等原则的意义，就人言人殊。有学者认为，该原则就如法律面前人人平等一样，是指国家在国际法面前平等；有学者认为，该原则意味着法律地位的平等，即所有国家国际法上的权利义务相同；还有学者认为，该原则表示国际法权利能力的平等，即所有国家构建国际法关系的能力一致。总之，众说纷纭。但是，不论平等的意义如何变化，我们可以指出，近代国际法上国家平等概念被普遍承认的一个特征为绝对平等性。换言之，人们不考虑各国事实上的地位和能力，国家为国家所以一概绝对平等。这不是为了使国家文化具有共性，或者使一定的国家能力相同而被承认的平等；这也不是为了使国家的人口或者土地资源均等化而被认可的平等。这种平等不以任何价值基准为前提，只是因为国家是国家所以被承认。这种绝对平等的意识，完全抽象化了国家，唯有完全舍弃一切历史的、社会的制约才能变得合理。因为，近代国际法上的国家平等原则，受到霍布斯自然状态下人人平等思想的影响，展示了普芬道夫、托马修斯、沃尔夫、瓦泰尔等人依次确立的思想以及其历史性进程。普芬道夫首次明确阐述了近代国际法上国家平等原则，但当时他的出发点其实是霍布斯自然状态下众人平等的假设。换言之，根据普芬道夫的观点，"在人为的契约与行动产生之前，所有人都拥有完全的自由，不受他人快乐和权力的制约。因此，人们互相承认对方平等。任何一方都不存在服从或支配另一方的可能"。话虽如此，但普芬道夫的观点与霍布斯还是有些不同，体现在普芬道夫假设的自然状态不是战争状态，而是和平状态上。这是因为普芬道夫认为人类是理性存在，遵循理性的引导与命令。在普芬道夫看来，缺乏统一政治组织的国际社会，正处于一种自然状态，而国家作为团体人格，拥有类似于个人的地位；所以国际社会中的国家当然与自然状态中的个人一样，具有相互间的平等地位。普芬道夫之后，论述国家平等的托马修斯与沃尔夫，也持同样的观点。比如沃尔夫认为："所有国家生来平等。就像自然状态下具有个性的自由人格者一样。因此，正如所有人自然平等那样，所有的国家也自然平等。"

而瓦泰尔也论述道："人生而平等，权利义务相同。作为由人构成且共存于自然状态的人格者的国家，同样生而平等，自然保有同样的义务和同样的权利。这与国家强弱无关。好比矮人和巨人都是人，小共和国与最强的王国也都是主权国家。"

即使如此，我们当然不认为，近代国际法下彼此交往的现实国家都只处于自然状态下。现存的国家，都受到历史上形成的诸多环境因素的制约。而我们已经论述过，完全无视这些制约，将国家抽象为一般相同的存在，并且将国际法关系的形成抽象为国家自由意思的一致，是不能忽视的近代国际法的特征性法理念。正因为这样的法理念位于近代国际法的根本，才会形成前述的特殊近代国际法秩序。也就是说，不论什么样的法原则被一般化，只要当事国之间达成合意，国家就能自由建立另外的法关系。而且，国家概念的抽象性，导致国家平等完全脱离了事实上的地位能力，成就了作为国家所以平等的绝对平等原则。

我们无法否定，这种近代国际法独特的法理念在历史上发挥了一定的重要作用，如同国内法领域内，学者们为了打破封建的阶级关系，强调人生而自由平等。主权国家贯彻自我，打破中世纪欧洲封建权威秩序时，也必须以上述近代国际法法理念作为正当性根据。然而，也只有在当时的情况下，在被作为正当性根据的时候，此种法理念才是有意义的。也就是说，需要否定的封建秩序崩坏后，不该仍然把此种法理念作为足以调整、显示国际关系秩序的公正原理。那之后的国际实践清楚地揭示了这一点。

如前所述，由于近代国际法独特法理念导致，国家的法结合并不体现某种更高层次的统一价值。因为国家的法结合可能仅基于国家意思一致，而不必然以某种使国家真正联合的客观价值的存在为前提。所以，在这个意义上的国家的法结合，不以客观价值的存在为要件，最终都只能是由目的决定的机械性结合，是因利害关系一致这种偶然契机产生的一种前定和谐。沃尔兹将条约分为"Zweekvetrag"和"Gemeinschaftsvertrag"。前者正是近代国际法的法理念必然导致的理想型条约，也就是为了达成一定目的被签订的条约。如果目的消失，条约存在的基础也就自然消失。更进一步来说，仅遵循当事国合意，构建与客观价值无关的法关系，当然会造成法关系不受客观约束。也即，只要当事国意思一致，任何条约内容都是可能的。因而，即使某条约内容不当，只要存在当事国合意，该条约就有法律效力。现实中，因为存在形式上的合意，就以法律的名义强制执行使一国永远隶属于另一国的奴隶条约，从近代国际法的根本理念来看，也没什么不可思议的。或者不如说，这是近代国际法根本理念的当然结果。

国为国故而平等这一绝对平等原则，不是能公正地规整国际关系的秩序原理。这已经很明确了。如上文所述，这种平等原则，是以舍弃了所有历史、社会制约的自然状态概念为前提的。但是，将自然状态下人的地位生搬硬套到国家身上，等于承认各国的肆意妄为，最终只会进一步助长国与国事实上的不平等。国家绝非生来平等。根据人口、土地、资源的差异，根据素质、能力的差异，国家生来就有强弱之分。如果对这种强弱之分视而不见、放任自流，只会导致强国更强、弱国更弱。综上所述，近代国际法承认绝对平等的原则，却因为国家现实不平等的存在，助长了事实上的不平等。这种推论非但没有内在矛盾，反而是近代国际法特殊法理念造成的必然结果。皮埃德列夫（R. Piedelièvre）说明了法律上的平等与事实上的不平等之间的关系。他直截了当地论述道："希冀消灭这种事实上的不平等是没有意义的。因为这不过是诸国拥有人格和自由生成的自然结果。否定该结果就是否定国家独立。既然这是国家正常发展的结果，国家事实上的不平等其实和国家法律上的平等一样，是基于自然法产生的。"

如果确如笔者所推理，那么，近代国际法的根本法理念不适用于东亚共荣圈诸国，今后也不应遵循这样的理念去理解、构建共荣圈诸国之间的法关系；这些都不必赘述、显而易见了。共荣圈诸国的法关系，已经超出近代国际法预设的范畴。其形成不单纯仰赖于和客观价值无关的、当事国之自由意思的一致。共荣圈诸国的法关系，应基于诸国对自身命运休戚与共的充分认知；基于共通的道义意识，即实现大东亚共同宣言开头所示的万邦共荣这一远大理想。在只有当事国同意，而缺乏上述道义意识的情况下，绝无可能形成任何法关系，不论其内容如何。同时，共荣圈是历史性、文化性、地域性的结合。共荣圈诸国应作为这种具体结合的成员行动。共荣圈内也没有作为近代国际法根本前提的国家概念存在的余地。即那种无视任何制约的、自由的抽象的国家概念。所以，前述的国家绝对平等原则，那种形式上的国家平等原则，那种没有任何客观价值基准的国为国故而平等原则，因其最终只会助长事实上的不平等，也将不被承认。

我们认为，被冠名为共荣圈国际法的这种国际法，应该以近代国际法法理念的转变为媒介。如果仅仅构建异于旧国际法原则和其形态的法，只需构建相对于一般国际法的特殊国际法就足够了，没有必要特别论述共荣圈国际法。在这一点上，我们必须清楚：仅以东亚内特殊的事态作为共荣圈国际法的根据，是不充分的。同时，我们也要注意，不能因为共荣圈国家的法关系在形态上和既往的国际法关系类似，就否认共荣圈国际法的存在。正如本论最初就提到过的：在共荣圈国家间的法关系上，仍有可能适用一部分过去的国际法规。但是，即使表现形式类似，法关系的妥当性根据也已完全不同。不能因为表现形式相似，就认为一种现象的本质也相似。仅从日满议定书作为条约的一面来看，任何人都不能说，这一条约和过去的许多条约——比如德苏互不侵犯协定——在本质上相同。这已不言而喻,共荣圈诸国的"独立"和"平等"也一样。我们必须从与近代国际法不同的全新角度出发,考察这两个词的概念。

# 纳粹国际法学的转变及其问题的意义[*]

[日] 田畑茂二郎 著　胡笛飞 译[**]

一

从现象上看，纳粹国际法学迄今为止进行了两次转变。不言而喻的是，此处所谓转变，并不是指国际法学者们在各时期呈现出截然不同的想法。但自1933年希特勒执政以来，支配纳粹国际法学并使其呈现出特征的国际法学理念，确实可以被大致分为三个阶段。在第一阶段，所谓的国家平等乃至权利平等（Gleichberechtigung）被倡导。基于此种思想，凡尔赛体系被批判。在第二阶段，国际法理论的人种的/民族的制约被呼吁。在此立场上，既有的国际法学理念被批判。而第三阶段，就是广域国际法被提倡的现在。在转变过程中，第一阶段

---

[*] 本文原载日本《外交时报》1943年第107卷第1号。
[**] 田畑茂二郎，日本京都大学国际法教授，著名国际法学家。胡笛飞，日本早稻田大学法学硕士，江西华邦律师事务所律师助理。

时被当作攻击凡尔赛体系理论武器的国家平等理念，其后成为被攻击的对象。这种转变，至少从现象上来说，是很大幅度的转变。为什么纳粹国际法理念会发生这种转变呢？这种转变又有什么意义呢？笔者将围绕上述两点，对纳粹国际法学的根本动向进行若干考察。

当对纳粹国际法学的转变进行思考时，任谁都会首先注意到，这些转变直接反映德国国际地位的变化。第一阶段的理念出现时，德国的外交政策是全力摆脱因《凡尔赛条约》导致的外事活动中的不平等地位。第二阶段的理念萌芽时，德国和凡尔赛体系的"战斗"已告一段落，德意志民族的统一成为德国外交政策的目标。至于现在，德国已经不仅执着于德意志民族的统一，更放眼于全欧洲作为一个广域圈的统合。如果只考虑上述现象，纳粹国际法学确实具有一种令人恐惧的机会主义性质，在不好的意义上给人留下了受政治操控的印象。实际上，纳粹国际法学受政治左右，已经是一般认识了。然而，笔者认为，只从这一方面对纳粹国际法学进行理解，不一定是正确的。随着具体客观形势的发展，反映客观形势变化的国际法学的研究重点发生改变；以新情势为契机，对一直以来的理念进行反省，采取和从前不同的理念：这些事态从理论上来说，都是可能的。只有当学者为了迎合政策，故意歪曲某种理论并破坏那种理论自身的权威性时，我们才可以批判理论的机会主义性和政治性。因此，对于纳粹国际法学是否确如人们一般认为的那样，仅仅是在随着情势变更进行机会主义性转变这个问题上，我们不能单纯靠看其是否直接反映客观情势这种表面的考察，就进行判断。对这个问题，唯有在回溯至作为不同理念基础的前提，并对理念转变的意义进行深入思考后，才能回答。以这样的方式对理念转变的意义进行研究后，我们或许能发现，除了单纯地迎合政策，这种转变也对国际法的基础理论提出了重要问题。我们大概可以认为，此等转变是国际法思维极其重要的发展。

## 二

首先，我们必须具体明确纳粹国际法学用以对抗《凡尔赛条约》的"武器"的特征，也就是那时被援用的国家平等乃至权利平等概念的特征。在纳粹国际法学第一阶段中做出了显著贡献的学者，我们可以举出维克托·布伦斯（Viktor Bruns）和卡尔·比尔芬格（Carl Bilfinger）。布伦斯曾有如下论述：

"作为国际社会一员的意义是，所有国家都互相负有承认他国存在、尊重他国独立的义务。并且，互相负有义务，以社会内的平等和权利义务的平等为表征。因此，平等才是国际社会中正义的原则。我们必须否认那些否定平等的国家在国际社会的存在。"[1]

布伦斯认为，德国单方面被解除武装，其国家存在的独立性受到了威胁，这和上述的道理是矛盾的。比尔芬格的理论具有同样的意思：

"国家平等原则与对主权的认识难舍难分。因为只有独立国家才具有平等的法地位。因此，争论独立国家是否具有平等地位、否认基于平等的各种权益，其实是争论抑或否认这个国家在国际法意义上的政治独立性。这种对其他国家的态度，如果是一个国家或者多个国家故意为之，就应被归于国际法性质上的不法行为"。"如果遵从一致见解，所谓国家平等原则，意味着独立国家作为独立国家，在法律上相互平等。……这是具有团体性的国

---

[1] Viktor Bruns, *Germany's Equality of Rights as Legal Problem*, 1935, P. 26.

际法的根本原则，也是国家间生活的准则。"[2]

如此，权利平等可以被理解为平等原则的各种具体化表现，意味着相互性、公正平等待遇等。据此比尔芬格认为，德国在《凡尔赛条约》中的地位，显然与权利平等原则矛盾。因为条约上，德国既有被作为独立主权国家的要求，又被课以过重的单方面义务。

这样解释平等原则，是否可以如布伦斯和比尔芬格论述的那样，充分证明《凡尔赛条约》的不法性呢？本身，所谓国家平等原则，是否可以被认为是国际法上的实定原则呢？假设该原则可被认为是实定原则，又是在何种意义上被承认的呢？这几个问题，就不在此讨论了。并不是说这些问题不重要，只是相比这些问题，与纳粹国际法学转变关联更大的是，上述种种理解所展现的国际法理论的特性。那么，这些理解在什么地方展现了特性呢？

我们大致可以归纳出以下三个方面。其一，在上述理解中，国际社会中普遍妥当的法原则的存在被当作前提。基于这个前提，国际法团体/国际法秩序的统一被明确肯定。其二，各国间的国际法关系，统统被认为只能以第一点中的普遍原则为基础。相对于特殊的法关系，一般的/普遍的规范当然具有价值上的优越性。其三，前述普遍原则仅被当作先验的抽象性前提，没有在与自身存在根据的关联性上被具体把握。总的来说，这里展现的特性，就是一种普遍的/抽象的思维形式。

这种普遍的/抽象的思维形式——不仅指布伦斯和比尔芬格的思维形式——是过去国际法学领域内具有一般支配性的思维形式。从根本上颠覆了这种思维形式的是，下面将要讨论的民族主

---

[2] Carl Bilfinger, *Zum Problem der Staatengleichheit im Völkerrecht*, *Zeitschrift für äuslandisches öffentliches Recht und Völkerrecht* 1934, S. 481, S. 486.

义的国际法理念。

## 三

从人种乃至民族立场出发的国际法理念,从时间上来看,并非一定是紧跟着上述理念出现的。这种国际法理念,真正代表了依据民族世界观去理解所有事物的纳粹的立场。此等理念,也许在纳粹政权确立最初,不,确立以前就已经在国际法学中出现。只是,这种理念被大书特书,还是自德国逐渐摆脱《凡尔赛条约》所导致的不平等地位,前述的国家平等主张销声匿迹后出现的。

在这种新立场上,最被强调的是国际法的人种、民族的制约。与此同时,以前那种普遍主义性的思维被激烈责难。格奥尔·哈恩在其著作《欧洲的秩序基础诸问题》中,对这种理念上的大幅转变进行了如下记述:

"如按照传统的国际法学理念,国际法是一种调整国际关系的普遍的法。不过,我们时代的精神态度是,承认所有的生活都受到类的约束(Artgebundenheit),然后激烈地从普遍化所有类型的倾向中脱离。我们正应称这种变革为:'精神上的哥白尼式转变。'"[3]

此处的"哥白尼式转变"具体代表着什么问题意义呢?要理解这一问题,首先需要看看诸学者对类的约束的见解。

我们首先可以想到赫尔穆特·尼克莱(Helmut Nicolai)。因为他最早提出了类的约束的原型概念。他如下论述道:

"如同国内法是民族精神的体现,国际法也是民族精神的体现。只是,前者的法渊源是单一民族共同体,而后者的渊源是参

---

[3] Georg Hanh, *Grundfragen europäischer Ordnung*, 1939, S. 21.

与国际法形成的所有民族意思的一致。然而，法意识只有当同种感觉存在时才可能形成。所谓同种感觉，是与人种同类性紧密相连的。因此，包含所有民族，并且作为世界法存在的国际法，仅能创制出极少数表面的法规罢了。"[4]

这样，尼克莱大致搭建了民族性法思维的原型。对此，吉泽（Friechrich Giese）和蒙兹尔（Eberhard Menzel）在他们合著的《关于现代德国国际法思想》一书中，做了进一步阐述。内容如下：

"一直以来，学者们臆测：对国际法的认识在世界范围内呈现统一状态。对此，从人种的/民族的观点出发进行斟酌尤为必要。我们知道，所有法的价值判断，都基于特定民族的法感觉与法意识存在，并受到民族的约束。……形形色色的价值判断，都是具体/个别民族独有的，不可能是抽象的/普遍的东西。故而，只要国际法规范以法的价值为内容，根据各民族法观念的不同，国际法观念也会当然不同。并且，随着各民族察知自己的民族特性，此种不同便会因法创造力的增强愈发显著。……因此，与所有国际法订立/执行相关的、一般通用的概念，明显不可能成立。"

那么，具有普遍妥当性的一般国际法便不存在了吗？在这个问题上，有必要区别以一定法的价值判断为内容的、同价值相关的国际法规范，和同价值毫无关系的、纯粹的技术性国际法规范（比如与外交使节有关的法）。前者"受到人种的/民族的制约，只能在被同一价值秩序支配的共同体内适用。在这样的情况下，承认普遍妥当性是有困难的"。能够被认为具有普遍妥当性的，只有基于国际交往必要性产生的、同价值毫无关系的规范

---

[4] Helmut Nicolai, *Die rassengesetzliche Rechtslehre*, 1932, S. 44.

而已。[5]

在《作为统一体的欧罗巴》这篇论文中，迪策（Hans-Helmut Dietze）也抒发了同样的见解。迪策认为：所有法秩序都以具体存在的共同体为前提。没有法秩序就没有生活秩序，没有生活秩序也就没有法秩序。根据国民社会主义的见解，法不是被恣意创造出来的，而是具体人类共同生活本身的表现。在此意义上，人们必须承认：民族根据法律结合的基础，存在于由命运决定的共同性之中。因此可以说，真正内容丰富的国际法，只存在于种族/精神类似的民族之间。而所谓的普遍世界法，由于欠缺法感觉的同种性，不过是极其不值一提的表面的法规。[6]

对这种法的人种性/民族性的理论，我们大概可以提出很多问题吧。但在以下两点上，问题殊为显著。其一，如何从由生物学的/自然的人种同类性，导出规范性的法意识的一致呢？其二，为了说明国际法规范的妥当性，是否必须考虑某种客观要因？这一要因能克服各民族法意识的区别，将各民族的法意识统一起来。不过，让我们把这两点搁置一下，等讨论广域国际法时再进一步陈述。此处，我们首先应当注意的是法的人种性/民族性理论展现出的是对普遍主义的/抽象的国际法思想的批判。

迄今为止，国际法学对于普遍的一般国际法和特别国际法关系的看法，可以被归纳为两类。一是认为两者是同性质的存在，单纯在守法者数量上有所差异。二是承认一般国际法价值上的优越性，把特别国际法作为具体的特殊化的存在。其实这两类看法是共通的。国际法上的法实证主义，就是假定存在"形式的国家意思"这样抽象的一般性概念，然后把全部国际法关系都置于国家意思的一致这个共性上去理解。如果从这种实证主义出发，去

---

[5] F. Giese-E. Menzel, *Vom deutschen Völkerrechtsdenken der Gegenwart*. 1938, S. 15-28.
[6] Hans-Helmut Dietze, *Europa als Einheit*, *Zeitschrift für Völkerrecht*, 1936, S. 316-317.

理解一般国际法与特别国际法的关系，就会认为两者只存在适用范围的差异，本质上没有区别。另外，如果像前述时期的学者一样认为国家平等，就会承认一般国际法价值上的优越性。也就是说，评价所有特别国际法时，都必须以一般国际法为参照物。然而，我们很难说这两类看法具体把握了国际法关系的实质。

确实，条约不管在怎样不同的国家间都被缔结了，且不管在怎样不同的国家间都可能被缔结。可是，仅仅只看到国际法关系被条约化的一面，仅仅只看到国家意思一致这个共同点，就认为国际法关系都具有相同本质：这和在理解各国国内法时，仅因为制定形式相同所以认为各国国内法相同一样。各个国家的国内法，虽然制定形式相同，也依然被冠名为日本的法、德国的法、英国的法等，但却被认为是本质不同的独立秩序。条约的情况也应如此。即使条约的成立形式一致，根据各国结合的情况，我们可以也必须承认条约之间具有本质的区别。如沃尔兹（G. A. Walz）所区分的一样，[7] 就算都是条约，也有作为达成一定目的手段的条约，即随着目的消失而当然丧失存在意义的"Zweckvertrag"（《德苏互不侵犯协定》就是典型）与作为对国家结合的自觉确认的"Gemeinschaftsvertrag"（《日满议定书》《日华共同宣言》都属于此类）。我们必须清楚，这两种条约之间存在本质区别。

现在，如若我们承认国际合意之间存在质的区别，那么，论说国际法的人种的/民族的制约的人们，对从前普遍主义性思维进行激烈批判的意义，也就不言自明了。国际法秩序并不像那些持普遍主义观点的人们所说，是某种根据普遍原理形成的统一秩序。而各个国家间的国际法关系，也不能都被简单地认为是统一

---

[7] Gustav Adolf Walz, *Artgleichheit gegen Gleichartigkeit : Die beiden Grundprobleme des Rechts*, 1938, S. 45.

秩序的部分现象。不能依据普遍原理赋予国家间的国际法关系价值，不能认为国家间国际法关系只可基于普遍原理存在。各国间的国际法关系，以各国固有的结合为前提，具有用"相对于一般存在的特殊存在"这个原则无法充分解释的独特价值。这样考虑才妥当。我们虽然不能否认，存在基于国际交通实质上的必要性而获得普遍妥当性的一般国际法；但是我们绝不能因为这种一般国际法的存在，就认为各国间的国际法关系是在那种规范的前提下成立的。各国间的国际法关系现实地存在着，不受那种一般国际法的干涉，和那种一般国际法处于完全不同的层面。

这里，我们必须承认，上述人们对普遍主义思维的批判，具有两点意义。一是明确了所谓的国际法秩序的多元构成。二是清楚地认识了国际法的价值——理念的多元性。

四

如前，我们大概不得不说：从抽象的国家平等/权利平等的思考方式，转向承认国际法的人种的/民族的制约，是对国际法秩序构造认知的深化，是国际法思维的前进。但同时，我们也不能否认，这种承认国际法的人种的/民族的制约的理论，也具有潜在缺陷。在上文中我们已经提到过。为使国家间的国际法结合成为可能，我们必须找到一个将各个民族的法意识真正统一起来的要因。因为，以人种/民族的同类性作为客观要因是不充分的。民族理论带来了清楚的民族自觉，民族自觉又带来了国际法秩序多元性的观念。在此，纳粹国际法学的第三阶段，广义国际法论被赋予了一个课题，即探究一个客观要因。这个客观要因，在上述多元性观念存在的前提下，仍然能使国家超越个别的、民族的界限，真正结合起来。

众所周知，广域国际法论的代表人物是卡尔·施米特（Carl Schmitt）。在施米特的论述中，最先被当作攻击对象的，仍然是普遍主义的国际法思维方式。施米特说道："从具体地域出发的广域原则的对立物是，涵盖全世界及全人类的普遍主义的世界原则。"[8]当初，近代国际法其实是所谓的"欧罗巴国际法"，是以欧洲的家族团体为前提的具体秩序。在当时的欧洲，共同进行协商、对事物采取共通的看法、共同进行团体行动，都是可能的。然而不久，随着近代国际法的适用范围被扩展到了欧洲以外的各国，那种近代国际法也就堕落了，成为"不论适用于 50 个还是 60 个异质国家都没有区别的、必然妥当的世界法"。那种国际法只是毫无体系的规范聚集体，连代替欧洲国际法具体秩序的新具体秩序的影子都看不到。[9]施米特提倡的"国际法的广域秩序"，正是对那种在地球上普遍妥当的、"无视了地域的世界法"的扬弃。施米特试图构建一个新的、基于广域的具体秩序。虽然，这种秩序未必就否定了普遍妥当的国际法规的存在，但是不能被那种普遍规范涵括。这种秩序是和那种普遍规范处于完全不同层面的独特秩序。为了构建这个秩序，对广域外国家干涉的排除，被施米特当成了广域秩序形成的重要因素。

然而，不言而喻的是，广域国际法论的意义，并不仅限于和民族主义理论相似的对普遍主义思维的反思，还在于它超越了人种和民族，特别强调了广域概念的这一点。

如我们反复提到的，国际法的人种的/民族的制约论之缺陷，在于它没能指出真正统一各个民族的法意识的客观要因。即使有些人将人种/民族的同类性作为统一的原因，他们也没能说明怎样从那种自然的前提条件推导出规范意识的一致。某些民族，从

---

[8] Carl Schmitt, Grossraum gegen Universalismus, *Positionen und Grundbegrffe*, S. 295.
[9] Derselbe, Die Auflösung der eurioaischen Ordnung im "International Law" (1890‑1939), *Deutsche Rechtswissenschaft*, Bd. 5 Heft. 4, S. 267‑273.

历史上来看应该最为亲密，却最为激烈地对立——这样的例子并不稀有。人种/民族的类似性并不当然代表法意识的一致。要把那种自然的类似性提高到规范性意识的一致，客观契机的介入最为必要。而广域国际法所论述的广域，正是客观契机的示现。

然而，我们不能如人们常常误解的那样，将广域简单理解为地理意义上的地域。如果广域只具有地理意义，那么广域概念和前述人种和民族的自然类似性就没有区别了，也不足以导出民族相互间规范意识的真正一致。并不能仅因为某些民族自然地理位置的接近，就认为这些民族间的规范意识比其他民族间的更为一致。德国是同苏联关系密切，还是同日本关系密切毋庸赘述。广域概念不是阐述自然地理性质的概念，而是如施米特所述，是"一个具体的历史的/政治的概念"，是"现代一般的发展倾向衍生出的人类计划/组织/活动的范围"。[10]这种广域是一个概念上的统一体，是因时代变迁、政治境地发生变化而拥有不同具体意义的地域的政治性形象。在这个意义上，广域内诸民族的结合，是深植于历史和政治的，不单纯是自然的产物。

显而易见，在广域秩序中，主导国（Reich）的概念以指导国家的全新形式登场。帝国、广域和圈外诸国的不干涉这三个要素，构成了广域秩序。[11]不过，主导国的指导并不是毫无前提的。指导要以广域内诸民族的结合为前提，要使各国结合理念真正自觉的体现。圈外诸国的不干涉，也是因为广域内的特殊结合。在这个意义上，我们大概可以认为，广域是广域秩序成立的最为基础的要素。

关于广域秩序——广域国际法，仍然残留着许多问题。但至

---

[10] Derselbe, *Raum and Grossraum im Völkerrecht*, *Zeitschift für Völkerrecht*, 1940, S. 145, S. 149.

[11] 关于施米特的广域国际法论，详情参照安井助教授所著《欧洲广域国际法的基础理念》一书。

少综上来看，我们必须承认广域国际法是对国际法思维的重要发展。国际法上人种/民族的理论，否定了刻板的普遍主义，展现了对国际法秩序构造的全新认识。在这个意义上，人种/民族的理论确实代表纳粹国际法学的进步。但是，这一理论没能充分说明将诸民族真正结合在一起的客观要因。只要人种/民族的同类性还只是单纯的自然条件，就仍不足以导出诸民族规范意识的真正一致。然而，广域国际法论让我们认识到了一个超越了自然前提的、更为具体的、作为历史/政治意义上的统一体的广域概念。广域国际法论还认为，诸民族的联结，是这种概念上的统一体造就的。笔者想我们应该承认，从上述两方面来看，广域国际法论在正当化国际法秩序多元性上，迈出了重要一步。[12]

---

[12] 关于施米特的广域国际法论，除上述内容，还有许多方面需要介绍。那些笔者就留到下篇，不在本论中赘述。比如，施米特否定了作为抽象的/形式的概念的国家概念。再比如，施米特广域国际法论思想的根本，体现于他所谓的具体的秩序思想（就此，安井助教授在《欧洲广域国际法的基础理念》中已经指出）等等。只是所谓的具体的秩序思想，至今也止于一种倡议，基础未必充分。在秩序的意义没有被充分论述这方面，以及秩序与形成的关系不明确这方面上，施米特的理论存在缺陷。不过，施米特的广域国际法论中存在缺陷的根本原因，是他几乎没有说明广域作为真正的概念统一体的理念基础，也没有怎么触及广域内部帝国指导的具体形式等。

# 国际关系与国际法的批判史*

[美] 詹妮弗·皮茨 著　黄影 译**

## 一、导论

20世纪后半叶以来,国际关系(International Relations)学科几乎与其他曾有着相同研究范围的学科——国际法、政治理论、学术史,以及政治思想史——相隔绝。国际关系依赖于程式化的历史、学术传统的历史(现实主义者、社会连带主义者/多元主义者以及自由主义者)、众多学科奠基者的历史,以及具有转折性意义事件的历史(最重要的即1648年)。在欧洲和英国学界,国际关系与政治思想之间的长期隔绝——大卫·阿米蒂奇(David Armitage)将其称为"五十年裂痕"(fifty years' rift)——已经开始逐渐弥合,尽管美国的国际

---

\* 本文原载《国际关系》(*International Relations*) 2017年第3期。
\*\* 詹妮弗·皮茨,哈佛大学政治学博士,芝加哥大学政治学系教授。黄影,天津外国语大学国际关系学院讲师,北京大学法学博士,德国马克斯·普朗克比较公法与国际法研究所访问学者。

关系学界仍对此持冷漠态度。[1] 具体情境下的历史已经成为这些发展趋势的中心议题，学者们重新审视了在国际关系学科最初的叙事中作为奠基人物的思想——马基雅维利（Machiavelli）、格劳秀斯（Grotius）、霍布斯（Hobbes）、康德（Kant）等——再次细致入微地理解其自身所关注的问题，而这些问题与长期以来上述学者针对国际关系中的现实主义者抑或自由主义"传统"进行的假想敌式的争论毫不相关。[2] 同样地，学者也致力于国际关系与国际法之间关系的重建（同样绝大多数也在美国之外），虽然这两个学科的研究大部分仍然是分开进行的。[3] 国际关系的根基在于国际法——都在于共同的"奠基者"（例如，格劳秀斯和霍布斯）——以及20世纪初期国际关系专业学科的出现。[4]

---

[1] David Armitage, "'The Fifty Years' Rift: Intellectual History and International Relations", *Modern Intellectual History*, 1 (2004), pp. 97-109; also see Duncan Bell, "International Relations: The Dawn of a Historiographical Turn", *British Journal of Politics and International Relations*, 3 (2001), pp. 115-126; Brian C. Schmidt, "Together Again: Returning Political Theory and International Relations Theory", *British Journal of Politics and International Relations*, 4 (2002), pp. 115-140.

[2] See, for example, David Armitage, *Foundations of Modern International Thought*, Cambridge: Cambridge University Press, 2013; Edward Keene, *Beyond the Anarchical Society: Grotius, Colonialism, and Order in World Politics*, Cambridge: Cambridge University Press, 2002; Edward Keene, *International Political Thought: A Historical Introduction*, Malden, MA: Policy Press, 2005; Noel Malcolm, "Hobbes's Theory of International Relations", in Noel Malcolm (ed.), *Aspects of Hobbes*, Oxford: Oxford University Press, 2002, pp. 432-456; Georg Cavallar, *The Rights of Strangers: Theories of International Hospitality, the Global Community, and Political Justice since Vitoria*, Burlington, VT: Ashgate, 2002.

[3] David Armstrong, Theo Farrell, Hélène Lambert, *International Law and International Relations*, Cambridge: Cambridge University Press, 2012; Michael Byers (ed.), *The Role of Law in International Politics: Essays in International Relations and International Law*, Oxford: Oxford University Press, 2000; Adriana Sinclair, *International Relations Theory and International Law: A Critical Approach*, Cambridge: Cambridge University Press, 2010.

[4] 马蒂·科斯肯涅米将这两个学科逐渐分离的历史归因为第二次世界大战之后现实主义的主张成为国际关系学科的中心思想；20世纪早期，法律在美国学院和大学的国际关系研究中占据统治地位，这些学院和大学78%的课程涉及国际法，18%的课程涉及外交历史。Martti Koskenniemi, "Law, Teleology and International Relations: An Essay in Counterdisciplinarity", *International Relations*, 26 (2011), pp. 3-34, citing Ronald Rogowski, "International Politics: The Past as Science", *International Studies Quarterly*, 12 (1968), p. 398.

然而尽管国际关系和国际法这两个学科已经完成分离,但两者仍具有许多根植于19世纪和20世纪早期的共同发展历史中的共同之处,例如,对科学作用的渴望、对经由奠基者和起源神话得以普及的程式化历史的依赖、对作为基本原则的主权的依赖、认为帝国和帝国主义已成为历史陈迹且"附随该学科本身"的倾向,以及对其自身参与种族化等级结构和话语形成过程的忽视。[5] 近期学界试图将这两个学科结合起来进行研究,但能否完全解决这两个学科共有的欧洲中心论(Eurocentricity)以及缺乏对自身历史的批判性导向的问题,仍不甚明朗。即使学界认为华尔兹式现实主义对这一理念进行的典型的清晰阐述已经过时,但最近形成的研究群体仍继续将国际关系理论化为在形式上平等的主权国家之间运行,包括与国际法学界进行对话的国际关系研究群体,例如,理性设计的自由主义。[6]

然而这一时期,国际法学界已经发生了历史性的转向,这一点值得国际关系学科借鉴。研究国际法批判史的学者从根本上对国际法历史叙述中的主流论调提出质疑。[7] 以往的研究模式认为,国际法的历史就是走向更加理性和人性化的全球秩序进程,

---

[5] Antony Anghie, "Decolonizing the Concept of Good Governance", in Branwen Gruffydd Jones (ed.), *Decolonizing International Relations*, Lanham, MD: Rowman & Littlefield, 2006, p. 109; John M. Hobson, *The Eurocentric Conception of World Politics*, Cambridge: Cambridge University Press, 2012.

[6] For example, Barbara Koremenos, Charles Lipson and Duncan Snidal (eds.), *The Rational Design of International Institutions*, Cambridge: Cambridge University Press, 2004.

[7] Martti Koskenniemi, *Gentle Civilizer of Nations: The Rise and Fall of International Law (1870-1960)*, Cambridge: Cambridge University Press, 2001; Antony Anghie, *Imperialism, Sovereignty and the Making of International Law*, Cambridge: Cambridge University Press, 2004; Anne Orford, *Reading Humanitarian Intervention: Human Rights and the Use of Force in International Law*, Cambridge: Cambridge University Press, 2003; Anne Orford, *International Authority and the Responsibility to Protect*, Cambridge: Cambridge University Press, 2011; Anne Orford (ed.), *International Law and Its Others*, Cambridge: Cambridge University Press, 2006; Teemu Ruskola, *Legal Orientalism: China, the United States, and Modern Law*, Cambridge, MA: Harvard University Press, 2013; Arnulf Becker Lorca, *Mestizo International Law: A Global Intellectual History (1842-1933)*, Cambridge: Cambridge University Press, 2014.

而在 19 世纪，法律起到了"温良的教化者"的作用，最具影响且成果最为丰硕的新历史学家马蒂·科斯肯涅米（Martti Koskenniemi）将这一观点广为传播。在之前的研究中，国际法是欧洲文明独特的发展成果，而罗马法的遗产——万民法（ius gentium），具有普遍适用性的理念、法治观念，以及迫于彼此之间在地理上的邻近而不得不寻找互相容忍的方法和制定维持和平与进行战争的规则，从而在多样化和面积相对狭小的欧洲国家之间进行外交活动，这些因素都使这一观点的形成成为可能。[8] 国际法历史研究者和国际关系学者一致认为，1648 年是现代国际秩序的滥觞，尽管这一观点早在近期大量涌现的关于"1648 年神话"的学术成果之前就已被国际法学界所抛弃。[9] 然而在国际关系领域，这一观点仍然继续盛行，因为其明确地表明国际社会不存在统一的统治者，而是由形式上完全平等的主权国家组成（尽管在实力上有所差异）。正如塔拉克·巴卡维（Tarak Barkawi）在一篇详尽且富有启发性的评论中所指出的，这一评论在大部分"国际学科"（跨越现实主义、构建主义和自由主义等相互对立性的范式）内部，形式上平等的主权并以领土为基础的民族—国家是

---

[8] 这一叙事的最新例证体现于此书：Stephen Neff, *Justice among Nations: A History of International Law*, Cambridge, MA: Harvard University Press, 2014。作者认为这些原则"将最终确定国际法不是中国而是欧洲的产物"（第 49 页）。相关论述，可参见 Jennifer Pitts, "The Critical History of International Law", *Political Theory*, 43 (2015), pp. 541-552。早期历史研究包括 François Laurent, *Histoire du droit des gens et des relations internationals*, Gand: L. Hebbelynck (1850-1870), 18 vols; Arthur Nussbaum, *A Concise History of the Law of Nations*, New York: Macmillan, 1947; Jan Hendrik Willem Verzijl, "Western European Influence on the Foundations of International Law", *International Relations*, 1 (1995), pp. 137-146。

[9] Benno Teschke, *The Myth of 1648: Class, Geopolitics, and the Making of Modern International Relations*, London: Verso, 2003; Andreas Osiander, "Sovereignty, International Relations, and the Westphalian Myth", *International Organization*, 55 (2001), pp. 251-287; Sebastian Schmidt, "To Order the Minds of Scholars: The Discourse of the Peace of Westphalia in International Relations Literature", *International Studies Quarterly*, 55 (2011), pp. 601-623; 阿瑟·努斯鲍姆在其经典著作《简明国际法史》中针对诸如亨利·惠顿等早期史学者提出的威斯特伐利亚和约是"欧洲万民法的肇端"（第 86 页）之观点提出了批评。

国际关系中基本单位理念的持续性主导地位："国家安全研究和国际关系学科缺少对帝国问题的整体和详细的考察……这是一种令人吃惊的本质性的缺失。"巴卡维指出，"无政府状态下的国家"假设不仅继续构成大部分国际关系理论在概念上的起点，而且也构成该学科经验数据的最重要（同时从表面上看是理论中立的）来源，其中最重要的即战争相关因素（Correlates of Wars）和国家间军事争端（Militarized Interstate Disputes）数据集。[10] 威斯特伐利亚神话的持续存在也具有增强这一误导性观念的效果：现存的全球秩序是在早期现代欧洲国家之间的交往过程中形成的，同时逐渐向外扩张，最终随着殖民化进程扩展至全球范围。[11] 这一模式仍继续塑造着国际关系学界对全球政治的解读，尽管正如国际关系学界最新的研究成果所充分表明的，19世纪后半叶和20世纪前半叶的国际法和国际关系学者也投身于政治活动，将殖民统治理论化，同时毫不掩饰地为全球种族等级秩序进行辩护。[12] 这一阶段帝国主义历史的遗产不仅包括帝国关系在

---

[10] Tarak Barkawi, "Empire and Order in International Relations and Security Studies", in Robert A. Denemark (ed.), *The International Studies Encyclopedia*, Chichester: Wiley-Blackwell, 2010, pp. 1360-1379.

[11] See, classically, Hedley Bull and Adam Watson (eds.), *The Expansion of International Society*, Oxford: Clarendon Press, 1984; also Robert H. Jackson, *Quasi-States: Sovereignty, International Relations, and the Third World*, Cambridge: Cambridge University Press, 1990. 相关的批判性文献资料，可参见 Branwen Gruffydd Jones, "Introduction", in *Decolonizing International Relations*, p. 4; John M. Hobson and Joelle C. Sharman, "The Enduring Place of Hierarchy in World Politics: Tracing the Social Logics of Hierarchy and Political Change", *European Journal of International Relations*, 11 (2005), pp. 63-98.

[12] Hobson, *The Eurocentric Conception*; Srdjan Vucetic, *The Anglosphere: A Genealogy of a Racialized Identity in International Relations*, Stanford, CA: Stanford University Press, 2011; Duncan Bell, *Reordering the World: Essays on Liberalism and Empire*, Princeton, NJ: Princeton University Press, 2016; Jeanne Morefield, *Covenants without Swords*, Princeton, NJ: Princeton University Press, 2005; Jeanne Morefield, *Empires without Imperialism*, Oxford: Oxford University Press, 2014; Andrew Fitzmaurice, *Sovereignty, Property and Empire*, 1500-2000, Cambridge: Cambridge University Press, 2014; Robert Vitalis, *White World Order, Black Power Politics: The Birth of American International Relations*, Ithaca, NY: Cornell University Press, 2015. 维塔利斯写道：他"在一个不承认我进行的研究是国际关系研究的部门"担任教职。

之前的殖民社会中所持续产生的剧烈影响，还包括从全球奴隶贸易和攫取西半球范围内广阔的耕地，到非殖民化战争和后二战时期各种具有代表性的秘密战争等事件对宗主国及其经济、军事、政治所产生的经常被忽视但同样具有转折性的效果。[13]

尽管国际关系与国际法学科之间存在某些明显的差异，其中最重要的是大多数国际关系学者不愿进行明确的规范研究，但是这两个学科共同的深刻历史意味着国际法的批判历史同样也应当被视为国际关系的历史。本文旨在探讨持续存在的全球秩序等级结构——安东尼·安吉（Antony Anghie）将其称为"体现在国际体制结构、逻辑和认同之中的差异动态"——以及19世纪的大英帝国在国际秩序体制形成过程中所起的重要作用。[14] 在《全球变革》(*The Global Transformation*)一书中，巴里·布赞（Barry Buzan）和乔治·罗森（George Lawson）坚持认为，未能认识到现代世界是19世纪全球政治、军事和经济秩序变动的产物削弱了国际关系的学科性。他们指出，该学科围绕重要转折点而展开研究的导向——1648年、1919年、1945年、1989年——掩盖了更重要的现实问题。在19世纪的发展过程中，这些问题随着进入全球工业现代化阶段逐渐产生，包括核心—边缘结构的形成、民族—国家和全球帝国的双重体制，以及证明和阐释进步和文明的思想。他们的著作综合了全球历史和历史社会学的最新研究成果，对大部分国际关系的主流思想提出了尖锐的挑战，该书支持

---

[13] 巴卡维强调殖民主义或者"小型战争"对国内政治以及诸如越南战争和阿尔及利亚战争等文化-军事关系对美国和法国产生的影响。See Barkawi, "States, Armies, and Empires", in *Legacies of Empire: Imperial Roots of the Contemporary Global Order*, Cambridge: Cambridge University Press, 2015. 关于征服新世界对欧洲经济发展和取得军事与工业统治地位的贡献，参见 Kenneth Pomeranz, *The Great Divergence: Europe, China, and the Making of the Modern World Economy*, Princeton, NJ: Princeton University Press, 2000.

[14] Anghie, *Imperialism, Sovereignty*, p. 193; and see Lauren Benton and Lisa Ford, *Rage for Order: The British Empire and the Origins of International Law* (1800–1850), Cambridge, MA: Harvard University Press, 2016.

后殖民时期学者的观点——部分挑战源于学科内部（大部分仍是美国以外的学者）——并突出强调国际秩序系统性的等级化和种族化本质。[15]

本文通过探讨19世纪国际关系遗产的一个方面意在表明：虽然主要的欧洲国家都纷纷成为全球帝国，但国际法和国际政治领域的学者依然坚持将"国际"领域视为产生于欧洲并由自由和平等的国家构成的"共同体"，而且与其他地区不同的是，欧洲政治社会不存在早已成为历史陈迹的帝国统治政治。这些学者在进行全球政治关系和事件理论研究方面的能力差异，以及现代国际关系学科本身的差异都具有影响深远的意涵。如果国际关系学科仍继续与这一思想——现存国际秩序的重要特征是无政府状态下国家在形式上的独立——保持着观念上的紧密联系，并将这一特征视为在早期的现代欧洲范围内与其他地区相隔绝的状态下形成的，那么将无法准确分析现代世界秩序中诸多最重要的现实问题：例如，南北半球之间长期以来存在的发展不平衡、国家内部的暴力扩散、大规模的人口迁移和环境恶化等。

## 二、帝国世界中的国家模式：瓦泰尔

在十八、十九世纪的欧洲，国际的概念逐渐成为研究的焦点问题。在这一时期，历史学家和政治学者开始将欧洲理解为"国家体系"，它的研究价值体现在该体系本身而非仅仅作为国家和

---

[15] Barry Buzan and George Lawson, *The Global Transformation: History, Modernity, and the Making of International Relations*, Cambridge: Cambridge University Press, 2015; David Long and Brian Schmidt (eds.), *Imperialism and Internationalism in the Discipline of International Relations*, Albany, NY: SUNY Press, 2005; Philip Darby (ed.), *At the Edge of International Relations: Postcolonialism, Gender and Dependency*, London: Pinter, 1997; L. H. M. Ling, *Postcolonial International Relations: Conquest and Desire between Asia and the West*, Basingstoke: Palgrave, 2002; Jones, *Decolonizing International Relations*; Robbie Shilliam (ed.), *International Relations and Non-Western Thought*, London: Routledge, 2010.

政治家活动的产物，他们将其形成视为现代欧洲文明的伟大成就。[16] 然而随着18世纪欧洲国家全球帝国的迅速扩张，欧洲国家是非帝国性的，而亚洲专制国家本质上具有帝国属性的思想体系上的自我认知逐渐形成。在18世纪具有重大影响，而在19世纪成为主流的一种思想认为，欧洲国家得益于其独特的特质或者进步，已经形成了一套调整国家之间互惠关系的法律规则体系，这一规则体系应在全球范围内都具有权威性，因此将其强行适用于他人也是正当合理的。这一观点的支持者为欧洲的显著特征提供了各种备选，包括尊重个人是基督教文明特有的传统，对法治的推崇是罗马法的遗产，以及多样性的地理环境造就了多元化的国家形态，这些国家迫于彼此间的相对平等而不断调整相互之间的关系。[17]

孟德斯鸠对这一思潮产生了重要影响，他认为当世界其他地区仍在强大的专制帝国统治下痛苦挣扎时，欧洲这一地区已经形成了以对内实行法治、对外奉行互相尊重原则为特征的多元化现代国家体系。孟德斯鸠对东方专制政体的描述成为欧洲国家体系概念的对比物。在他的叙述中，专制国家是反政治的（antipolitical），因此其内部构成过于单一，即在其各组成部分之间不存在互相协调、制约、反抗和磋商的关系。孟德斯鸠认为，在专制国家，"君主的意志一旦下达，就会像一个投向他人的球一样，产

---

[16] Richard Devetak, "Historiographical Foundations of Modern International Thought: Histories of the European States-System from Florence to Göttingen", *History of European Ideas*, 41 (2015), pp. 62–77.

[17] 就第一个特征的最新研究成果，可参见 Larry Siedentop, *Inventing the Individual: The Origins of Western Liberalism*, London: Allen Lane, 2014。孟德斯鸠和密尔等人主张的第三个特征。同时参见 Jean-Jacques Rousseau, *Abstract of Monsieur the Abbé de Saint-Pierre's Plan for Perpetual Peace*。他认为欧洲拥有以罗马法为基础的共同的文化，其范围内的山川河流意味着"在某些方面，世界这一地区的政治秩序是自然的杰作"。Jean-Jacques Rousseau, *The Plan for Perpetual Peace, On the Government of Poland, and Other Writings on History and Politics*, (ed. Christopher Kelly), Hanover: Dartmouth College Press, 2005, p. 33.

生无可逆转的效果。如果没有调和、修正、协调、平衡、选择、磋商、抗议，就不能提出有效的或者更好的解决方案"。[18] 专制政体这一反政治性的后果即是，根据孟德斯鸠的观点，专制体制国家无法在互相尊重的基础上与其他国家进行交往，而这正是欧洲外交和国际法的主要特征。专制国家通过征服行为得以发展，同时采取一种与共和政体和君主政体根本不同的国家间交往模式；这些国家无法很好地与其他平等独立的国家共存。他认为，专制政体"如果被荒漠所环绕，与被他们称之为野蛮人的群体相隔绝，并能够将自己视为世界上唯一的国家的时候，将会是最好的情形"，而君主的政治生活则塑造了统治阶级各成员间彼此相处上的灵活性和互相尊重。[19] 这些特质使得欧洲的温和政体能够在相对平等的国家共同体中和平共处，基于彼此在地理上的邻近，这些国家不得不互相协调、磋商，并达成平衡，即使它们也曾发动过战争和进行过商业掠夺。孟德斯鸠指出，亚洲专制政体将所有外国人都视为野蛮人，这一观点代表着早期的欧洲观念，特别是中国人认为所有的"外夷"都低人一等（这一问题随着国际关系欧洲理论化的过程中出现的文明—野蛮的区分取得了更重要的主流地位而逐渐变得讽刺和自然）。[20] 随后，孟德斯鸠明确地将欧洲国家体系描绘成这样一幅想象中的图景：在结构上是反帝国的（尽管并非不可避免，因为这一观点部分是受欧洲国家将

---

[18] Montesquieu, "L'esprit des lois", in *Oeuvres Complètes*, ed. Roger Caillois, Paris: Gallimard, 1951, Vol. 2, cited by book and chapter (III, 10), translation from Anne Cohler, Basia Miller and Harold Stone (eds.), *The Spirit of the Laws*, Cambridge: Cambridge University Press, 1989, p. 29; also see Céline Spector, "Montesquieu, L'Europe, et les Nouvelles Figures de l'Empire", *Revue Montesquieu*, 8 (2006), pp. 17–42.

[19] Montesquieu, *De l'esprit des lois* (V, 14), *The Spirit of the Laws*, p. 60.

[20] 就 19 世纪中叶英国人认定汉字"夷"的意思是野蛮人，是一种侮辱，因而不允许规定在任何条约之中的观念的研究（而早期英国辞典对此词模糊地译为"外国人"），可参见 Lydia Liu, *The Clash of Empires: The Invention of China in Modern World Making*, Cambridge, MA: Harvard University Press, 2004, pp. 86–107。

成为东方国家式专制政体的受害者的担忧所驱使而形成),注重对自由的保护,由能够通过国际法和灵活性外交活动得以解决彼此间敌对关系的国家所组成的独特共同体。

国际法是理论家用于阐明其自身作为普世价值奉行者这一欧洲主张的最重要的话语形式之一。在这套话语之中,持续存在着一种紧张关系:将所有人性包括在内的普遍秩序的信念(作为自然法的国际法)与将全球政治纳入欧洲历史秩序之中(作为欧洲公法的国际法)的关系。18世纪与19世纪之交,欧洲国家体系及其公法逐渐被视为整体的国际社会的缩影。18世纪与19世纪之交在诸多方面都是一个明显的分水岭,例如,"国际"(international)这个词的使用,该词是18世纪80年代由杰里米·边沁(Jeremy Benthan)创造出来的。[21] 这一时期也首次开始记述该学科的历史。[22] 正如爱德华·基恩(Edward Keene)所指出的,将《威斯特伐利亚和约》视为国际体系现代起源的观点也是从这一在意识形态上具有反革命精神的历史时期开始的。[23] 瓦泰尔和边沁写作的年代是在18世纪与19世纪之交的前后几十年,这一时期正是国际关系的研究历史发生重大变革的时期,这两位学者都以不同的方式成为现代国际思想发展过程中的关键人物。他们采用的方法存在很多不同,除了使用的术语差异,两人对自然法的态度也存在对立:瓦泰尔强调自然法的重要地位,而边沁则对

---

[21] 边沁于1789年在其著作《道德与立法原理导论》中正式引入"international law"一词,具有原创性,但在之前的注释中他事实上已使用过该词:"Projet Matière: Entregens", Bentham Papers, University College London XXV. 1。And see M. W. Janis, "Jeremy Bentham and the Fashioning of 'International Law'", *American Journal of International Law*, 78 (1984), pp. 405-418; and David Armitage, "Globalising Jeremy Bentham", in *Foundations of Modern International Thought*, pp. 172-87.

[22] Heinrich Ludwig von Ompteda, *Literatur des gesammten sowohl natürlichen als positive Völkerrechts*, Regensburg: Montag, 1785; Robert Ward, *An Inquiry into the Foundations and History of the Law of Nations in Europe*, London: A. Strahan, 1795.

[23] Keene, *Beyond the Anarchical Society*, pp. 19-29.

自然主义抱持强烈的功利主义式的敌意。本文将重点讨论二者在构建全球法律秩序及其参与者，特别是在其描绘的国际图景中帝国地位的不同方法。

瓦泰尔对于国际思想最重要的贡献或许在于他将国家或者民族——他将这两个术语互换使用——看作是有道德的人。[24] 在他的叙述中，国家以共同体的形态出现，为了自身和整体上的自我完善，共同体里的各个成员国家在道德上都应该团结一致。他描绘了由国家组成的世界，这些国家彼此之间作为法律上的平等主体进行交往，而不论其大小或相对实力有何差别——在他著名的比喻中，"一个主权封邑诸侯，不管其实力排名有多靠后，也如最强大的君主一样，拥有完全的主权和独立，正如一个侏儒与一个巨人一样平等"。[25] 国家的多样性赋予了彼此之间法律地位的平等性，以及所有成员共同参与集体生活并排除外来者干预的自治性，这一观点在很多方面都具有很强的吸引力。作为平等对待不同民族的理论依据，瓦泰尔思想的早期读者就已经开始利用这一观点所具有的批判性的潜在功能，如埃德蒙·伯克（Edmund Burke）援引瓦泰尔的观点来指控英国在与印度的国家关系中以及在美国独立战争中没收西印度群岛上的犹太人财产的行为皆违反了国际法。[26] 正如下文所指出的，第一次鸦片战争中英国的批评者同样也援引瓦泰尔的观点，认为中国享有国际法上的平等

---

[24] "Les Nations, ou Etats sont des corps politiques de sociétés d'hommes unis ensemble pour procurer leur salut & leur avantage, à forces réunies"; Emer de Vattel, *Droit des gens*, Leiden: Aux depens de la Compagnie, 1758, Vol. 1, p. 1; see Béla Kapossy and Richard Whatmore (eds.), *The Law of Nations*, Indianapolis, IN: Liberty Fund, 2008, pp. 9‑20.

[25] Emer de Vattel, *The Law of Nations*, 4.6. §78, p. 694; and see Preliminaries §18, p. 75.

[26] Edmund Burke, "Speech in Reply" [Warren Hastings Impeachment Proceedings], 30 May 1794, volume 7 of *Writings and Speeches of Edmund Burke* [*WSEB*], P. J. Marshall (ed.), Oxford: Oxford University Press, 2000, pp. 290‑292; "Motion for an Inquiry into the Seizure, etc., of Private Property in St. Eustatius, 14 May 1781", in *The Speeches of the Rt. Hon. Edmund Burke*, London: Longman, Hurst, Rees, Orme, and Brown, 1816, Vol. 2, pp. 256‑257.

权利。而对于20世纪50年代为摆脱殖民统治而新成立的国家进行辩护的查尔斯·亨利·亚历山德罗维茨（C. H. Alexandrowicz）来说，瓦泰尔代表着在19世纪欧洲中心论的实证主义之前就已经存在着的原则性的法律普遍主义。[27] 然而代表着由平等主权国家组成的国际共同体，它不仅只作为一个美好愿景或者一种规范性标准，而且也是对他周围世界的一种现实性描述：这一描述使欧洲最重要的国家是具有高度差异性和具有等级之分的全球帝国的事实变得模糊不清，同时欧洲宗主国而非国家（隐含着以领土为界）共同体是各个帝国的组成部分。[28] 国际关系学科正是以作为经验模式的这种形式采纳了瓦泰尔式的国际体系理念。[29]

瓦泰尔将国家视为有道德的人，并认为国际社会是由平等国家所组成的竞技场的表述具有强大的影响力，他描绘出国际领域中一幅具有欺骗性的图景，并未在观念上展现瓦泰尔所处的时代，世界体系所具有的等级性和帝国扩张性的特征，而这一特征从瓦泰尔时期一直持续至今。瓦泰尔本人似乎对于他所处时代的国家间政治关系中的全球和帝国维度漠不关心，这可能部分源于他个人的经历：他是瑞士人，是普鲁士国王腓特烈大帝（Frederick the Great）的臣民，也是主要关注日耳曼国家中欧洲政治的外

---

[27] C. H. Alexandrowicz, "The New States and International Law", *Millennium*, 3（3）(1974), pp. 226-233; and see C. H. Alexandrowicz, *The Law of Nations in Global History*, David Armitage and Jennifer Pitts (eds.), Oxford: Oxford University Press, 2017.

[28] 瓦泰尔基本上忽视了欧洲商业和帝国扩张过程中的暴力行为，反而一直挑选不同的穆斯林统治者，他不断地将其描述为故意违反国际法的相关规定，尽管他并未将其排除在国际法的适用范围之外。See, for example, II. 17. § 273.

[29] 斯蒂芬·克拉斯纳一直主张"威斯特伐利亚主权国家模式"与《威斯特伐利亚和约》（*Peace of Westphalia*）无关，而更多地应归功于瓦泰尔。See Stephen Krasner, "Rethinking the Sovereign State Model", in Michael Cox, Tim Dunne, and Ken Booth (eds.), *Empires, Systems and States*, Cambridge: Cambridge University Press, 2001, pp. 17-43. 他认为这一模式是"以组织化的虚幻为特征的认知蓝本"，强调国家在事实上不可抗拒地经常性地违反其规范，但是他并未将这种虚幻用于掩盖帝国全球秩序。不过，他的著作的确表达了此等观点。See Stephen Krasner, *Structural Conflict: The Third World against Global Liberalism*, Berkeley, CA and Los Angeles, CA: University of California Press, 1985.

交家。[30] 作为"七年战争"（Seven Years'War）以及拿破仑衰落后的几十年中国家实践的主导者，法国和英国的学者对全球帝国的关注——包括英国和英国思想家，如狄德罗（Diderot）、边沁（Bentham）和亚当·斯密（Adam Smith）——不论是在瓦泰尔公开的主张中抑或是由于其反对或者有意地忽略，均未对他构建具有影响力的表面上具有"普遍性"的国际法产生任何影响。[31] 瓦泰尔著作中所自然表露出的普遍主义可能源于他对于主要帝国主义国家——法国和英国——真正意义上的全球政治的疏离。无论原因为何，瓦泰尔的理论影响深远，并在欧洲帝国主义扩张背景下发挥了重要的思想传播作用。

瓦泰尔很快成为国际法领域主要的权威学者，特别是在英国，他隐含着的共和原则由一个众所周知的帝国主义国家付诸实施。[32] 约瑟夫·奇蒂（Joseph Chitty）是瓦泰尔著作 1834 年英文版的编辑，在他的著作中补充加入了英国殖民地和海事法的内容，以及一些解释性文字，使瓦泰尔的思想更加有利于缓解英国

---

[30] See André Bandelier, "De Berlin à Neuchâtel: La Genèse du Droit des Gens d'Emer de Vattel", in Martin Fontius and Helmut Holzhey (eds.) *Schweizer im Berlin des 18. Jahrhunderts*, Berlin: Akademie Verlag, 1996, pp. 45-56; Tetsuya Toyoda, *Theory and Politics of the Law of Nations: Political Bias in International Law Discourse of Seven German Court Councilors in the Seventeenth and Eighteenth Centuries*, Leiden: Martinus Nijhoff, 2011.

[31] 相关的前期资料，参见瓦泰尔作为合作者编著的系列文献: *Mémoires pour server à l' histoire de notre tems*, par l' Observateur hollandois, rédigez et augmentez par M. D. V., Frankfort and Leipzig: Aux Dépens de la Compagnie, 1757-1758。

[32] See C.G. Fenwick, "The Authority of Vattel, Part I", *American Political Science Review*, 7 (1913), 395; Emmanuelle Jouannet, *Emer de Vattel et l' émergence doctrinale du droit international Classique*, Paris: Pedone, 1998, pp. 14-15; F.S. Ruddy, "The Acceptance of Vattel", in C.H. Alexandrowicz (ed.), *Grotian Society Papers* 1972, The Hague: Martinus Nijhoff, 1972; Hunter, "'A *Jus gentium* for America': The Rules of War and the Rule of Law in the Revolutionary United States", *Journal of the History of International Law*, 14 (2012), 173-206; Mark Hickford, "'Decidedly the Most Interesting Savages': An Approach to the Intellectual History of Maori Property Rights, 1837-53", *History of Political Thought*, 27 (2006), pp. 123-133.

在帝国主义扩张过程中面临的困境。[33] 奇蒂的这个版本引发了英国内部激烈的讨论，一直持续至第一次鸦片战争（Opium War）时期：在这次战争中，瓦泰尔的著作得到了频繁援引，几乎无处不在，"一直被主战派所引用"，正如其中的一位批评者所指出的，同时反战派也同样加以援引。[34] 对于主张使用武力强迫中国允许鸦片贸易的人来说，瓦泰尔关于商业的主张是无法适用的，因为他明确主张每个国家均有权利以它认为最符合其国家利益的任何方式开展贸易活动。他还特别强调国家禁止外国商业进入本国的权利：他指出，任何针对这种禁止行为而提出的反对都是"荒谬的，因为他们反对的唯一理由就是由于国家的禁止行为，他们无法获得利益，这正是国家不愿牺牲本国的利益而作出的选择"。[35] 有些战后学者也援引瓦泰尔，狭隘地将他的观点理解为：国家有义务从事商业活动，并且认为中国的行为已经隐含着"和我们在公平原则的基础上从事贸易活动"的默示协议，而瓦泰尔则明确反对这一系列主张。然而其他学者认识到瓦泰尔的观点削弱了他们的立场，转而主张将中国从国际法所调整的国际社会中排除出去。[36]

事实上，瓦泰尔原则的普遍性适用为支持战争的立场带来的

---

[33] 奇蒂采纳了瓦泰尔的一项重要原则：每个国家都有权利追求自我完善，因此其他国家不能干涉其内部事务，这就意味着国家可能不会承认另一国家内部揭竿而起的殖民地，因为这将构成对另一国家内部事务的不合理干涉，从而使这一原则陷入瓦解的边缘。Vattel, *The Law of Nations*, Joseph Chitty (ed.), London: S. Sweet, 1834, pp. 141-142.

[34] Captain T. H. Bullock, *The Chinese Vindicated, or another View of the Opium Question, being in Reply to a Pamphlet by Samuel Warren, Esq. Barrister at Law in the Middle Temple*, London: Allen & Co., 1840, p. 65.

[35] Vattel, *Law of Nations*, I. 8 § 90, p. 133；这是清朝钦差大臣林则徐翻译的一个段落（见下文）。

[36] "如果一国……通过其制度使自身与世隔绝，并采取一种明显不符合任何其他国家利益的政策体系，那么在我们看来，这样的国家可以被公正地强制采取一种更符合整个人类普遍利益的方针政策"; "Opium", *A Supplement to Mr. McCulloch's Commercial Dictionary*, London: Longman, Brown, Green, and Longmans, 1842, p. 72.

不利影响是将中国排除在"国际大家庭"之外的主张，以及取代作为权威的普遍主义者瓦泰尔的推动因素。这一动向在美国对战争的反应中也有明显的体现。前美国总统约翰·昆西·亚当斯（President John Quincy Adams）担任国会议员时，曾为战争进行了有力的辩护，他接受了瓦泰尔所描绘的平等国家世界图景，但坚持认为中国顽固地将自己排除在这一共同体之外。他认为，中国人遵循着一种"粗暴且反社会的体制"，这一体制违背了作为欧洲国际法基石的各国平等原则。亚当斯主张的核心观点是中国

"不承认其有义务与他国进行商业活动。它直接拒绝承认其他国家的平等性，甚至独立性。它认为……与之进行交往的所有国家，不论是政治还是商业交往，都是外部附属国的野蛮人，他们虔诚地顺从其专制首领的意志。"

亚当斯的观点呼应了孟德斯鸠针对国家平等原则适用于欧洲国家和无法与其他国家建立平等互惠关系的专制帝国的亚洲国家的情形进行的对比。他认为英国是在为互惠平等而斗争，而英国国家权力也单纯地作为解放的力量，他认为，"英国希望……将其自由的手臂延伸至亚洲最遥远的地区，而在这场斗争结束之后坚持与中国签订完全平等的条约以达成和平的解决结果"。[37]

反战的著述拒绝将中国排除在国际法的适用范围之外，坚持法律体系的普遍性以谴责他们认为的英国滥用国家权力和违反国际法的行为，尽管中国政府也如此行为，这些都深深吸引着瓦泰尔。当1839年3月钦差大臣林则徐来到广东执行皇帝的禁烟政策时，他早期的一项要求就是翻译几段瓦泰尔关于禁止商业、国家

---

[37] John Quincy Adams, "Lecture on the War with China, Delivered before the Massachusetts Historical Society, December 1841", *Chinese Repository*, 11 (1842), pp. 274-289.

没收违禁品和发动战争的权利的论述。[38] 同年,林则徐宣布禁止鸦片贸易,这一行为完全符合瓦泰尔所主张的国家拥有根据其意志确立和改变其贸易政策的绝对自由的原则。随后,翻译的部分发表在中国官员编撰的欧洲思想丛书中。[39] 但是当中国采纳了瓦泰尔这位在欧洲具有最高法律权威地位的学者的观点时,欧洲人却宣布他的思想已经过时了,部分原因正是因为这场战争。当19世纪60年代美国传教士丁韪良(W. A. P. Martin)着手将国际法文本翻译成中文时,他曾考虑过瓦泰尔,但是却选择了美国人亨利·惠顿(Henry Wheaton)的《国际法原理》(*Elements of International Law*),该书首次于1836年出版,他认为该书正当其时,因为此时惠顿坚持认为国际法并非普遍适用于所有国家。惠顿在第一次鸦片战争之后出版的版本中,更加坚持地主张这一观点,他认为国际法"一直并且仍将局限于欧洲信奉基督教或者具有欧洲传统的国家"。他写道,"亚洲和非洲的伊斯兰教和异教国家"最近表现出如下一种明显的倾向:

"放弃他们原来独特的国际习惯,而接受基督教的习惯做法……清王朝和欧美基督教国家最近之间的交往过程也表现出相

---

[38] See Chang Hsi-t'ung, "The Earliest Phase of the Introduction of Western Political Science into China", *Yenching Journal of Social Studies*, 5(1), pp. 1-30; Immanuel C. Y. Hsü, *China's Entrance into the Family of Nations*, Cambridge, MA: Harvard University Press, 1960, pp. 123-5; Lydia Liu, *The Clash of Empires: The Invention of China in Modern World Making*, Cambridge, MA: Harvard University Press, 2004, p. 118. 刘禾认为"林则徐在这些活动中对国际法的运用是策略性的",因为他有意识地选择翻译的部分"严格地局限于国家如何发动战争、实施禁运、封锁以及其他敌对措施",而非将瓦泰尔的著作作为一个整体。See Lydia Liu, "Legislating the Universal: The Circulation of International Law in the Nineteenth Century", in Lydia Liu (ed.) *Tokens of Exchange: The Problem of Translation in Global Circulations*, Durham, NC: Duke University Press, 1999, pp. 127-164. 这在机会主义与英国使用自己认为具有权威性的法律渊源的简单意愿之间划出一条明确的界限。在这个问题上,林则徐认为自己是正确的,而瓦泰尔毫无疑义地会支持他的立场。

[39] Wei Yuan, Hai Guo Tu Zhi(Shaoyang, China: Gu Wei Tang, Qing Xianfeng 2 [1852])。对该书序言所做的带有偏见性的翻译,可参见 John F. Davis, *China during the War and since the Peace*(London, 1852); and see Chang Hsi-t'ung, "The Earliest Phase".

同的趋势,在这一过程中,清王朝被迫放弃了根深蒂固的反商业和反社会原则,并在战争与和平的交往过程中承认其他国家的独立与平等。"[40]

(在此注意到中国再次以帝国的形象出现,而英国仅是一个国家。)随后,鸦片战争标志着一个重要的转折点,表明瓦泰尔式普遍主义的隐含意义与欧洲帝国主义国家中的主流政治主张如此之不协调,以至于不得不忽视作为权威学者的瓦泰尔,而中国不得不从适用国际法的国家共同体中被排除出去,其他国家也只是进入欧洲秩序的候选国而非普遍性的法律共同体的预设成员。然而在将欧洲秩序塑造成平等独立的民族—国家体系而非全球帝国方面,瓦泰尔思想的遗产仍具有深刻的影响。

19世纪后半叶国际法逐渐成为一门具有自我意识的学科,国际法学者开始主张将其理解为在早期现代欧洲的独特背景下所产生的历史上的特殊法律体系,并不断调整以适应"不断进步的文明日益增长的需求"。[41]因此,这些学者都认为瓦泰尔并未划定国际共同体的范围,也并未阐明进入这一共同体的标准,解决其不断扩张并包括那些被排除国家的问题,以及他们认为的不能被接纳进入国际共同体的不同社会的法律地位。因此,瓦泰尔为20世纪的国际思想留下了内容复杂的遗产:他对主权平等规范性叙述的批判性基础在19世纪对他普遍主义的反对中消失殆尽,而他所构建的国家模式作为一种极具误导性的描述性方案继续产生影响。

---

[40] Henry Wheaton, *Elements of International Law*, 6th ed., Boston, MA: Little Brown, 1855, p. 21; Compare Wheaton, *Elements of International Law: With a Sketch of the History of the Science*, 2 vols., London: B. Fellowes, 1836, 1st ed., pp. 3–5, 51–3。

[41] Travers Twiss, *The Law of Nations Considered as Independent Political Communities*, Oxford: Clarendon Press, 1884, "Preface to the Second Edition", p. 5. 关于国际法学科的专业化,可参见 Koskenniemi, *Gentle Civilizer*; Casper Sylvest, "International Law in Nineteenth-Century Britain", in Casper Sylvest (ed.), *British Yearbook of International Law* 2004, Oxford: Oxford University Press, 2005, pp. 9–70。

## 三、边沁：帝国主义的全球结构

边沁关于国际法和国际关系的思想的演变过程中，存在一种有趣但终将失败的替代方案。在所产生的影响方面，边沁或许是19世纪早期在全球范围内唯一可堪与瓦泰尔相匹敌的政治思想家，他的读者和通信者遍布拉丁美洲、海地、印度和中东地区。边沁写作的背景是"七年战争"和"美国独立战争"前夕，在18世纪80年代，他认为维持全球和平最根本的前提条件是所有国家都必须解放它们的殖民地。在这一点上，与瓦泰尔不同的是，边沁将国际社会看作是帝国控制的领域，而将帝国主义的野心和暴力视为国际和平的最大威胁。（正如上文所指出的，从帝国主义扩张中的欧洲中心论到18世纪七八十年代最有影响力的著作——如亚当·斯密的《国富论》、雷纳尔与狄德罗合著的《印度群岛的历史》——可以明显看出，很多他同时期的法国和英国学者在帝国结构问题上都持有同样的观点，虽然边沁用更加明确的法律用语进行写作。）他早期关于国际法的著作描述了由殖民扩张的影响所支配的历史时期中的国际政治形势。在边沁看来，殖民化是"低俗野心的竞争"和"对人类的战争"。[42] 最重要的是，他认为殖民地是现代世界战争的主要原因。他援引最近的例子，如18世纪40年代对西班牙发动的战争（詹金斯之耳战争）、"七年战争"——它引发的暴力从"北美一直蔓延至东印度"，并对英帝国造成了不必要的严重破坏——以证明"战争的极度愚蠢和疯狂"。边沁认为由帝国统治的全球系统在结构上注定要陷入无休无止的暴力之中。殖民地引发战争的原因不仅仅因

---

[42] "Emancipate your colonies!" (1793), in John Bowring (ed.), *The Works of Jeremy Bentham*, Edinburgh: W. Tait, 1838-43, Vol. 4, pp. 408-416.

为增加了冲突的可能性，也是因为它们与欧洲的差异性和疏离从而充满了不确定性——边沁将其视为不稳定和侵略的根源。他的国际法编纂规划是为了通过减少不确定性以平息冲突。他认为国际法法典可通过最大程度减少由主权国家实施的破坏国际和平的行为部分达成这一目的，而国家实施这些行为的原因在于它们不确定彼此之间所承担的义务内容，或者善意地无法对其内容达成一致。对于和平地从事商业活动与合作的更大威胁仍是帝国。边沁对世界主要强国所具有的帝国本质的关注让他认识到，并且更加清晰地阐释瓦泰尔思想中可能隐含着的但仍模糊不清的内容：建立在独立国家平等互惠原则基础之上的法律体系首先要求国家放弃其帝国本质，从而在事实上成为瓦泰尔所设想的以领土为基础的政治共同体。

当19世纪20年代晚期边沁重新开始编纂国际法的工作时，他关于国际社会的观点在诸多重要方面都变得更加接近瓦泰尔（鉴于他将瓦泰尔的理论蔑称为"老妇人似的重复啰唆"，或许这并非有意）。[43] 在写给律师兼前殖民地法官杰本兹·亨利（Jabez Henry）的关于国际法的信中，边沁接受了瓦泰尔所描述的国际社会图景的一系列关键性特征，他希望亨利将这些信件的内容编成一部专著或者法典，这些特征包括国家必须承认彼此是平等的；每个国家都必须承诺尊重所有其他国家的政体、宗教和习惯；并且每个国家不仅要力求与其他国家和平共处，还要为了"共同的良好意愿"和"共同的良好行为"而努力。但是此时边沁将受国际法调整的国家共同体的范围局限于"所有文明国家，就目前而言是指所有信仰基督教的国家"。[44] 这是对瓦泰尔及其

---

[43] John Bowring (ed.), *The Works of Jeremy Bentham*, Vol. 10, Edinburgh: William Tait, 1843, p. 584.

[44] Jeremy Bentham, "International Law", 11 June 1827, British Library, Add MSS 30151, ff. 13-15b.

早期构想的普遍主义的根本偏离。此时他对编纂国际法法典的渴望远没有之前那么强烈。最重要的是，他放弃了驯服帝国野心的希望。在阐释"国际法体系的功能"时，他首先注意到"国际法无法发挥的作用——防止以征服他国为目的的主权国家试图将其付诸行动"。[45] 而该法典的主要功能在于降低国家各自权利义务的不确定性，因此关于"权利被侵犯"的膨胀想法不会"激起愤怒和反社会的强烈情绪"。随着这种更大程度上的温和态度，边沁完全抛弃了最初关于国际和平的定义，即解放所有殖民地。取而代之的普遍平等原则要求（正如奇蒂所主张的）国家不得干涉另一国家殖民地的内部事务，或者正如边沁所言：

"所有国家承认的基本原则包括：（1）普遍平等。任何国家都不得拥有在下列区域内超越其他各国的权力：（a）海上；（b）非国会成员的野蛮国家的陆地领土。（2）所有国家在国际会议中都是平等的，不管其政府的形式如何。"[46]

这样边沁就已经彻底改变了关于国际法和帝国的看法。他放弃了自己年轻时对国际和平所作的关键性定义，他接受了将国际共同体仅局限于基督教欧洲的观点，他认为这一体系中的主要列强国家是庞大的全球帝国，他们在殖民地中的行为完全不受法律的惩罚——至少在国际法方面如此。为了将这一构想转变为国际法法典，他成为一名殖民地官员，并因此声名鹊起。边沁这一转变的原因尚不清楚，而且很难解释从18世纪80年代至19世纪20年代这一时期内，他的思想究竟发生了什么，从而导致了这种变化。(部分原因可能是因为帝国统治的中心区域从美洲殖民地——大多数直至19世纪20年代晚期已经取得独立——转移至印度和其他有色人种地区。但是值得强调指出的是，在早期，边

---

[45] Bentham, "International Law", f. 15b.
[46] Bentham, "International Law", f. 17.

沁坚持解放所有的殖民地，特别是包括印度在内，而并不只包括白人殖民者呼声最为强烈的那些殖民地。）

不管具体原因为何，毫无疑问的是，边沁思想的转变代表着这一时期欧洲思想的总体性发展，我们也可从瓦泰尔的原著到19世纪30年代奇蒂版本中的转变看出。这一发展以关于并非局限于欧洲的国际共同体的普遍性叙事开始，这一共同体由被视为道德共同体的各个国家组成，并由参与集体生活的政治自治得以保全。然而发展到最后，由平等国家组成的国际共同体的范围却仅局限于欧洲；国家的含义可在两种意义上加以理解：彼此之间法律地位平等的国家，同时也可将其视为在符合其国家利益时控制着广阔领土和人口的全球帝国。通过这种方式，国际法仅适用于欧洲国家之间的关系；无法运用国际法来分析作为帝国的这些国家的行为，从而利用法律规则对其加以约束，或者认为全球秩序在结构上具有等级性。

## 四、结论

我们所在的世界在一个重要方面与瓦泰尔时期的世界非常相似，与国际社会可被视为由民族—国家组成的形式上平等的世界的这一主要图景共存的是，权力的等级性结构，而这一结构很难得到观念模式所规定的术语的承认。我们必须承认帝国和准帝国性的等级结构——并非仅仅是财富和军事力量的不平衡，还包括持续存在的法律等级结构和义务——从而对其进行分析和回应。如果很容易就能意识到国内和国际政治的边界远没有"国际"关系模式所隐含的那么稳定，那么帝国视角则延续这一观点至一系列相互联系的历史和当代的形态之中。跨越国界边界的统治形态包括殖民者的殖民主义和奴隶制，欧洲帝国计划的基本方面与更加明显的"国际"现象密不可分。[47] 自 19 世纪开始，持续存在着种族化的模式，正如安东尼·安吉所指出的，因为"种族成为更加复杂的'文明'含义的一部分，是国际法概念的核心"。[48]不平等的国际地位是非欧洲国家注定的命运，从国际联盟（League of Nations）中诸如埃塞俄比亚和利比里亚等国家"沉重的"成员身份，到限制后殖民国家的主权特权，从与跨国公司签订的合同到对自然资源的控制。从表面上看，种族压迫和等级制度的"国内"形式和"国际"形式是连续的，正如众多 20 世纪的"黑色大西洋"（Black Atlantic）的理论家和政治活动家——杜波依斯（W. E. B. Du Bois）、弗朗兹·法农（Franz Fanon）、马库斯·加维（Marcus Garvey）、夸梅·恩克鲁玛（Kwame Nkrumah）和尤里乌斯·尼雷尔（Julius Nyrere）——所坚持的那样。[49] 这些理论家和早期的边沁一样，对帝国主义如何加剧国际冲突和暴力的方式保持警惕。当很多欧洲人将第一次世界大战想象成一次史无前例、几乎无法解释的非理性暴力的爆发时，杜波依斯在 1917 年指出：

当我们透过硝烟的缝隙隐约看到死者，隐约听到兄弟们的诅咒和指责时，我们这些有着深色皮肤的人们会说：这不是欧洲疯了；这不是异端，也不是疯狂；这是欧洲；这个看似恐怖之处正是白人文化的真正灵魂。

他警告说，只要"对有色人种的蔑视和掠夺深植在那些呼吁和平的人们的灵魂深处，这就不是世界大战的结束——而仅仅是

---

[47] James Belich, *Replenishing the Earth: The Settler Revolution and the Rise of the Anglo-World*, 1783-1939, New York: Oxford University Press, 2009.

[48] Anghie, "Decolonizing the Concept of Good Governance", p. 110.

[49] See Adom Getachew, *Worldmaking after Empire: The Rise and Fall of Self-Determination*, Princeton, NJ: Princeton University Press, forthcoming; Siba N'Zatioula Grovogui, *Sovereigns, Quasi Sovereigns, and Africans: Race and Self-Determination in International Law*, Minneapolis, MN: University of Minnesota Press, 1996; Anghie, *Imperialism, Sovereignty*.

开始"。[50] 种族问题虽然是国际关系和国际思想历史中新的重要研究主题，但对于学科的主流研究内容而言，仍是边缘性的，而这一学科建立在"有意地遗忘种族问题的系统性政治学的基础之上"，即使最近的研究成果——如罗伯特·维塔利斯（Robert Vitalis）和约翰·霍布森（John Hobson）——已经表明在20世纪初期，种族理论和种族化的统治与被压迫群体之间的关系问题事实上在很大程度上已经成为主流国际关系研究自我认知的核心问题。[51]

国际法的历史是普遍主义和等级制度相互交织的历史，代表着在国际范围内对等级制度进行概念化和获得批判性理论支撑的重要空间范畴：由于法律在构建和证明等级制度合理性的过程中，以及（本文在此所指出的）在阻碍其发展的过程中长期发挥的作用，也是因为国际法一直为批判者提供各种资源，以及构想更大范围内的公平正义的理论框架。国际关系学科一直反对对于国际法学科至关重要的明确的规范性，尽管规范性义务在国际关系学界不被承认，但通常仍是具有争议性的前提。但具体情境下的历史发展在此仍具有指导意义。如果一些情境主义者曾经担心现代主义有损历史学界的完整性，那么现在很清楚的是，历史学家的问题必然是在他们所关注的重要历史时期内形成的，而且对于当代政治和概念上的"问题—空间"的自我意识也可以大大增强学者正确分析过去独特的知识世界的能力。[52] 同样地，除了这种历史性的自我意识之外，国际关系学科的经验和理论研究可以从承认规范性义务的更强烈的意愿中得以澄清。

---

[50] W. E. Burghardt Du Bois, "Of the Culture of White Folk", *The Journal of Race Development*, 7 (1917), p. 437, 445.

[51] Sankaran Krishna, "Race, Amnesia, and the Education of International Relations", in Gruffydd Jones (ed.), *Decolonizing International Relations*, p. 89; and see Lake and Reynolds, *Drawing the Global Colour Line*.

[52] David Scott, *Conscripts of Modernity*, Durham, NC: Duke University Press, 2004, pp. 1-22.

# 书评

# 国际秩序与社会思想的交错
## ——《近代日本的国际秩序论》评介

汪 力[*]

一

1980年代以来的中国近代思想史研究曾以"走向世界"为旗帜，以西方现代性为尺度，来讨论近代思想历程中"传统"与"现代"的关系。可是，随着时间的推移，研究者们却往往发现，本以"世界"为目标的研究范式，却往往落入狭隘的、以民族国家为界的一国史观的陷阱。因为"近代化"的研究范式以抽象化的西方现代性为尺度，来衡量具体历史中思想与话语的"现代化"水平，却反而无视历史当事人本身所面对的全球现代性背景。20世纪90年代以来，对"中国现代性"中内在矛盾的更为复杂的理解，已经改变了中国近代思想史研究的面貌；对中国近代化过程中"文化认同"问题的关心，也改变了对所谓"保守主义"思

---

[*] 汪力，东北师范大学历史文化学院博士后研究员。

想的评价尺度。

尽管外交史常常被看作是和思想史关系不大的"实证"领域，但是中国近代史研究中"近代化"话语，最初却是中国近代外交史研究的产物。[1] 在"近代的尺度"之下，近代世界大国间的霸权竞争和规范性的国际法秩序成为理想的标准，而"天朝的崩溃"则意味着以天理世界观和朝贡秩序原理维持区域统合的中华世界，在与这种近代国际法秩序的碰撞中遭遇败北。这一挫折经验无疑是此后近代中国思想不得不重新寻求"秩序和意义"的根源。但是，我们同样需要认识到，如果我们以规范性的近代国际法秩序作为基准，设定一种目的论的"近代化"意识，则晚清以后近代思想的发展就成为不断地与"应有"的接受近代国际秩序的目的相偏移的过程。当然，对晚清"洋务派"思想和改革思想评价的不断提高，多少反映了这种问题意识。但是，进入21世纪以来后冷战时代新自由主义全球秩序的动摇，使得研究者们切身体验到国际秩序变化与社会思想间的复杂关系，至少我们需要重新认识到，19世纪晚期以来并不存在一个稳定的规范性的"近代国际法秩序"，国际秩序和对国际秩序的理解都是在不断地变化的，重新从国际秩序与全球现代性的视角来理解中国近代思想史的时机已经成熟了。[2]

在这种背景之下，近代日本的经验就又具有了重要的参照意义。明治维新以后日本迅速成长为近代国家的过程曾经是"近代化"范式中的样板，它不仅是晚清思想经验中的学习典范，也是80年代以来对近代中国的历史轨迹提出种种批评时的比较参照系。它熟知前近代东亚世界秩序的内情，而在19世纪下半叶西

---

[1] 中国近代史叙事中"近代化"体系的建立者蒋廷黻就是一位外交史家和外交家，参见沈渭滨：《蒋廷黻著〈中国近代史〉导读》，华东师范大学出版社2014年版。

[2] 章永乐的著作《万国竞争：康有为与维也纳体系的衰变》（商务印书馆2017年版）可以看作是这一时机成熟的标志。

力东渐的过程中,又迅速地掌握了近代国际法秩序的规则,在其中上下其手,终于建立起其在东亚的霸权地位。[3] 同时,我们也必须认识到,这一经验过于迅速和激烈,近代日本在短短70年的时间里走完了从传统到"后现代"("近代的超克")的过程,并一度在一种近代历史"终结"的极端体验中土崩瓦解。在"近代化"的叙事中,"近代化"是一个由历史的不平衡向平衡发展的过程,但日本近代史所表现的经验却恰恰相反,激烈的近代化带来越来越严重的不平衡和异化,并最终导致社会结构的崩塌。相应地,不断地与激烈变动的国际秩序相适应的努力,最终带来与全世界作对的结局。

毫无疑问,清算近代日本的军事暴力与殖民统治的责任仍然是今天东亚的课题,但这并不妨碍我们需要对近代日本与国际秩序的历史经验有一种内部视角的理解。就此点而言,来自日本研究者自身的思索和总结有着重要的参照意义。

在近年来日本学界关于日本近代思想与国际秩序的研究中,酒井哲哉的《近代日本的国际秩序论》[4] 无疑是极具参照价值的文献。酒井哲哉生于1958年,毕业于东京大学法学部。70年代末、80年代初的日本学术界,正是60年代后期以来的"政治的季节"消退,日本战后以来的知识图景发生很大变化的时期。在日本近代史研究领域,战后长期占据主流地位的讲座派内马克思主义历史学失去了权威,以伊藤隆等人为代表的实证主义的政治外交史学开始占据主流地位。在这一知识环境变化的过程中,形成了包括酒井在内的今日主导日本近代史研究的研究者群体。东大法学部的日本政治外交史研究从战前伟大的吉野作造到战后

---

[3] 对这一过程的体系性把握,参见韩东育:《从"请封"到"自封":日本中世以来"自中心化"之行动过程》,台大出版中心2016年版。

[4] 酒井哲哉:『近代日本の国際秩序論』,岩波书店2007年版。下述正文中标注页码,皆出自本书。

的冈义武、三谷太一郎等人，一直保持着一种独特的学风。一方面，他们与同时代学术主流的马克思主义的社会经济史和帝国主义论一直保持着距离；另一方面，他们并非拘泥于繁琐考证或者单纯的权力政治的分析，而是始终吸收政治科学、政治思想、国际关系学等政治学诸领域的学养，形成深厚而独特的研究传统。

酒井在本书的后记中略带自嘲地说，自己本来是日本政治外交史的研究者，转而从事日本国际关系思想的研究，是因为在从北海道大学转任到东京大学教养学部时，"被分配到'国际关系'专业，而且难得在不多领域的专家聚集的校园里研究，因此在赴任时下决心，从此要在日本近代史、政治思想史、国际关系论三者交叉的领域进行研究"（第284-285页），但事实上，这种跨领域多视角的学风，正是东大法学部的传统；而思想的、人文主义的研究风格，也是酒井所固有的学术品味。实际上，他初期的政治外交史研究也并非那种耙梳史料的纯粹实证研究，同样贯彻着一种重视理论思考的视角。他的硕士论文《日本外交的苏联因素》并非单纯考察日苏关系，而是从日本外交的对苏认识，日苏关系与日本和西方国家关系的连锁等视角入手，考察了日本外交在"日苏协调"与"反苏反共"间的复杂选择，以"防共的协调外交"概念说明了日本在1930年代中期选择走向"反共外交"的原因；而他的助手资格论文《大正民主体制的瓦解》则分析了"九·一八"事变后日本政治体制的内在缺陷和各个势力间的复杂关系，对日本在大正时期形成的内外体制何以瓦解进行了锐利的分析。[5] 这两项研究虽然处理的是外交史问题，但都反映了酒井广阔的研究视野和富于理论思考的研究风格，对日本外交中不同对外观念的把握，也可以看出作者后来外交思想研究的

---

〔5〕 两篇论文合刊为酒井哲哉：『大正デモクラシー体制の崩壊—内政と外交』，東京大学出版会1992年版。

端倪。

酒井的著作几乎没有中译本，但幸好他为东京大学综合文化研究科的国际关系学研究者们集体编著的《国际关系研究入门》一书撰写了"日本外交论"一章，此书 2011 年出版了中译本，中国读者可以很容易读到。从这篇不长的文章中，可以大致看出酒井日本外交思想研究的问题意识。作为国际关系研究的"入门书"，该书的内容大多是介绍有关领域的必读文献和研究视角，而酒井执笔的这一章所介绍的文献，大多都并非传统意义上的"外交史"研究，而是包括了思想史、政治史、殖民地研究等诸多领域的著作，这些著作从不同侧面都探讨了酒井所致力于分析的"日本外交的自我意识"，即近代日本在复杂的国际秩序变化中如何自我定位的课题。例如，第一节"处在西欧国际体系与中华秩序之间"就提出近代日本"开国"背景下所面对的在西方国际秩序与中华世界秩序、东方与西方间的定位与认同的问题，并列举了入江昭的《日本的外交》、丸山真男的《忠诚与反逆》、滨下武志的《近代中国的国际契机》、竹内好的《亚细亚主义的展望》等思索这一问题的经典文献。[6]

《近代日本的国际秩序论》一书同样基于这样的问题意识，虽然本书题为《近代日本的国际秩序论》，但并非全面或者按部就班地论述日本近代外交思想的发展演变，而是以自第一次世界大战到战后初期的思想史演变为焦点，通过综合谱系的勾勒和具体个案研究，分析近代日本知识分子如何看待国际秩序与日本外交。在这种分析中，作者重视的是"战前、战中、战后"思想的连续性，而这种连续性，其根本是日本外交思想的独特传统，即主权概念的不安定性。在全书"序章"中，作者从日本外交史研

---

[6] 酒井哲哉：《日本外交论》，载岩田一政、小寺彰等主编：《国际关系论》，梁云祥、朱清秀译，社会科学文献出版社 2011 年版，第 187-189 页。

究说起，指出日本外交史研究的"传统"与人们所习惯的以主权国家间的权力政治为中心的国际关系史不同，总是涉及众多内政、思想方面的复杂问题。而这种研究状况又反映了近代日本国家主权观念的不安定性，近代日本的思想家们思考国际关系时，往往并非依据规范性的主权国家间关系，而是从诸如"社会""帝国秩序"等跨越民族国家界限的复杂课题入手，但同时这些思考后来又被整合到1930年代日本对外侵略和帝国建构的过程中（第3-10页）。这一复杂的思想过程也就是本书考察的主要对象。

二

本书由作者转向外交思想史研究以来所写的六篇论文构成，六章各自独立又在问题意识上紧密相关。为节约篇幅，本节将在兼顾原书章节顺序的同时，主要依据作者所勾画的近代日本外交思想的脉络概观本书的内容。

中国学者大多熟悉一种关于近代日本的经典叙事，即一方面，日本从明治维新以后走上近代化道路从而成功"脱亚入欧"；而另一方面，近代日本又存在着从"亚洲连带"的感情出发，主张中日联合的"亚细亚主义"思潮。这种叙述模式与战后初期日本外交史的研究状况有关。在第六章中，酒井通过对比冈义武1961年的经典论文《国民的独立与国家理性》与此后的研究，揭示了更为复杂的历史图景。首先，实证史学家坂野润治的研究批判了"脱亚论/亚细亚主义"二元对立的图示，将两者都视作日本对外权力政治的一种话语策略。例如，坂野润治认为，明治时代初期的"日清提携"论不过是企图以帮助邻国近代化为名干预中国、朝鲜内政的一种手段，而福泽谕吉的"脱亚论"其实是

"甲申事变"中朝鲜的亲日势力遭到肃清以后，福泽谕吉的一种挫折感的表达。其次，酒井又进而指出，坂野润治的"破坏"工作并未使"亚细亚主义"成为一个没有意义的问题，反而需要进一步思考，近代日本为什么要以"脱亚入欧"或者"亚细亚主义"的话语来自我表达。例如，有的研究通过比较分析福泽谕吉的《文明论概略》与基佐的《欧洲文明史》等文本，指出福泽谕吉虽然被看作"西方文明的使徒"，但其实他更关心的毋宁是日本独自的近代文明道路的问题，其思路倒和陆羯南等同时代的民族主义者更为一致。又如，有的研究讨论了近代日本在东西间的自我认同塑造，即在东方作为成功的近代化典范，而面对西方又提出文化与文明的多样性和日本文明的独特性问题。酒井更进一步指出，实际上，在日本近代，比起极端的"脱亚论"与"亚细亚主义"，主张"东西文明调和"并以此为"日本的使命"的论调更为常见（第236-245页）。

"脱亚"与"入亚"体现了近代日本国民国家形成的复杂课题。近代国际法秩序兼具近代西方的普遍性文明与以国民国家为文明单位的双重属性，由此而来的"近代文明"与"民族传统"的矛盾纠葛也早已为中国的近代思想史研究所熟悉。不过，毋庸讳言，"近代化"史观下的中国学者曾经忽视了这一秩序本身在20世纪上半叶的剧烈转型。在第一章中，作者论述了两次大战之间国际秩序、西方国际秩序思想与日本国际秩序思想的复杂关联。第一次世界大战结束后，乐观的普遍主义国际政治观一度占据主流，其在日本的代表就是著名的民主主义者吉野作造，吉野认为20世纪的国际政治将是"自由平等"等普遍原则在国际关系中的适用，这种适用的基础是国际联盟这样的带有强制力的国际机构，国际社会的共同规范将得到国联"统一制裁力"的保障，国际法可以获得国内法一样的法律效力。然而，"九•一八"

事变以后，这样的普遍主义国际法观出现破绽，年轻的国际法学者们纷纷对其提出质疑。例如，安井郁对国际法上位理论形成过程的研究就指出，这一理论是本来应该严格区分事实与价值的康德主义的纯粹法学错误地接受了自然法的正义观的产物。又如田畑茂二郎通过考察国际法仲裁中"排除政治纷争"问题的研究，分析了规范性的国际法秩序的局限性。作者进一步指出，这些1930年代日本"现实主义"的国际秩序观和同时期欧美的思想状况有着紧密关联。例如，著名的国际关系理论家摩根索的"现实主义"理论，最初是受到卡尔·施米特对凯尔森规范性的国际法理论的批判的启发，考察国际法规范的现实性问题，并由此走向对规范性与社会性权力的现实主义分析。而《20年危机》的作者爱德华·卡尔的理想主义批判，是将威尔逊主义的"民族自决"理论看作资本主义自由放任的经济观念在国际关系上的体现，因此卡尔在经济思想上主张以计划经济取代自由放任经济的同时，在国际关系上主张大国主导的区域秩序。摩根索与卡尔的普遍主义批判都大大启发了这一时期日本的国际关系思想对规范性国际法秩序的批判，并成为日本知识分子对抗中国的民族主义，打破一战以后以民族自决为原则的国际秩序，建构日本主导下的区域秩序的理论道具（第23-42页）。

在这种复杂的思想状况中，卡尔与同时期日本国际关系思想的共鸣尤其引起了作者的注意。卡尔的社会主义思想重视战时体制下计划经济的作用，并将这种计划经济与区域统合相联系，从中看到克服资本主义的自由放任与原子化的国家间关系的契机。这种对"社会"与区域秩序间相互关系的思考与1930年代日本的知识分子不谋而合。通过这一点就可以理解，1930年代日本知识分子批判普遍主义的国际法秩序观后，并没有转向主权至上的民族主义，而是建构了种种区域主义的秩序话语。这些区域秩序论实际上都是对日本主导下的东亚秩序的正当化，但都以不同的方式与"社会"概念发生关联，这一点又与大正以来日本社会思想中"社会"概念的流行有关。这一点可以说是本书的核心主题之一，本书的第三、四、五章的个案研究，都是这一主题的具体例证，它们分别讨论了日本知识分子建构区域秩序话语的三个"社会"的概念装置："近代化"、"共同体"和"帝国"。

第三章讨论了政治学者蜡山政道的"近代化论"。蜡山政道是现代日本行政学和国际政治学的奠基人之一，在1960年代，他对美国驻日大使赖肖尔所提倡的"近代化论"表示赞成，对日本近代化的历史意义给予高度评价。当时，这被认为是在冷战条件下选择支持美国的立场，但作者指出，蜡山战后立场的背后有复杂的思想经验。作为日本国际政治学的开拓者，1920年代蜡山的国际政治理论并不关注主权国家的概念和国家间的权力政治，相反，他依据多元国家论的观点，将对国家机关和社会团体的功能主义理解应用于国际社会，重视各国政府协调设立的"公的国际机构"以及企业和社会团体跨越国界形成的"私的国际机构"。他对普遍主义的世界政府论持批判立场，而重视国际机构调整各国利益的作用，以此作为国际秩序的社会基础。"九·一八"事变以后，蜡山政道在为日本的行径辩护的同时，也反对日本退出国际联盟，主张日本与国际联盟协调，并主张建立维护东亚和平的国际机构。但是随着时局的变化，蜡山政道放弃了多元国家论，转而支持基于共同文化传统的有机协同体的国家观。在国际秩序论上，蜡山政道也由功能主义的区域秩序论转向了区域主义的"东亚协同体论"。但需要注意的是，蜡山政道的这种区域主义仍然包含了他固有的功能主义理念，他主张日本支配的东亚秩序应该致力于东亚的经济开发，以实现东亚区域特别是中国的"近代化"，这当中已经蕴含有后来"近代化论"的基本逻辑。因此，日本战败后，在对日本的近代进行批判的思想潮流中，蜡山政道坚持日本近代化过程的正面意义，将其作为战后美日主导下的东亚、东南亚亲美反共政权"开发独裁"体制的发展模范（第120–150页）。

第四章则从独特的角度探讨了橘朴的中国社会论的国际秩序内涵。中国乡村的"礼俗社会"一直是中国学者熟知的主题，在从民国时代梁漱溟、费孝通的中国社会论到1990年代围绕"三农"问题的讨论中一直占据重要的位置。橘朴重视中国民间社会和宗教文化的中国社会论也因此使中国学者感到亲切。然而，在酒井的分析中，橘朴礼俗社会的中国社会论却有着意想不到的复杂语境。作者指出，橘朴1920年代对中国民间社会的关注，实际上与同时代日本大正社会主义思潮中对国家存在意义的否定、重视社会自律性的无政府主义倾向有关。因此，虽然这一时期如内藤湖南等人也主张中国并非国家而是"社会"，但橘朴的立场更具有期待中国的"社会"性能够超越近代国家的局限性的积极意义。虽然橘朴对大革命时期的中国民族主义的同情在"革命史观"的研究中得到高度评价，但作者指出，这里橘朴的立场并不能和马克思主义者相等同，他更多从国民党左派、农民协会等革命势力那里看到了"中产阶级"的自治团体、下层农民的武装自治等无政府主义革命的可能性。众所周知，"九·一八"事变后橘朴"转向"成为关东军和伪满洲国的头牌"理论家"，这曾经令世人大跌眼镜。但在酒井的分析中，这一"转向"不如说更多体现了橘朴思想的延续性，因为在关东军等日伪统治集团的意识形态中，伪满洲国被设计成"反对中央集权"的、各种社会团体施行"地方自治"的"自治国家"，这种意识形态虚构激发了橘朴固有的思想热情，从而促成了他的"转向"。橘朴的这种分权自治的社会理念又投射到东亚秩序中，构成了一种由职业团体和地方社会"自治"构成的"亚洲社会主义"想象。作者指出这类现象在有着大正时代无政府主义背景的知识分子中相当普遍,例如,著名马克思主义理论家平野义太郎就通过对亚细亚社会的"共同体"性的肯定,走向了鼓吹"大东亚共荣圈"的立场。这种现象说明了无政府主义与帝国秩序的某种意外的亲和性(第162-187页)。

第五章则从"帝国秩序"与"国际秩序"的角度分析了近代日本的殖民政策学的"社会"性。作者主张,殖民政策学是现代国际关系学的重要来源之一,在今日的学科谱系中却往往被遗忘,但是,以主权国家为问题单位的国际法与外交史研究所不能处理的诸多研究领域,恰恰是从殖民政策学中诞生的。在20世纪初日本刚刚成为殖民帝国的时期,以新渡户稻造为代表的日本早期殖民政策学将殖民视作"文明"的传播,并主张日本调和了东西文明,具有传播"文明"的天职。然而,随着一战以后民族自决原则的盛行,"文明"的逻辑变得不再有说服力,一战后的两种新的趋势又给日本殖民政策学带来启示。一是英帝国重组为英联邦,帝国开始转化为一种相互协作的联合体;二是北美殖民政策学批判划分势力范围、建立殖民地政府的传统帝国主义政策,提倡"门户开放",以商业利益为基础的"非正式帝国"。这些"尊重"殖民地半殖民地社会自主性的倾向,与对"文明论"下的殖民地同化政策的批判相结合,恰好又与大正时代尊重社会自律性的社会观相共鸣。因此这一时期日本代表性的殖民政策学者如泉哲积极支持设立殖民地议会的运动;矢内原忠雄则采用广义的殖民概念,将传统殖民概念以外的人员的跨国跨区域流动都视为"殖民",因此他的殖民政策学研究了今天所谓的移民和区域经济之类的跨国社会问题。到了1930年代,这种"国际协同体"的殖民政策论迅速被日本主导的区域秩序论所取代,但同时这些"社会"的取向仍然在战争时期发展。实际上侵华战争和太平洋战争时期正是日本对东亚、东南亚的调查研究大大发展的时期，这些研究奠定了战后日本区域研究的基础（第194-222页）。

战时日本的国际秩序思想呈现出"社会"概念与区域秩序共鸣，以"超克"民族主义与主权国家，从而为日本的侵略行径辩护的情形。而到战后初期，日本的国际秩序思想又转为强调"民族独立"的意义，重视"帝国主义与民族"的问题设定。一般认为，这是日本战败和美军占领的结果，但在第一章的分析中，酒井认为，实际上这一转变过程在战争后期就已经开始。在太平洋战争爆发后日本宣扬的所谓"大东亚国际法"秩序中，日本的主导地位被视为绝对的前提，日本的国际法学者主张，这种主导地位并非因为建构区域秩序的需要，相反，正因为主导国的存在才会有区域秩序。但是这种极端的日本中心主义的区域秩序逻辑随着日本的失利和殖民地人民抗日斗争的兴起而逐渐无法维持。例如，外相重光葵意识到日本即将战败，为了向同盟国求和，在战后处理中获得比较有利的位置，他主张应该模仿同盟国的《大西洋宪章》，承认"共荣圈"内各国的主权独立地位。与之相共鸣，曾经批判主权国家秩序的局限性的国际法学者田畑茂二郎，此时开始重新强调主权概念的积极意义，并主张区域秩序中主导国的地位应当受到区域理念的抑制。又如丸山真男这一时期发表的著名论文《国民主义的"前期的"形成》对幕末攘夷派民族主义兴起的讨论，也具有批判战争时期"共同体"的超国家主义秩序意识，复兴以自然权利为基础的近代民族主义的意味（第48-57页）。

战后，经过朝鲜战争下全面讲和与片面讲和的论战，以及1950年代围绕安保条约和日本重新武装问题的争论，日本的国际关系学界形成了左派"理想主义"与右派"现实主义"的对立，前者主张维护宪法九条和非武装和平中立，后者则以自卫队和日美安保条约为基础。但在作者看来，在"55年体制"下这种对立定型之前，日本的国际秩序思想有着更复杂的图景。日本战败后，最早从国际法理论对日本被占领状况作出说明的是著名国际法学者横田喜三郎，他持严格的国际法优越论和世界政府论，将战后占领、改革和新宪法的制定视为世界政府的强制行为。横田这种"理想主义"的国际法论恢复了一战后威尔逊式的普遍主义，引起如田畑茂二郎等接受了战前的普遍主义批判的国际法学者的不满。田畑茂二郎通过对普芬道夫等国际法思想家的思想史研究，重新强调主权的积极意义。但需要注意的是，此时田畑茂二郎强调的主权概念与战前国家至上说的主权论不同，具有强烈的人民主权论的色彩，因此毋宁说与这一时期丸山真男、大冢久雄等"市民社会"论的思想具有共通性，也与战后兴起的亚非拉民族解放运动具有亲和性。朝鲜战争爆发后，"普遍主义"者的横田喜三郎依据他的国际法优越论支持排斥苏联和中国的单独讲和，并赞成美国对朝鲜半岛的军事干预。与之相对，田畑茂二郎等人从"现实主义"的普遍主义批判出发，主张全面讲和，反对美国的军事干预。丸山真男执笔的著名声明《三论和平问题》就包含着这种"现实主义"的反战和平思想，"普遍主义批判、市民社会论与反帝国主义论三者，与自下而上的民族主义思想支持的主权概念相结合，构成了战后外交论的基础。"至此，和平主义的"理想主义"与普遍主义批判的"现实主义"达到了一种辩证的统一。尽管这种统一很快随着时局变化而解体，但作者仍然强调这是近代日本国际秩序思想所留下的宝贵遗产（第58–68页）。

## 三

酒井的论述可能会给人造成一种误解，认为他是针对普遍主义抑或"自由主义"的国际秩序观，强调二战前后日本国际思想中某种"现实主义"的意义。本书最主要的部分都是关于这样一个主题，即20世纪二三十年代日本的国际秩序论如何生成种种概念装置，以批判一战以后威尔逊主义与国际联盟的普遍主义秩序观。但是如果我们仔细考察作者的问题构成，就不难看到作者的问题意识毋宁说恰恰相反。在冷战下美国主导的"社会科学"所形成的"现实主义"中，以主权国家为单位的个体间围绕国家利益的博弈成为国际政治学的固定主题，也成为外交史研究处理问题的基本思路。而正如酒井在不同地方都反复申明的，至少日本外交史的研究传统与此相去甚远，也可以进一步说，近代日本外交的思想与实践的经验都不能简单地被这种非历史的"现实主义"所概括。本书集中关注的1920–1950年代恰恰是日本的国际关系学形成的时期，同时也是近代日本转型、崩溃与重建的时期，如本书的研究所揭示的，这一时期日本的国际关系思想大体上都对主权概念抱有批判的态度，同时关心多样的"社会"性问题，这种"社会性"超出一国内部的范围，包含诸如区域开发、共同体社会、帝国统治、殖民地行政等。亦如作者所指出，这些国际秩序思想毋宁与后冷战时代兴起的诸多"国际社会科学"的研究主题更具有共通性。

从这种角度可以看到日本近代国际秩序思想的探究对于国际关系学和外交史研究的意义。但从另一个角度看，也可以认为本书的研究揭示了国际关系与外交问题对日本思想史研究的意义，阐发了近代日本思想史研究的"国际契机"。就这一点而言，酒井倒是自觉地继承了丸山真男、松泽弘阳、坂本多加雄等日本思想史研究者的研究传统。如果说在前近代的天下秩序中，人们可以通过对"天地"宇宙论的理解来为秩序提供正当性的话，那么到近代，国际秩序从"天下体系"变成了"万国对峙"，自然的神圣性也已经被去魅，如何在"国际"关系中定位"自我"就成为秩序意识建构中极其重要的思想课题。而对处于亚欧大陆东端的日本而言，这一方面是在"西力东渐"的状况中确立有别于西方的主体，另一方面又是面对东亚大陆伸张自己的先进性，因此如酒井所再三论述的，近代日本总是不得不在"脱亚""亚细亚"间寻找自己的国家乃至文明认同。从这个意义上来说，明治天皇制国家的建立既是日本国内统合过程的结果，也是对于这一困难的认同课题的一个解答。

但如果从这个角度来思考作者所深入讨论的1930年代的课题，则问题的相貌就更加深刻复杂。作者并不否认1930年代围绕"社会"与"区域秩序"的各种论述实际上都是侵华战争和太平洋战争中的一种帝国主义话语，但是作者的重点毋宁放在各种"社会"的话题在今日全球化社会的条件下所具有的"可能性"上。如果我们更重视昭和日本"帝国"所具有的权力政治性质，则这一问题也会呈现出更复杂的相貌。近代日本通过"脱亚"与"入亚"的上下其手，在东亚完成了区域秩序的王朝更迭，"礼乐征伐从中华出"转为"礼乐征伐从东洋出"，而日本所确立的这种优越性，无疑首先来自明治国家体制强大的国家统合和军事动员能力。这种近代日本"国体"的优越性，成为甲午战争后日本在东亚优势地位的基础，但第一次世界大战前后东亚情势的诸种变化，很快使得这一建立不久的地位出现了动摇。正因为明治国家所确立的优越性，因此通过日本这一中介，关于近代国家建构的知识与思想开始在东亚广泛传播。这样一个"日本化"的时代的结果，促进了中国近代国家的形成。[7] 而在第一次世界大战以后，俄国革命和国际共产主义的东方战略，打开了近代主权想象的全新的可能性。"五四"与"三一"，昭示了"日本化"时代的终结和新时代的到来。其结果众所周知，无法回应这一趋势的日本最终选择以武力维持对东亚的统治，从而导致了近代日本的灭亡。从这个意义上，本书所论述的围绕"社会"的诸种话语建构，固然与作者所分析的一战以后的世界政治与思想动向有关，但如果从东亚地区的语境来看，也都是在明治日本的国家主义话语和亚细亚主义话语逻辑纷纷失效以后，所作出的某种话语修复尝试。例如，蜡山政道的"近代化"论述，总是伴随对"三民主义"的民族主义近代化论的批判；而橘朴的共同体的区域秩序论，无疑是通过"社会"消解中国"国家"的一种帝国主义话语实践。[8] 这一点也提醒我们，今天我们对于近代国际法的规范秩序所具有的"文明等级论"等帝国主义内涵已经十分熟悉，但可能没有充分意识到两次大战期间种种"超克"近代国际法秩序的思想的复杂性质。

当然，笔者并非要指责作者抱有某种历史修正主义的态度，而是要指出，本书对中国研究者的启示不仅在于使我们了解近代日本的国际思想或者自我认同的谱系，更重要的意义毋宁在于促进我们对近代中国及东亚国际思想问题的思考。本书所论述的思想家虽然常常以中国问题为思索对象，但在本书中所表现的"中国"无疑是近代日本的"他者"，但近代东亚的思想经验绝非日本或者中国思想自己演变的过程，也并非中国与西方或者日本与西方的静态对立，而是包括中国与日本在内的多样主体共鸣、交

---

[7] 这一历史过程，可参见山室信一：『思想課題としてのアジア―基軸・連鎖・投企・』，岩波書店 2001 年版第二部「投企」。

[8] 参见汪力：《"东亚协同体论"再考："帝国话语"中的"近代"、"超近代"与"社会革命"》，载《外国问题研究》2017 年第 3 期。

错与对抗的过程。在"近代化"论的中国近代思想史研究中，何以近代中国的国家构想未能在"五四"之后沿着应有的启蒙理性主义的方向前进，曾经是一个总体性的课题。而在今天中国学界对20世纪上半叶全球历史与思想状况的理解大大深化的情况下，这个问题可能就显得有些荒谬。但这并不意味着，我们就可以不加反省地将近代中国的国家建构视作一个理所当然的过程，毋宁应该重新审视"五四"以后各种国家构想与认同建构的多重面向与可能。就这一点而言，酒井的视点可以给我们提供很多启示，胡适抑或蒋廷黻的"近代化"构想、梁漱溟抑或费孝通的"共同体"秩序观、抗日时期的"右翼"国家主义、"进步的知识分子"的"第三条道路"构想以及今日人们称之为"早期新儒家"的思想家们对中国的"文化认同"问题的探索等，诸多的思想经验都有必要在国际秩序的视野，乃至抗战与"世界革命"等当时的国际政治课题中重新思考。

最后，就笔者所关心的课题而言，作者在分析橘朴、平野义太郎等"社会主义者"的帝国秩序构想时，对其中包含的超国家社会构想的可能性予以了高度评价，在这种评价态度中隐含着对战后日本马克思主义中"马列主义"倾向的批判。但同时，作者无疑也意识到在中日战争的现实面前这种构想的无效性，对此，作者发挥的是橘朴的言论中业已包含的某种竹内好的理论倾向。作者指出，在战争时期的橘朴看来，可能中国的抗日游击队才是自己理想的中国共同体的"武装的自治"的体现，"橘朴的大亚洲主义是他的无政府主义的想象力的归结，而这种大亚细亚主义，最终被同样扎根于无政府主义的游击队的逻辑的铁锤所粉碎。"（第183-184页）而在对战后"革新民族主义"形成过程的讨论中，作者又强调了战争时期"大东亚共荣圈"论述中对主权国家的重新评价，以及这种评价与"市民社会"思想中基于自然权利的民族主义的共鸣。战争时期的"中国革命"问题与战后的"帝国主义与民族"问题无疑具有连续性，但在作者的论述中被遗忘的恰恰是中国革命思想中"阶级与民族"的理论构成。作者的"社会"论述从大正社会主义中"社会的发现"延伸到1930年代的"近代化""共同体""帝国秩序"话语，但这样一来，20世纪二三十年代日本思想经验中的"阶级"问题就被故意排除了。考虑到战争时期日本知识分子的种种"社会"话语，实际上都以1930年代中叶"克服"马列主义的"转向"（叛变）经验为基础，那么这种排除无疑具有某种症候的性质。不管今日我们可以对中国革命的思想中"阶级主体"的构成提出怎样的批评，但没有这一主体建构过程不仅不会有中国革命的胜利，也不会产生创造出"万隆时代"的去殖民化经验的巨大能量，战后日本的"帝国主义与民族"的思想经验，也必须在这一语境中才能被完整地把握。仅从这一点，也可以认识到国际秩序论的视野对于重新思考20世纪东亚思想经验的重要意义。

# 政治意识与历史叙事
## ——重读《帝国主义与中国政治》

王 锐[*]

一

"海内如今传战斗"。在最近一段时间里,所谓"修昔底德陷阱"一词在中国十分流行。许多人在谈论如今的中美关系能否避免"修昔底德陷阱"。不过更引起笔者兴趣的是,这个概念的发明者艾利森在《注定一战:中美能避免修昔底德陷阱吗?》一书里,建议美国政府在制定对华政策时应充分注意历史的维度。他提到自己曾和史学家尼尔·弗格森提议白宫应成立一个"历史顾问委员会",倡导"应用历史",这样有助于"从当前的选择或困境开始,分析历史记录,以提供观点、激发想象力,找到揭示未来可能发生的状况的线索,提出合理

---

[*] 王锐,华东师范大学历史系副教授。

的干预措施,并评估可能出现的效果"。[1] 在他看来,这个机构的主要任务之一便是研究中国,即从长远的角度来看"我们是如何迎来我们现在所称的'中国挑战'的?"[2] 在笔者看来,这本书对中国而言,最为关键的或许不在于跟随作者所创造的概念亦步亦趋,以至于在战略思考上丧失主体性,而是应当重视作者所提倡的思考当前国际形势的切入点,即从历史的角度来理解中国,理解中美关系。

话又说回来,其实作者的这个主张对中国而言并不应感到陌生。中国有着十分悠久的历史编撰传统,留下了浩如烟海的历史典籍。中国人对历史的重视与喜爱,可以说在世界文明史上罕有其匹。更为重要的是,正如中国古代史学的典范之作《资治通鉴》的书名所昭示的那样,古人研究历史、叙述历史,固然是在追寻一个时期历史的本相与全貌,但同时也希望借助历史的智慧来"资治"。比如就对外关系而言,从《史记》的《匈奴列传》《大宛列传》,到《通典》中的《边防》,及至清代道咸时期盛行一时的西北史地之学,前贤叙述这些史事,主要目的就是试图通过历史的梳理,为当前如何处理边疆地区的政务提供参考与借鉴。

到了近代,这一情形体现得更为明显。对时代变动有极强敏感性的梁启超,在撰于1901年的《中国史叙论》一文里指出:"自乾隆末年以至于今日,是为世界之中国,即中国民族合同全亚洲民族,与西人交涉竞争之时代也;又君主专制政体渐就湮

---

[1] [美]艾利森:《注定一战:中美能避免修昔底德陷阱吗?》,陈定定、傅强译,上海人民出版社2018年版,第295页。
[2] [美]艾利森:《注定一战:中美能避免修昔底德陷阱吗?》,陈定定、傅强译,上海人民出版社2018年版,第296页。

灭,而数千年未经发达之国民立宪政体,将嬗代兴起之时代也。"[3] 换言之,近代中国遭逢西方势力的入侵,为了振衰起弊,必须在政治上有所兴革,以此建立富强之基,来与"西人交涉竞争"。这表明,随着中国日渐被卷入由近代东西列强帝国主义扩张所形塑的世界体系,时人已经逐渐认识到,思考中国问题必须同时思考同一时期的欧洲与全球问题,以辨别中国在全球关系中所处的地位,并提供一种比较性的全球视野。单纯地从中国自身的历史轴线上思考中国问题已不复可能。[4] 从这样的视角出发,一部中国近代史,就是分析近代中国如何抵御、反抗作为资本主义最高阶段的帝国主义不断扩张、殖民,维系国家统一与争取民族解放的历史;就是近代中国如何吸收、借鉴各种现代性因素,将其内化为中国自身的积极因素,进行国家建设,寻找富强之道的历史;就是在不断变化的内外形势下,形塑新的政治实践主体,破除各种政治、社会与文化压迫,探索具有普遍意义的平等与解放的历史;更是在古今中西纠缠不清的情况下,探索中国文化的存续与更生的历史。

  因此,今天分析中国的内外局势、探索未来发展的战略与道路,就必须具有完备的历史眼光,特别是对近代中国所面临的危机与挑战有充分的体认。甚至可以说,具有怎样的近代史观,大体上决定了对中国当前局势的基本认识。当代史学的基本状况,想来读者诸君也有所了解,因此在这里毋庸多言。今天一些人对以美国为首的资本主义世界的各种想象与青睐,很大程度上与他们所接受的中国近代史图景息息相关。举例来说,1922 年,在回应中国共产党发表的关于反对帝国主义的宣言时,胡适声称:

---

[3] 梁启超:《中国史叙论》,载吴松等点校:《饮冰室文集点校》(第 3 集),云南教育出版社 2001 年版,第 1627 页。
[4] 汪晖:《世纪的诞生——20 世纪中国的历史位置(之一)》,载《开放时代》2017 年第 4 期。

"我们要知道，外国投资者的希望中国和平与统一，实在不下于中国人民的希望和平与统一。"比如在民初，"外人所以捧袁（即袁世凯），大部分是资本主义者希望和平与治安的表示。我们可以说他短见，但不能说这全是出于恶意。"在巴黎和会之后，列强又召开了华盛顿会议，"中国的国民外交和美国的舆论竟能使华盛顿会议变成一个援助中国解决一部分中、日问题的机会。"而列强之所以干涉中国内政，是由于"国际投资所以发生问题，正因为投资所在之国不和平，无治安，不能保障投资者的利益和安全"。所以，"我们现在尽可以不必去做那怕国际侵略的恶梦。最要紧的是同心协力的把自己的国家弄上政治的轨道上去。国家的政治上了轨道，工商业可以自由发展了，投资者的正当利益有了保障了，国家的投资便不发生问题了，资本帝国主义也就不能不在轨道上进行了。"[5] 正所谓太阳底下无新鲜事，这样的观点，在当前不是依然改头换面地在一些人口中不断宣扬吗？只是其中添进了更为新颖、时髦的名词与概念罢了。

二

依笔者之见，如若前文所言不虚，那么胡绳出版于1948年的小册子《帝国主义与中国政治》，在今天或许具有颇为重要的意义。经过1947年的解放战争，国民党政权的败象日益显露，中共的力量不断壮大，中国未来向哪里去已经不再是一个模糊不清的疑问，而是有了越发清晰的答案。[6] 毛泽东在1947年岁末指出："中国人民解放军已经在中国这一块土地上扭转了美国帝国

---

[5] 胡适：《国际的中国》，载欧阳哲生编：《胡适文集》（第3卷），北京大学出版社1998年版，第383-385页。
[6] 关于1947年中国政治与军事的变化，参见金冲及：《转折年代——中国·1947》，生活·读书·新知三联书店2017年版。

主义及其走狗蒋介石匪帮的反革命车轮，使之走向覆灭的道路，推进了自己的革命车轮，使之走向胜利的道路。这是一个历史的转折点。"[7] 在这一背景下，胡绳希望"集中写一条主线，帝国主义和中国革命的关系，而这条线索确实是中国近代史的主要的东西"。[8] 关于写作这本书的问题意识，据他晚年回忆：

帝国主义和中国革命的关系，这也是当时的一个现实问题。很明显的，革命战争很快就要取得对蒋介石的彻底胜利，在这时候发生一个关键问题，是美国怎么样，它会采取什么手段来对付中国革命。从这个观点出发，反过来考察美国历史上向来对中国采取的政策是有意义的。[9]

可见，胡绳之所以要论述百年来帝国主义对中国政治、经济与社会的影响，是因为在当时美国已经成为在华帝国主义国家的代表，研究历史与思考现状、展望未来是相通的。如果说"打倒帝国主义"是解放战争的主要目的之一，是具有鲜明政治诉求的口号，那么运用马克思列宁主义基本原理分析帝国主义的在华史，就从学理层面将这一政治口号进一步深化，赋予其厚重的历史感，通过历史叙事来更为深刻地论证其基本合法性，并争取更多饱受帝国主义欺压的进步力量与广大人民群众的支持。[10]

作为分析现实的基本概念之一，"帝国主义"在辛亥革命前十年已经被零星使用，日本社会主义者幸德秋水的《二十世纪之怪物——帝国主义》被留日学生介绍到国内来。到了"五四运动"之后，随着马克思列宁主义在中国广泛传播，日益被早期中

---

[7] 毛泽东：《目前形势和我们的任务》，载《毛泽东选集》（第4卷），人民出版社1967年版，第1188页。

[8] 胡绳：《笔耕丰歉说当年》，载《胡绳全书》（第7卷），人民出版社2003年版，第172页。

[9] 胡绳：《笔耕丰歉说当年》，载《胡绳全书》（第7卷），人民出版社2003年版，第172页。

[10] 当然，这也是1940年代左翼史学的整体特征。相关研究参见李孝迁：《革命与历史：中国左派历史读物》，载《中共党史研究》2017年第5期。

国共产党人所采用。列宁的《帝国主义是资本主义的最高阶段》被译介到中国之后，对中共党人探讨国内外状况产生极大的影响。1922年，远东各国劳动者代表大会在莫斯科召开。据出席此次会议的张国焘回忆，"这次大会把帝国主义与中国的反动势力联结在一起。我们讨论的结果，确认中国的反动势力只是外国帝国主义的工具。中国革命运动要能有成就，必须从反对帝国主义下手"。[11] 在这之后，像李大钊、瞿秋白、蔡和森等人，都广泛地运用列宁对帝国主义的基本分析，来论述当时中国的社会性质是半殖民地半封建社会，以及在此基础上所遭受的各种压迫与剥削，并号召广大工人与知识青年加入革命队伍，推翻帝国主义及其在华代言人的统治。[12] 例如，在《帝国主义侵略中国之各种方式》一文里，瞿秋白指出帝国主义的侵略方式有"强辟商场""垄断原料""移植资本""文化侵略"。他简要地概述了从鸦片战争以来直到1923年，不同的帝国主义国家如何运用这些手段掠夺中国的资源、侵犯中国的主权、培植其在华的政治与经济代言人。特别是他注意到政治与经济的手段背后，新兴的帝国主义国家美国更为重视文化上的操控：

> 他（美国）能有这么大的"度量"放弃庚子赔款，无意之中造成亲美派留学生的政治势力，遍处设立教会学校，办他那假惺惺的慈善事业；不但现时他能控制中央政府，做侵略全中国的事业，而且还能改制中国人的心肺，赔买整个儿的阶级，预备做他将来的"代理统治者"；他能有很大很多的机关报，"洋大八"的舆论每每足以影响中国日常的政治生活；凡此一切都足以"威临中国之人心"，挟制日本，卸罪于日本，诬蔑赤俄，减杀中国真

---

[11] 张国焘：《我的回忆》，东方出版社2004年版，第177页。
[12] 毕玉华：《建构与调试：中共革命意识形态中的"帝国主义"概念》，载《近代史研究》2018年第5期。

民主派的势力。[13]

这番话，从后来的历史发展与今日的种种景象来看，不能不承认具有很深的洞察力。胡绳晚年就回忆自己在苏州上中学的时候，"苏州的教会学校读英文是读狄更斯的《双城记》，就是讲法国大革命如何残暴，这实际上是一种政治教育，就是说革命是可怕的。"[14]

到了1930年代，由于中国社会史论战的巨大影响，左派史学蓬勃发展。一些左派史学家开始尝试以帝国主义问题作为切入点，去叙述中国近代史中的相关部分，以此回应"九·一八事变"之后日益加剧的民族危机，引导国人去思考救国救民之道。比如在《近代中国经济史》一书里，钱亦石强调："近代中国的经济，完全受列强帝国主义的支配。帝国主义者以对华输入商品和输入资本的方法，变革了中国的经济结构与经济生活。"其所造成的结果是，"帝国主义在中国经济生活、政治生活及一般社会生活中，成了一个重要的要素而且是基本的要素。帝国主义与中国经济完全打成一片，结成一个有机的关系"。[15] 以此为切入点，钱氏分析近代中国国民经济的各个部门，如何被卷入帝国主义支配下的全球经济体系之中，并且对中国内部的经济与社会结构带来哪些影响。此外，在《中国外交史》一书里，他指出："外交并不是它自身能够单独存在的东西，它只是某一种政治系统之下，在邦交关系上运用一种手段来完成这个政治任务的策略。如果要离开政策来讲外交，就绝无外交可言。"[16] 具体到分

---

[13] 瞿秋白：《帝国主义侵略中国之各种方式》，载《瞿秋白文集（政治理论编）》（第2卷），人民出版社2016年版，第79页。

[14] 金冲及：《一本书的历史：胡乔木、胡绳谈〈中国共产党的七十年〉》，中央文献出版社2014年版，第126页。

[15] 钱亦石：《近代中国经济史》，知识产权出版社2015年版，第54、55页。

[16] 钱亦石：《中国外交史》，生活书店1937年版，第2页。

析中国外交史上，就必须"从帝国主义方面来研究他们侵略政策、压迫政策的变迁，以及变迁的根据，变迁对于中国的影响"。[17] 通过这样的历史叙述，"一方面要看清楚帝国主义对我们侵略压迫是怎样在变迁，变到哪里去，我们有什么对付的方法，另一方面是要看清楚中国在他们侵略压迫之下，已陷入怎样的地步，在国际上已处在怎样的一个位置，要怎样才能从这种地位解放出来。这样我们就很可以从帝国主义侵略中国、压迫中国的历史中研究出一个总的趋势来，在这总的趋势之下看出目前的国际新形势，自己的新环境，来决定我们对自己利益怎样就可以保全以至向前发展的一个总的政策，而外交政策自然可以从此产生"。[18]

作为早期中国近代史研究的实践者，蒋廷黻对帝国主义问题也颇为关注。他晚年回忆自己在美国留学期间阅读霍布森的名著《帝国主义》后，感到"深获我心，使我对帝国主义得以明了"。[19] 他谈及当时自己的想法："作为一个中国人，我对殖民或帝国主义并不深恨，因为我感到中国如果愿意，同样有资格能产生与欧洲相同的组织力、相同的政治、相同的经济水准以及资源。改良中国生活方式，根除无效率、涣散的习性，就能建立有效率的生活方式。"[20]

蒋廷黻的这种心态与立场，在后来出版的《中国近代史》一书里以学术的方式表达出来。他认为："资本主义可变为帝国主义，也可以不变为帝国主义。未开发的国家容易受资本主义的国家的压迫和侵略，也可以利用外国的资本来开发自己的富源，及利用国际的通商来提高人民的生活程度。"而帝国主义，"据我们

---

[17] 钱亦石：《中国外交史》，生活书店1937年版，第12页。
[18] 钱亦石：《中国外交史》，生活书店1937年版，第13-14页。
[19] 蒋廷黻：《蒋廷黻回忆录》，岳麓书社2017年版，第88页。
[20] 蒋廷黻：《蒋廷黻回忆录》，岳麓书社2017年版，第89页。

所知，历史上各种政体，君主也好，民主也好；各种社会经济制度，资本主义也好，封建主义也好，都有行帝国主义的可能"。[21]在这里，蒋氏刻意把近代西方资本主义对中国的破坏淡化，同时将左翼史学时常强调的帝国主义，定义成一种并非近代世界所独有的现象，联系到他当时亲英美的政治立场，这一叙述方式的"现实感"是很强的。如果说前文提及的胡适是在政论中有意消解帝国主义对中国的危害，那么蒋廷黻则将这一观点以建立在大量档案整理基础上的历史叙事的形式表现出来。[22]

因此，胡绳的这本书，在学术源流上继承了先前中国马克思主义者的传统，用帝国主义的概念去分析近百年来中国政治、经济与社会的变迁，剖析中国内部的阶级状况与社会矛盾，以及帝国主义者在不同时期的对华策略与彼此之间错综复杂的关系。在此基础上，形成一套较为完整的、具有内在逻辑的近代史叙事。从现实斗争的角度而言，正如胡绳在晚年所提及的，胡适"的根本问题是不反对帝国主义"。[23] 因此，在《帝国主义与中国政治》这本书中，他必须回应胡适、蒋廷黻等人对帝国主义问题的刻意忽略、曲解，进而模糊了当时中国的主要矛盾。用历史的方式呈现自己的观点，用大量的史实来说明问题，是一种较为有效的言说策略，可以使人们对时局与历史的认识更为清醒，进一步明确斗争的目标，特别是让当时的"中间势力"认清中国的基本

---

[21] 蒋廷黻:《中国近代史》，上海古籍出版社1999年版，第54页。
[22] 蒋廷黻曾在1930年编撰出版了《近代中国外交史料辑要》一书。他声称："历史学自有其纪律。这纪律的初步就是注重历史的资料。"参见蒋廷黻:《近代中国外交史料辑要》（上），东方出版社2014年版，自序第1页。
[23] 参见金冲及:《一本书的历史：胡乔木、胡绳谈〈中国共产党的七十年〉》，中央文献出版社2014年版，第48页。

状况，放弃幻想，坚持斗争，走向革命队伍中来。[24] 总之，正如胡绳自己说到的：

>帝国主义列强与半殖民地中国之间的政治关系，是帝国主义侵略者怎样在中国寻找和制造他们的政治工具，他们从中国统治者与中国人民中遇到了怎样不同的待遇，并且说明一切政治改良主义者对于帝国主义者的幻象曾怎样损害了中国人民的革命事业，等等。[25]

这段话意思十分明确，无需再做过多解读。而另一位左派史学代表人物范文澜在1958年曾指出，在中国的历史编撰传统里，"史书有多种体裁，自然有各种不同的写法。有些表现出明显的政治性，有些表现得不那么明显或完全与政治无关，不论表现的形式如何，归根都是当时政治生活的一种反映。但是，明显地反映出当时政治生活的历史著作，究竟是史学的正常状态，是史学的主流，自《春秋》以至《国粹学报史篇》都应是代表各个时期的历史著作"。[26] 在笔者看来，这番话无疑道出了古今历史著作之良莠的深层次标准。当然，或许有人会鄙夷这段话写于一个火红的年代，因此不是"纯学术"，没有"学人范儿"。但不要忘了，被视为专业实证主义史学先驱者的兰克，一生撰写了许多近代早期欧洲诸大国之间纵横捭阖的外交史。在他看来，"如果没有对现在的熟悉，那么对过去的知识也是不完全的"。[27] 一部好

---

[24] 胡绳晚年特别注意解放战争中"中间势力"的向背，在他看来，"革命能胜利，是因为我们党把中间势力拉过来了，如果中间势力都倒向国民党，共产党就不可能胜利。"参见"从五四运动到人民共和国成立"课题组：《胡绳论"从五四运动到人民共和国成立"》，社会科学文献出版社2001年版，第3页。

[25] 胡绳：《帝国主义与中国政治》，生活·读书·新知三联书店2012年版，序言第1页。下述正文标注页码皆出自本书。

[26] 范文澜：《历史研究必须厚今薄古》，载中国社会科学院近代史研究所编：《范文澜史学论文选集》，中国社会科学出版社1979年版，第224页。

[27] [德] 兰克：《历史、政治及哲学之间的关系》，易兰译，载《世界历史的秘密：关于历史艺术与历史科学的著作选》，复旦大学出版社2012年版，第152页。

的历史著作，一定体现了具有深度与广度的现实感，能够使人在古今之间展开思索。就此而言，《帝国主义与中国政治》确实具有浓厚的政治意识，但也正因为如此，这本书才体现出深刻的洞见，因为对于现代中国而言，帝国主义虽然多次改头换面，但从未真正远去。

三

《帝国主义与中国政治》一书从鸦片战争写起，直至1925年国共合作的前夕。重点叙述了鸦片战争前后、英法联军与太平天国运动、洋务运动、戊戌变法、庚子事变、清末新政与民初政局、五四运动之后的中国政治经济状况这些历史时期里，不同的帝国主义国家对中国的侵略与控制、中国各个时期的掌权者对帝国主义的态度、改良主义者对时局的担忧以及对帝国主义势力的幻象、广大人民反抗帝国主义的斗争与挫败。这样的叙述方式，在很长时间内成为研究中国近代史的经典范式之一，因此或许也比较为人所熟知。不过在胡绳自己看来，这本书的一个特色在于，"从前我们习惯说，帝国主义和中国的封建势力结合起来，实际历史也是这样的。但是一开始帝国主义来到中国，倒不是马上利用封建势力，而是感到这种落后势力阻碍它在中国的发展。所以在鸦片战争时敌视清朝政权，要打它，打得它服下来。到太平天国时发生了一个变化，帝国主义从太平天国和清朝政府之间慢慢选择了清朝政府，至少有一部分洋人考虑过太平天国，但最后还是考虑清朝政府好。清朝政府也经过一个过程，开始怕洋人，感到洋人对自己不利，慢慢才看出来，洋人的力量可以依靠"。[28] 帝国

---

[28] 参见胡绳：《帝国主义与中国政治》，生活·读书·新知三联书店2012年版，第7卷第172页。

主义列强与中国内部腐朽政治势力结合的过程，就是近代中国国势衰微、民族危机不断加剧的过程。由此出发，一方面，可以进一步分析帝国主义列强在不同时期如何在利用中国国内某些政治势力的基础上对中国进行控制与侵占；另一方面，也可更为深入地探讨近代中国救亡图存运动所遭受到的困境与挫败。

正如论者所言，近代中国之所以处于"三千年未有之大变局"，首先是"中国的政制传统面临前所未有的挑战"，其次是"中国面临从未面对过的国际政治格局"。[29] 所以依笔者之见，这本书对今天而言更为重要的意义在于，重新打开我们对于近代以来的国际关系的理解。虽然胡绳所倡导的近代史研究方式曾经在1949年至1979年十分盛行，但晚近以降，这一范式已被不断冷漠，甚至在一种巧妙的话语装置之下，被意欲取而代之者不断宣扬为此乃"政治"，而非"学术"。而在今天中国与世界格局都发生深刻变化的时刻，胡绳通过思考历史而得出的相关论点，值得人们重新予以重视，甚至在此基础上对近代以来的中外关系进行更为细致的梳理与分析。

在胡绳看来，在18世纪工业革命之前，"欧洲各国的从事'开拓事业'的'殖民家'们，虽然在所至之处对于土著的落后人民从事抢掠与残酷的暴行，但对于远东这一个有着悠久文化传统的大帝国还不能不有所顾忌，只能在可能的范围内进行欺诈性的有利贸易。但是自18世纪中叶以后的英国的做法不同了：新兴的工业资本家们有了更大的财富与实力来扩充向外开拓的事业，同时他们有着推销不完的商品，亟望着能使远东这个大国家成为自己的市场"（第4页）。鸦片战争之后列强对于中国的态度，很大程度上与他们的这一远东战略息息相关。而到了19世

---

[29] 刘小枫：《毛泽东与中国的"国家理由"》，载《百年共和之义》，华东师范大学出版社2015年版，第3页。

纪后期，"正是欧美各资本主义国家国内工业生产飞速发展，独占金融资本的统治渐次形成的时期。由此他们进入资本帝国主义的阶段，对殖民地有了更进一步的要求。几乎全部非洲已为他们所瓜分，亚洲的极大部分也已成为他们的殖民地。对于中国，过去虽已取得充分的政治特权，以保障其商品倾销和经济掠夺，现在他们觉得不能满足，因此自中日之战后，五六年间，列强在中国展开了获取'租借地'、划分'势力范围'并向中国投资的大竞争"（第111页）。这些总括式的论述，对进一步理解近代中国所处的外部环境极有助益。在这样的时空坐标之下，人们或许可以更为恰当地、实事求是地思考中国的自处之道，而非抱有各种不切实际的幻想。

因此，对于帝国主义者而言，有效支配中国的方式不在于把中国变为像非洲地区那样的殖民地，而是通过树立一个徒有其表的政权，来协调各个帝国主义之间的关系，同时减少控制中国的成本。作为近代政治的重要概念，"主权"的意义毋庸多言。而在近代中国，复杂之处恰恰在于清政府虽然长期作为名义上的主权者，但其内涵却被不断地掏空。甚至这一被用各种形式掏空的过程，也被形塑为帮助中国步入"文明"国家的行列里。这一点在"庚子事变"之后表现得尤为明显。对此胡绳指出："很清楚的，帝国主义列强之要满清存在，并加以支持，就因为他是一个共同的好奴才。对于媚外主义的满清，帝国主义主人怎不会报答以保全主义呢？中国在这样的政府下维持着形式上的独立，既可以有助于列强在某种程度内调节他们相互间的矛盾冲突，而且为了使中国人民相信中国到底还没有亡国，在列强看来，也非有这样一个政府不可。如果这个政府再能披上一件'立宪'的外衣，因此而使中国人民对它抱着希望，加以拥戴，忘记了帝国主义列强已成为中国主人的事实，那岂不是最好没有的事么？"（第

170-171页）在这样的叙述之下，近代中国主权问题的基本困境就凸显出来了。即一个表面上从事各种"文明"事业、符合主流话语霸权标准的政权，实际上很大程度是被列强所控制，主权所包含的许多要素其实是不断地在丧失。因此国家独立与民族解放对于近代中国而言，绝非一句被建构出来的口号，而是在历史进程中不断遭受挫败之后所呈现出的基本诉求，也是近代中国所有政治行为的根本合法性基础。[30]

就此而言，帝国主义列强在华的控制手段，除了扶持一个傀儡式的政府，还有着其他更为隐蔽的手法。在叙述五四运动之后的中国政治时，胡绳特别提到：

> 帝国主义在中国有两个武器——武力与财力。他们用这两个武器支持他们的代理人——反动的军阀统治者，也用这两个武器压迫中国人民和阻挠中国革命……使用财力来压迫中国革命，说得明白一点，就是用钱来收买革命阵营中的不稳定的参加者及其变节的领袖。自满清以来的反动政府造成了一个传统，非靠外债不能解决财政问题。二个革命的政府如果不能坚决打破这传统，依靠广大人民来自力更生，那就不免在帝国主义的金光眩目的财力的诱惑下屈服。辛亥革命的南京政府纵不能说是被收买，也确是因帝国主义不借钱而吓倒了的（第312-313页）。

近代帝国主义列强用武力来侵略中国，这一点早已为人所熟知，而且意图不难察觉。但前者却并非仅有武力作为后盾，而且通过垄断资本主义的力量，逐渐控制中国的金融与财政，扶持符合其利益的政治集团。在此情形下，"中国政府的一切财政收支均须向银行团报告，任银行团来查问，对于一切官员的任免，银行团都有权过问，于是这样的一个中国政府实际上就成为银行团

---

[30] 关于独立自主对于现代中国的意义，参见汪晖：《自主与开放的辩证法——写在中华人民共和国六十周年之际》，载《短20世纪：中国革命与政治的逻辑》，香港牛津大学出版社2015年版，第305-310页。

的代理人，对这样的政府，银行团自然是愿意尽力使之'巩固'并加以'维护'"（第279-280页）。这一特点，在辛亥革命成功之后以及北洋政府时期表现得尤为明显。[31] 所以胡绳感叹："如果南方政府是建立在革命人民的基础上，自力更生，撇开对帝国主义的一切幻想，那么帝国主义在经济上的示威也就不能有什么作用，无奈南方政府并不如此！"（第197页）晚清民国时期中国的经济一直难以摆脱各种困境，民生问题始终得不到有效解决，内地农村日趋凋敝，广大民众成为赤贫的无产者，都可以从这里找到根源。胡绳此论，揭示出近代中国所面临的国际政治格局中更为深层次的问题。

胡绳此书除了揭示帝国主义列强对中国的侵略手段之外，还着重阐述究竟哪一支力量可以让中国真正摆脱此危局。蒋廷黻在那本著名的小册子《中国近代史》中，虽然也通过分析历史来寻找救亡之道，但他书中的主角却是林则徐、曾国藩、李鸿章，直到能够继承所谓"总理遗教"的蒋介石。正如论者所言，"蒋氏对现代化精英的赞赏，于他对普通大众的文盲、无知、迷信的描绘形成鲜明对比"。就此而言，"毫不奇怪，蒋通常蔑视晚清的民众暴力"。[32] 所以，作为一位马克思主义者，胡绳必须回应这种对待广大人民的态度。他强调："在帝国主义已经对中国建立了强盛的支配势力时，任何中国国内的政治运动，如果不是以广大人民的力量为基础，就总不免会幻想从帝国主义者方面去寻找支持力量。"（第130-131页）在这些史事当中，因教案而引起的民间暴动尤其值得重视。近代西方传教士在华传教，本身就是伴随着不平等条约而出现的，所以"他们中纵然有极少数并不是有意

---

[31] 关于这一点较新的研究，参见章永乐：《"大国协调"与"大妥协"：条约网络、银行团与辛亥革命的路径》，载《学术月刊》2018年第10期。

[32] [美] 李怀印：《重构近代中国——中国历史写作中的想象与真实》，岁有生、王传奇译，中华书局2013年版，第51页。

识地做着帝国主义侵略的先锋,但无例外地是借列强国的威风而自居于优越的地位"(第82页)。义和团运动便是中国广大底层大众反抗这种特权式行为的总爆发。如何评价义和团,其实也就关乎如何评价中国近代史上农民群体具有怎样的政治作用。对此胡绳明确指出:

> 帝国主义者不能知道,他们对中国的蚕食压迫的行动已经在中国人民中深深培植下了仇恨的种子。在他们不知道义和团运动虽是幼稚的组织,却蕴含着深厚的人民力量。他们轻视中国人民的力量,不知道这种力量一旦爆发起来,就有惊天动地的声势。他们更没有料及,驯服的满清政府,因为它的腐败和昏庸,将禁不起这人民力量的激荡,一心为求避免人民的锋芒,竟至方寸全乱,自己也不知道自己要干些什么(第150页)。

义和团的历史意义不在于他们成功抵抗了帝国主义,而在于通过自发的、大规模的抗争,让列强知道除了孱弱的清廷之外,中国大地上还有更为深厚、巨大的力量存在。一旦他们获得更为先进的武器,被充分地组织、动员起来,那么一切帝国主义者及其在华代言人都将被彻底推翻,中国将真正实现独立自主。就此而言,抵抗帝国主义与中国内部的阶级翻身、阶级自觉其实是同步进行的,近代的反帝运动不仅仅是一般意义上的民族主义风潮,而且也是伴随着对平等政治与大众解放的深刻诉求,锻造出新的政治主体登上历史舞台。

## 四

按照前文的分析,胡绳在《帝国主义与中国政治》一书中,体现出很强的政治意识与现实感。这本书并不是一本饾饤史事、识辨古昔的考史之作,而是通过叙述近代史上的关键问题来昭示人们未来的行动方向，同时强调正确的政治路线与斗争策略。他指出："对于这一个帝国主义或那一个帝国主义，对于帝国主义所选出这一个人物或那一个人物，如果寄以希望，寓以幻想，那就会对于中华民族和中国人民的解放事业造成严重的损害——这是几十年来用血换得的惨痛教训。"（第 330 页）帝国主义与中国政治之间故事的终点，应该是正义的解放力量彻底将帝国主义者赶出中国，让帝国主义不再能够支配中国的政治与经济。犹有进者，放在 19 世纪以降的全球历史之中，考茨基、列宁、霍布森、霍布斯鲍姆、萨米尔·阿明等人都曾对帝国主义问题进行过颇具深度的研究，胡绳此书，堪称从中国的视角与经验出发，对帝国主义问题进行的中国式叙述，为世人剖析、反抗帝国主义提供了中国自己的方案。

斗转星移。这本书初版于 1948 年，在那之后，中国与世界都经历了一系列深刻而巨大的变化。在胡绳晚年，中国又一次要面对复杂的国际环境，又要重新思考主权与开放的问题。当许多异样的声音在禹域流行之际，胡绳认为近代中国的历程可以给人们许多重要启示。1991 年他在一篇文章里强调："从这些旧时代的经验中，中国人得出的结论并不是中国不应当对外开放，应当闭关自守，而是中国应当首先摆脱半殖民地的地位，也就是摆脱外国帝国主义的统治和压迫，这样才能作为独立的国家平等地和世界各国交往，才有可能摆脱贫穷落后的状态，取得正常地对外开放的条件。"[33] 因此，"中国固然需要实行开放政策，但在开放政策之上，还有一个更高的原则，就是维护国家的独立和主权的完整。在历史上饱受民族灾难的中国人民，十分珍视独立自主原则，维护国家应有的尊严。如果新中国放弃国家独立和主权完整

---

[33] 胡绳：《论中国的改革和开放》，载《胡绳全书》（第 3 卷上），人民出版社 1998 年版，第 117 页。

的原则而和世界交往,那么它就会和以往的近代中国历届统治者一样,遭到人民的唾弃"。[34] 在这样的背景之下,胡绳与人谈及此刻应该写一本新的《帝国主义与中国政治》,他感慨"现在我们的文章连帝国主义也不大说了",可是实际上"帝国主义还存在,有些新的变化"。[35] 十分遗憾的是,这本新的《帝国主义与中国政治》并未问世,而他所观察到的"连帝国主义也不大说了"的现象却有愈发明显的趋势。不过即便如此,《帝国主义与中国政治》所呈现的历史景象以及分析问题的理论基础,窃以为在今天有着极为重要的启示意义,理应成为我们思考"中国面临从未面对过的国际政治格局"时必须予以重视的理论资源。借用文章开头援引的艾利森的观点,这是当代中国自己的"应用历史",并且是有过成功经验的"应用历史"。虽然它已经被我们忽视,甚至鄙夷很长时间了,但今天却需要把它给找回来。

---

[34] 胡绳:《论中国的改革和开放》,载《胡绳全书》(第3卷上),人民出版社1998年版,第118页。

[35] 参见金冲及:《一本书的历史:胡乔木、胡绳谈〈中国共产党的七十年〉》,中央文献出版社2014年版,第125页。

# 当前地缘政治状况

——短评一则[*]

[德] 明克勒 著　温玉伟 译[**]

[译者说明] 在本文中，作者以欧洲（德国）人的视角评析当前的地缘政治角力，反思欧洲人在当前或未来国际局势中的角色。这提醒作为中国人的我们，居安思危是每一个政治上成熟的民族应该抱有的态度，因为，政治世界中永远都充满威胁的可能性，现实政治中的冲突不可避免。谁若看不到或者不愿承认一直存在的敌对关系，用德国思想家施米特（Carl Schmitt，1888-1985）的话来说就是，"只有软骨头和幻想家才可能对此视而不见"（《游击队理论》，1963）。

按照施米特的地缘政治观，当下的冲突似乎是再次奏响的"大地的法"三和弦——"占取、划分、养育"——中的一个音符。在他看

---

[*] 原文题为 *Lyriker der politischen Hilflosigkeit*（《政治上无助的抒情诗人》），发表在2019年8月21日的《每日镜报》上。

[**] 明克勒（Herfried Münkler），柏林洪堡大学政治学教授，柏林-勃兰登堡科学院成员，以政治思想史和战争理论研究闻名。温玉伟，德国比勒菲尔德大学文学系博士生，德国卡尔·施米特协会会员。

来，"大地的法"的进程在任何时代和地区的世界史上都在上演，地球上几乎没有任何地缘空间不以这种方式成为举足轻重的历史—政治空间。海权强国英国和美国的兴衰都无法逃避这一规律。

如本文作者明克勒提到的，美国这个海权国家所代表的秩序"主要基于经济上的联系"，也就是说，追求财富和利益。这无疑突出了施米特政治思想中"陆地与海洋"这一对立概念。将立足于大地的人类与海洋联系起来的不只是好奇和冒险，还有利益。人与陆地和海洋之间这种微妙的关系在古人笔下曾得到很形象的描述："他掀开海草，找到了那个装满银币的钱袋。捡起来，放进自己的口袋，离去之前先向山林女神和大海祝谢了一番。他虽然是个牧人，如今反觉得大海比陆地更亲切。因为大海帮助他得到了赫洛亚"（朗戈斯《达夫尼斯和赫洛亚》卷3：28，水建馥译文）。

在全球化进程日益深化，愈发依赖海洋的今天，一直以来依托陆地，或者说"大地性的"民族（比如中国，施米特曾称"拥有如此惊人的大地空间的中国就是陆地对抗海洋唯一乃至最后的制衡"），如今思考陆地与海洋这对古典的对立概念并非没有意义——尤其鉴于西班牙、葡萄牙、荷兰、英国等海权国家在很大程度上是因为逐利而先后衰落这个历史事实。在未来的新秩序、新"法"下，主导世界的价值是否还应该是几百年来一直支配西方现代国家的海洋性品质？

世界是"焊接而成的"——针对全球局势的发展，德国外交部在许多年前如是说。自此之后，全球处境与其说更加稳固，不如说愈发危险。从朝鲜半岛到围绕克什米尔地区的印巴冲突，波斯湾周期性的紧张局势，以及叙利亚和也门的战争，再到东乌克兰地区，人们可以观察到一条危机弧，武装冲突在其中要么正在不断发酵，要么正处于战争边缘。

令人忧心的是，有些情形背后可以看到升级为热核战争的危险：在克什米尔地区角力的是两个核大国，而在朝鲜和伊朗这边，需要避免的是其他核大国继续加入已有的核大国角力中。

然而，乌克兰事件让人们看清，一个占优势的强国会如何对待一个无核国家，因此，核不扩散政策一直岌岌可危。苏联解体之后，乌克兰曾一度占有核武器，但是为了不让核大国圈子进一步扩大，它放弃了这个地位。在克里米亚事件上，先前承诺的安全保障被证明毫无价值。于是，有人得出结论说，只有那些有核选择的国家才真正安全。

从目前极其粗略的对立中可以划分两种类型的区域和全球秩序：一类是自我调控，并且主要是以预定的均衡为取向；另一类中间的"守护者"关心的是，基本的原则和秩序规则得到重视和遵循。不过，在政治现实中，可以看到一系列这两种类型的结合和混合形式，比如，早前的东—西格局。

在两个体系关系中重要的是军事均衡，而两个体系内部各自的"守护者"——美国和苏联——以不同的方式和手段所关心的是保持既存关系。它们都是区域秩序的守护者。

一旦军事均衡发生动摇，苏联帝国连带其同盟结构霎时土崩瓦解。紧随其后的是长达二十余年的单极化秩序，美国——或与联合国协作，或独挑大梁——在其中扮演着守护全球秩序的角色。

小布什统治期间，美国人勉强地担当了这个角色；奥巴马统治期间，美国人试图继续承担，但是更为谨慎和小心；而特朗普统治下的美国人则一边争吵，一边摆脱了这个角色。秩序守护者的角色总是昂贵的，它对于将特朗普送上总统宝座的选民而言太过昂贵。"美国优先"便是从这一地位退缩时的托词。

无处不在、频仍的冲突和战争根本上是因为这关系到一种亟须守护者的世界秩序，不过，如今却没有这样一位能够并且愿意承担这一角色的守护者。于是，其后果一方面是造成不安，它不仅表现在全球不断增加的军事支出，而且体现在诸多国家对核武器以及相应的承载体系的追求；另一方面是一些强国试图在秩序衰退时期尽可能多地捞到好处，它们可以在新的秩序形成时得到保存或者作为可以投资的政治资本。因此，当下不断增多的冲突，或许是世界秩序及其基础原则转变的伴生现象。

不过，事实上真的如此吗？某段时期，一种主流观点——部分程度上一直存在——认为，改变的不是秩序，相反，重新分配的只是主宰性强国的地位。中国将取代美国的位置。这种判断根据的是过去四十年间中国的经济腾飞，以及中国在政治上自信的态度，这种态度最后也体现在其"一带一路"项目之中。

然而，倘若人们更为细致地观察可以看到，这里的关键是区域的统治地位，而非全球秩序。中国虽然在中亚扩大其支配地位，这对于整体的全球秩序来说无疑会产生后果，但是，它首先涉及的是印度和俄罗斯这两个欧亚大国。我们无法看到它对全球秩序守护者角色的要求，而这个角色也超出中国的能力。

总之，美国的相对衰落和中国的相对崛起并不在同一个秩序模式中进行。美国代表的秩序主要基于经济上的联系，在理念上以民主原则为取向，规范上基于一系列基本权利。不过，它并不是一直都在有意识地遵守这个前提，但无论如何代表了其政治的规范视野。而中国所代表的是空间上有限的秩序，该秩序主要以本国利益为目标。

如果我们要从眼下特朗普乱搅一气的举动背后得出一个战略的话，那么，它具体是，美国角色对中国目标的适应。两个国家的冲突因此而产生，二者在这场冲突中都试图将自己的利益置于另一个国家之上。旧世界秩序的原则仅仅成为招揽盟友的意识形态工具。

相对应地，欧洲人——尤其是德国人——只是虚弱的，甚至可以说无助的袖手旁观者，他们固执于旧世界秩序的原则和惯例，该秩序着眼于经济上的关系，以财富为根基。欧洲的角色沦为警告者和告诫者，这在传统上是旁观者的事，而非政治家的使命。

欧洲虽然在评点着事态的发展，但无法影响其进程，于是，欧洲人变成了事件边缘的怀旧者和政治上无助的抒情诗人。这既表现在它试图拯救在伊核问题上达成的协议，也表现在竭力争取结束东乌克兰的战争，以及——并不知道以什么方式——促使俄罗斯将克里米亚归还乌克兰。

与之相应，欧洲只是依靠经济制裁，但同时也对这种制裁不会带来任何政治影响心知肚明。以这种方式方法，欧洲绝不会对冲突各方的举动产生政治影响，战争冲突将依循本身的动力。

许多欧洲人之所以感到频仍的冲突和战争极具威胁性，也许是因为面对冲突和战争，他们无法作为参与者，只能作为旁观者，无法作为设计者，只能作为被动者。当然，他们有能力改变这一现状。不过在正在更迭的秩序中，他们无法掌控的是，随着守护者消失而丧失的保护伞，而这是先前的守护者随时准备提供的。

即便新的全球秩序仍然模糊难辨，但也许可以得出答案：它的特点将会是具备明显更高的军备水平，也许还会出现一系列核国家。这便是一个没有守护者的世界秩序所要付出的代价，而我们正在一边摸索，一边踉跄着迈入这一秩序。

# 《政治与法律评论》稿约

1.《政治与法律评论》创办于2010年,由北京大学法治研究中心和重庆大学人文与社会科学高等研究院联合编辑。《评论》致力于对西方与中国的政制与法律传统研究,提倡对法律问题和公共政策进行政治过程或政治哲学分析。《评论》坚持学术自主、自尊和自律,坚持兼容并包、思想自由。

2.《评论》分为"特稿""主题研讨""论文""评论""书评""政治、法律与公共政策年会综述"等栏目,对来稿不做字数上的限制,不考虑稿件作者的身份和以往学术经历,以学术水准和学术规范为要求。

3.《评论》实行匿名审稿制度。来稿请详细注明作者的身份和联系方法(姓名、单位、通信地址、E-mail、联系电话等)。来稿须同一语言下未事先在任何纸面和电子媒介上发表。稿件请附相关的中文摘要和主题词。中文以外的其他语言之翻译稿须同时邮寄原文稿部分,并附作者或出版者的翻译书面(包括E-mail)授权许可。

4.《评论》编辑委员会拥有对在《政治与法律评论》上已登作品的版权。作者应保证对其作品具有著作权并不侵犯其他个人或组织的著作权,译者应该保证该译本未侵犯原作者或出版者任何可能的权利,并在可能的损害产生时自行承担损害赔偿责任。编辑委员会或其任何成员不承担由此产生的任何责任。

5.《评论》欢迎对所登文章的转载、摘登和翻译，但应尊重原作者依据《著作权法》享有的权利，并在实施转载时注明"转载自《政治与法律评论》第×辑（××出版社××××年）"和原作者、译校者署名，同时书面或电子邮件通知《评论》编辑委员会。

6. 来稿请寄：pkureview@ gmail.com。《评论》要求作者以 Word 文档或 PDF 格式并使用附件发送，不接受纸质投稿。任何来稿视为作者、译者已经阅读或支系并同意本声明。

《政治与法律评论》编辑委员会<br>
2010 年 3 月 22 日

图书在版编目（CIP）数据

政治与法律评论. 第10辑，国际法秩序：亚洲视野/魏磊杰主编. --北京：当代世界出版社，2020.9（2023.2重印）
ISBN 978-7-5090-1550-6

Ⅰ. ①政… Ⅱ. ①魏… Ⅲ. ①法学-政治学-研究 Ⅳ. ①D90-05

中国版本图书馆CIP数据核字（2020）第155992号

| 出版发行： | 当代世界出版社 |
|---|---|
| 地　　址： | 北京市东城区地安门东大街70-9号 |
| 网　　址： | http：//www.worldpress.org.cn |
| 邮　　箱： | ddsjchubanshe@163.com |
| 编务电话： | （010）83907528 |
| 发行电话： | （010）83908410 |
| 经　　销： | 新华书店 |
| 印　　刷： | 北京一鑫印务有限责任公司 |
| 开　　本： | 710毫米×1000毫米　1/16 |
| 印　　张： | 15 |
| 字　　数： | 180千字 |
| 版　　次： | 2020年9月第1版 |
| 印　　次： | 2023年2月第2次 |
| 书　　号： | 978-7-5090-1550-6 |
| 定　　价： | 60.00元 |

如发现印装质量问题，请与承印厂联系调换。
版权所有，翻印必究；未经许可，不得转载！